www.tredition.de

AF205953

Über das Buch

Mit erfrischendem Humor und ohne ein Blatt vor den Mund zu nehmen rückt die Autorin einem Thema zu Leibe, über das inzwischen schon viel geschrieben wurde. Warum noch ein Buch zum Entrümpeln, Aufräumen und Ordnen? Weil das Thema nicht so einfach ist, wie es scheint. Es reicht eben nicht aus, wenn man seine Blusen rollt, nur damit mehr Platz entsteht, und es ist auch nicht immer zielführend, sich bei jedem Gegenstand die Frage zu stellen, ob man ihn liebt. Vor allem, wenn man keine zwanzig mehr ist und ein bisschen mehr erlebt hat als den Auszug aus dem Elternhaus. Die Autorin stellt in diesem Buch ihre Strategie vor, die sie in zwanzig Jahren Beschäftigung mit dem Thema entwickelt hat: die QF-Methode.

Über die Autorin

Jacqueline Jordan wurde 1971 in der schönen Uckermark geboren. Nach 15 Umzügen in und aus verschiedenen Bundesländern und Behausungen jeglicher denkbaren Größe hat sie im Rheinland ihr neues Zuhause gefunden, wo sie mit ihrer Familie lebt. Als kreativer und strukturliebender Mensch beobachtet und analysiert sie gern gesellschaftliche Trends, schreibt und entwickelt Konzepte mit Strategien zur Umsetzung medialer Projekte. Sie arbeitet seit 25 Jahren in kaufmännischen Bereichen der freien wie privaten Wirtschaft, Industrie und im Immobiliensektor sowie seit 15 Jahren im Medienbereich.

Jacqueline Jordan

Aufräumen und Entrümpeln mit der QF-Methode

Verhaltensmuster erkennen und ändern

Von Kauflust und Ballast befreien

Das Leben ordnen

© 2018 Jacqueline Jordan

Umschlaggestaltung: Claudia Sperl,
www.labelschmiede.com

Lektorat: Silja von Rauchhaupt
www.lektorat-rauchhaupt.de

Verlag & Druck: tredition GmbH
Halenreie 40-44, 22359 Hamburg

ISBN
Paperback: 978-3-7469-3292-7
Hardcover: 978-3-7469-5230-7
e-Book: 978-3-7469-3294-1

Das Werk, einschließlich seiner Teile, ist urheberrechtlich geschützt. Jede Verwertung ist ohne Zustimmung des Verlages und des Autors unzulässig. Dies gilt insbesondere für die elektronische oder sonstige Vervielfältigung, Übersetzung, Verbreitung und öffentliche Zugänglichmachung.

Inhalt

Einleitung

Warum ein weiteres Buch übers Aufräumen, Ordnen, Entrümpeln?

Gibt es einen Grund, warum um Himmels willen noch ein weiteres Wohnungs-Klamotten-Leben-Aufräum-Ordnungsbuch nötig ist? Die Frage habe ich mir auch gestellt und bin zu der Antwort gelangt: Oh ja! Es gibt nicht nur einen Grund, sondern mehrere ...

Haben Sie sich spaßeshalber mal bei YouTube umgeschaut und bemerkt, dass es unzählige Videos zum Thema Entrümpeln und Aufräumen gibt? Ist Ihnen aufgefallen, wie viele bereits auf den Zug aufgesprungen sind und vor allem die »KonMari-Methode« als das ultimative Heilmittel gegen Krempelitis anpreisen? Wir müssen einfach nur unsere komplette Kleidung zu kleinen Würsten rollen und schon fließt das energetische Chi wie verrückt durch die Kleidung! Nun bedanken wir uns noch inbrünstig bei jedem ausrangierten Teil – egal ob beim ollen, löcherigen Shirt, der angeschlagenen Porzellanpuppe oder dem Werbekuli – Danke für die Zeit, die ich dich benutzen durfte – und Tschüss! Ab in die Tonne! Selbsternannte Aufräum-Coaches schießen wie Pilze aus dem Boden und erklären der Welt, wie leicht Wegwerfen ist.

Motiviert von der Euphorie, die in einem bei der mentalen Vorstellung aufsteigt, wie fantastisch, klar und *befreit* die Wohnung nach einer Rundum-

Entrümpelung aussehen könnte, stürzt man sich hinein, kramt, sortiert, nimmt alles in die Hand, horcht in sich hinein ... und merkt schnell, dass es nicht so flutscht, wie man es sich dachte. Frustriert schiebt man es auf die eigene Unfähigkeit und verdammte Abhängigkeit von dem materiellen Zeug, weil man stundenlang darüber grübelt, ob man denn das bröckelnde Lebkuchenherz vom ersten romantischen Date mit dem Liebsten entsorgen sollte oder eines der drei weißen Shirts gleichen Schnittes, wo doch die Verfechter der »Radikal-Entsorgungs-Theorie« sagen, man solle *nur eins* behalten und die anderen könnten weg!

Macht das Sinn, wenn man dann wochenlang sammeln muss, bevor man das Shirt mit den anderen Sachen derselben Farbe waschen kann?

Wer sich schon mit dem Thema dieses Buches beschäftigt hat, stößt in dem Zusammenhang auch auf Literatur und Videos zum Minimalismus. Nachdem man davon ein paar geguckt hat, anschließend den Blick durch die eigene Wohnung schweifen lässt, fühlt man sich ganz elend, weil man kein selbstgezimmertes Bett aus Holzpaletten hat und deutlich mehr als hundert Dinge besitzt. Wen packt da nicht das schlechte Gewissen?

Und danach fragen Sie sich vielleicht: Was fällt mir bei den meisten Videos, Blogs und Büchern auf? Dass es alles Frauen sind? Nicht unbedingt! Es sind zwar überwiegend, aber nicht ausschließlich Frauen, die sich mit Aufräumen, Ordnen und Reduzieren beschäftigen! Es gibt auch ein paar Videos von Männern, teils sehr jungen, fast noch Teenagern.

Jetzt kommen wir der Sache schon näher. Also noch einmal: Was fällt Ihnen auf? Da Sie ja vorwärtskommen wollen und ich Sie nicht mit Ratespielchen davon abhalten möchte, sage ich es Ihnen: Der Großteil der Leute, die Sie da sehen, ist unter dreißig Jahre alt, meist sogar noch erheblich jünger. Sie sind Singles mit überschaubaren Wohnungsgrößen, manchmal sogar nur in einer WG mit einem kleinen Zimmerchen oder sie leben zu zweit, mit einem Partner, in einer vielleicht maximal zweizimmergroßen Wohnung ...

Die YouTuber halten stolz ihr Kästchen in die Kamera, in das sie mit der japanischen Roll-Methode fein säuberlich ihre fünf Shirts eingefaltet haben. Irgendwie putzig, wie sie so begeistert in ihren blitzblanken Zimmerchen stehen. In mir regt sich dann sofort der Mutterinstinkt und ich würde am liebsten dort hinfahren, ein Blümchen mitbringen oder ein Kuschelkissen für die Couch, dass sie es ein bisschen gemütlich haben. Aber sie werden dann behaupten, dass sie das Zeug gar nicht brauchen, um glücklich zu sein, was ja im Prinzip auch stimmt.

Sie verstehen natürlich längst, was ich damit sagen will: Wenn überhaupt, sind in nur wenigen Videos die Protagonisten Frauen *in der Mitte des Lebens,* mit Familie, einem oder gar mehreren Kindern, einem Partner, womöglich noch Hund, Katz, Haus und Garten! Es macht aber einen *riesigen Unterschied,* ob ich zwanzig oder dreißig bin, ob ich Angestellte oder Selbstständige oder gar digitale Nomadin bin. Und in welcher Branche ich arbeite. Als *digital* Selbstständige brauche ich theoretisch außer ein paar persönlicher

Dinge und Kleidung, noch einen Laptop, eine Internet-verbindung und wenige Ordner für die in Papierform nötigen Steuerunterlagen und sonst keinen umfangreichen (Wohn-)Raum. Und wenn ich zudem viel unterwegs bin, kann ich auch keine Wohnung vollstopfen.

Bin ich jedoch *ortsansässige* Selbstständige, in einem handwerklichen oder künstlerischen Beruf, sieht das schon ganz anders aus. Ob ich Hobbys habe, die außerhalb der Wohnung oder innerhalb ausgeübt werden (also ob ich kreativ tätig bin, nähe, male, baue, etwas handwerklich erschaffe), wirkt sich ebenso auf die Quantität der aufzubewahrenden Dinge aus. Es sind viele unterschiedliche Faktoren, die je nach persönlichen Umständen und Lebensentwürfen einen Einfluss darauf haben und die genauso zu berücksichtigen sind.

Meiner Meinung nach spielt es für die Glaubwürdigkeit und Relevanz der Ratschläge und Vorgehensweisen eine entscheidende Rolle, wie viel echte Lebenserfahrung dahintersteckt. Es ist eben doch ein Unterschied, ob ich noch auf der Schule oder Uni bin oder am Anfang des Berufslebens stehe, ob ich alleinstehend bin oder eine große Familie habe, ob ich schon mehrmals umgezogen bin oder noch im Haus meiner Eltern wohne.

Wenn ich bereits die Hälfte meines Arbeitslebens, mit diversen Branchen- und Ortswechseln und etlichen beruflichen Weiterbildungen verbracht habe, vielleicht eine Ehe oder längere Beziehung führe oder geführt habe, mit einem Partner, der ebenfalls sein Päckchen zum materiellen Besitz beiträgt, dann kann ich das

Leben aus mehreren Perspektiven betrachten und mit einem größeren Erfahrungsschatz und anderem Verständnis an das Thema herangehen. Dann hatte ich allerdings auch zwanzig Jahre mehr Zeit, um Zeug anzusammeln! Und – was wichtig ist: Ich gehe mit anderen Erwartungen an die Sache heran! Was das bedeutet, werden Sie im weiteren Verlauf erfahren.

Demnach ist die Antwort darauf, warum ich dieses Buch schreibe, ganz einfach: Weil ich keine dreißig mehr bin, auch keine fünfundvierzig mehr und dementsprechend weiß, wovon ich rede. Ich habe bereits einen Großteil meines Lebens hinter mir, mit allem, was dazu gehört – Kind und Kegel sozusagen – und in all den verschiedenen Lebensphasen viele emotionale wie materielle Dinge angehäuft, die mich teils seit meiner eigenen Kindheit begleiten. Während ich Kinder großgezogen habe, kam eine weitere beachtliche Anzahl an Dingen dazu. Wir sind oft umgezogen und haben in Wohnungen von 50 bis 100 Quadratmetern gewohnt und in Häusern mit zwei bis fünf Etagen, im Reihenhaus von 130 Quadratmetern und in einer Villa mit 360 Quadratmetern, mit und ohne Garten. Unsere Wohnorte erstreckten sich über einen Umkreis von mehreren 100 Kilometern und immer wurde das ganze Hab und Gut in zeitweise bis zu zwei 7,5-Tonner gehievt. Wenn Ihnen jemand etwas von Aufräumen, Entrümpeln, Ordnung halten, und das vor allem mit Familie, erzählen will, dann wage ich zu behaupten, bin ich das! Nicht nur ich allein. Nein. Sicher können viele Frauen ein Lied davon singen, dass es ein himmelweiter Unterschied ist, ob ich nur von meinem eigenen Kram oder auch noch dem der Kinder und Partner umgeben bin. Und selten kommen zwei Menschen zusammen, die die gleiche Auffassung vom Thema Ordnung und Sauberkeit haben!

Sind Sie womöglich zusätzlich mit der Aufgabe konfrontiert, die Wohnung Ihrer Eltern aufzulösen, dann tragen Sie ihren materiellen und seelischen Ballast auch noch mit sich herum.

Und wenn sich dann noch eine professionalisierte Sammel- oder Kaufleidenschaft, gar Kaufsucht, hinzugesellt, ist es ganz aus mit der Einfachheit im Innen und Außen.

Seit mehreren Jahrzehnten nun, als im Grunde ordnungsliebender Mensch, habe ich nicht nur Bücher darüber gelesen und Tipps der Autoren oder praktizierenden Aufräum-Coaches ausprobiert, sondern vor allem eigene Techniken angewendet. Die dabei gewonnenen Erfahrungen – was bei mir funktioniert hat und was überhaupt nicht –, verknüpft mit meiner Hintergrundgeschichte und eigenen Mustern des Anhäufens, Kaufens, Aufhebens und Nicht-Trennen-Könnens, haben aus mir in all den Jahren eine Spezialistin auf dem Gebiet gemacht, und zwar für *meine* Dinge! Jeder Ratschlag von Experten oder solchen, die sich dafür halten, ruft bei jedem Menschen eine andere Assoziation und Umsetzungsidee hervor. Daher ist jeder Aufräumtipp oder jede Entrümpeln-Sie-Ihr-Leben-Methode stets im Zusammenhang mit der eigenen Historie, der Erziehung, den Wünschen und der Lebenseinstellung zu sehen. Das ist wichtig zu wissen, denn was bei dem einen das Nonplusultra ist, kann für den anderen nicht umsetzbar sein. Jeder ist anders, ebenso wie sein Verständnis von Ordnung, Sauberkeit und Wohlfühlumgebung.

Meine Motivation dieses Buch zu schreiben, entspringt also *nicht* der Tatsache, dass ich aufgrund irgendeiner Vorliebe für allen möglichen Krempel oder meiner unordentlichen Art nichts mehr in meiner Wohnung, speziell in meinem Kleiderschrank, gefunden habe oder dass ich etwa seit Jahren die Rückwand meiner Möbel nicht sah, weil ich die Schränke nie säubern würde. Im Gegenteil: Ich bin alles andere als unordentlich. Auch wenn ich manchmal ein wenig zu bequem bin, immer sofort alles wegzuräumen. Aufräumen ist eben *keine* Leidenschaft von mir. Aber ich liebe Ordnung, Übersicht, Sauberkeit und stehe auf *praktische Handhabbarkeit* im Alltag! Ich mag es, in klaren, übersichtlich aber schön gestalteten Räumen zu leben und es fällt mir leicht, mit einfachen Mitteln eine behagliche Atmosphäre zu schaffen. Und dafür muss es in erster Linie ordentlich sein.

Deshalb räume ich gern auf – nicht, weil ich das Aufräumen an sich so toll finde, sondern weil ich das Ergebnis liebe! Das Saubermachen und das Aufräumen sind Tätigkeiten, die mich zu einem gewissen Grad entspannen, aber Entrümpeln ganz bestimmt nicht. Oder zumindest nicht lange, weil man dabei eben Entscheidungen treffen und sich trennen muss.

Man kann deshalb nicht nur pauschalisieren. Es gibt große Unterschiede, gerade weil bei jedem eine völlig andere Geschichte dahintersteckt. Hier ist differenziert zu betrachten, wie es dazu kam, dass man an dem Punkt ist, an dem man einen Schlussstrich ziehen will. Und warum es einen gerade jetzt stört.

Der Grund, warum ich also denke, die Welt könnte ein weiteres Wohnungs-Klamotten-Leben-Aufräum-Ordnungsbuch gebrauchen, liegt einfach darin, dass mir – egal wie viel ich bisher zu dem Thema gelesen habe – immer noch einige Dinge fehlten, die ich nirgends fand, die ich aber für wichtig halte. Andere Ratschläge sind dagegen aus meiner Sicht schlicht und einfach unpraktisch oder unsinnig. Und von dieser Sorte Tipps gibt es einige. Außerdem sträuben sich bei mir die Nackenhaare, wenn mir junge Frauen, die am Anfang ihres beruflichen wie familiären Lebens stehen, sagen wollen, wie es geht ...

Deshalb habe ich die **QF-Methode** entwickelt, mit der ich mich an Sie richte, liebe Leserinnen, die nach der Lektüre substanzloser Tipps – von Leuten ohne wirklichen Ballast – oft rat- und hilflos zurückbleiben. Ich hoffe, Ihnen mehr Brauchbares für Ihre eigene Situation bieten zu können, und geb mein Bestes!

Zudem werde ich neben meinen persönlichen Vorschlägen im Zusammenhang mit der Methode auch einige der anderen Autoren und Ordnungs-Coaches aufgreifen und Ihnen die Vor- und Nachteile sowie meine Erfahrungen mit den Ratschlägen und jeweilige Kombinationen aus beiden schildern. Anhand dessen können Sie für sich herausfiltern, was Sie davon übernehmen, modifizieren und an Ihre Wohn- und Lebenssituation anpassen wollen. Vielleicht ist genau das, die Kombination verschiedener Varianten, dann für Sie entscheidend – je nachdem, wo Sie gerade stehen und was Sie erreichen möchten.

Mir liegt am Herzen, Sie mit den Ergebnissen meiner Erfahrungen so gut es geht bei dem Prozess des Aufräumens und allem, was damit zusammenhängt, zu unterstützen. Ich gebe Ihnen in Form dieses Buches ein Werkzeug an die Hand, das Sie auf Ihrem Weg begleiten wird, denn, das sei vorweggenommen: Wenn Sie ein Aufräumanfänger sind, kann das ein längerer Prozess werden. Geübte Entrümpelprofis werden mit diesem Buch dagegen zügig vorwärtskommen und ihr gewünschtes Ziel schneller erreichen. Aber jedem seine Zeit, die er braucht.

Wenn es Ihnen vielleicht ähnlich geht, wie es mir einst gegangen ist, dass Sie schon seit geraumer Zeit versuchen, Struktur und Ordnung in Ihre Wohnung, Ihren Kleiderschrank, ja oder sogar in Ihr ganzes Leben zu bringen, dann liegt das nicht *allein* daran, dass Sie eine zu kleine Wohnung oder zu viele Dinge, zu wenig Platz, zu unpassende oder sonst welche nicht idealen Klamotten haben. Sondern es liegt höchstwahrscheinlich auch daran, dass Sie mit einem oder mehreren Bereichen in Ihrem Leben im Unreinen sind, was dazu führte, dass Sie mehr und mehr anhäuften und sich vor allem nur schwer wieder davon trennen können.

An dem Punkt setze ich hier an, und das unterscheidet meine Vorgehensweise von denjenigen, die den Schwerpunkt auf das Entrümpeln und Wegschmeißen legen und die Hintergründe, wenn überhaupt, nur oberflächlich behandeln.

Es müssen nicht immer gravierende Ursachen vorliegen, aber häufig sind die Bedürfnisse, die zu dem Druck geführt haben, nun etwas ändern zu wollen, sehr ernst zu nehmen. Und die Befreiung von diesem Druck kann Ihr Leben positiv verändern!

Ist das Buch etwas für mich?

Wenn das Ihre Frage ist, stelle ich Ihnen auch ein paar Fragen:

- Kennen Sie das Gefühl von Überforderung schon allein beim Blick durch Ihre Wohnung auf das herumliegende Zeugs, wobei Sie genau wissen, was Sie jetzt eigentlich tun müssten, statt fernzusehen oder sich anderweitig zu entspannen?
- Fehlt Ihnen oft die Kraft und vor allem die Lust zum Aufräumen und Putzen; fällt es Ihnen schwer oder ist es gar unmöglich, überhaupt einen Anfang zu finden?
- Kommt in Ihnen sogar hin und wieder der Gedanke auf, den gesamten Krempel einfach zu verkloppen, sich einen Wohnwagen zuzulegen und sich nur noch um das Zeug kümmern zu müssen, das Sie darin mitnehmen?
- Sind Sie vielleicht mittlerweile sogar erschöpft von der Kraft, den der enorme Ballast Ihnen raubt, den Sie jahrelang mit sich herumschleppen?
- Oder sind Sie nach zahlreichen anstrengenden Ausmistaktionen demotiviert oder gar verzweifelt,

weil das Ende und ein Weniger immer noch nicht in Sicht sind?

- Blieben bei Ihnen bisher nach der Lektüre und Anwendung der Ratschläge einige Fragen offen und wurde Ihr Krempel und vor allem die Kauflust nicht weniger?
- Haben Sie möglicherweise Ihr Konto bereits überzogen oder Schulden gemacht, um Ihren Konsum zu finanzieren?
- Fühlen Sie sich oft von dem Gesamtpaket, dem ganzen »Drumherum« in Ihrem Alltag, ja vielleicht sogar in Ihrem ganzen Leben, erschlagen?
- Haben Sie immer öfter die Nase voll
    … von den materiellen Dingen, die Sie besitzen?
    … von den Unmengen an Gegenständen, die zu pflegen und aufzuräumen sind?
    … von dem Volumen, das verstaut werden muss?
    … von den vielen Verpflichtungen, die an Ihnen zerren?
    … von den hohen Anforderungen, die Sie an sich selbst stellen?
    … von den Erwartungen, die andere an Sie stellen?
    … von dem Druck, den der Chef auf Sie ausübt?
    … von dem dauernden Gepiepe Ihres Smartphones?
    … von dem laut schreienden Marketing-Aufmerksamkeits-Geheische?
    … von den unnützen Tätigkeiten, die Sie tun, weil es Gewohnheit ist?
    … von den leeren Stunden, die Sie sich in sozialen Netzwerken tummeln?

... von den ganzen Konjunktiven wie »man müsste mal wieder Zeit haben ...«, »wenn ich könnte, dann würde ich ...«, und »wenn ich einmal zu Geld komme, dann mache ich die Reise, die ich immer machen wollte ...«, die nie Realität werden?

Die Liste könnte endlos weitergeführt werden. Das alles müssen Sie – nachdem Sie all die Dinge in Ihr Leben und einiges davon bis in Ihr Herz gelassen haben: Sie müssen sie pflegen, wertschätzen, bewältigen, reinigen, sortieren, unterbringen, waschen, bügeln, zusammenlegen, dafür Möbel kaufen, um sie unterzubringen. Und Sie müssen sie *benutzen* – die Dinge wie auch die Kontakte –, sonst gehen sie ebenso kaputt, als wenn sie nur herumliegen oder »in der Bestandsliste stehen«. Sie müssen sich darum kümmern, sich bemühen, dass kein Punkt davon, kein »Freund«, kein Familienmitglied, kein Kollege vernachlässigt oder ignoriert wird. Weil Sie es einmal angefangen haben, nicht nur die Gegenstände, sondern auch *zu viele* Menschen zu sich und auf Ihre To-do-Liste einzuladen. Neben all der Energie und dem Geld, dem emotionalen Gezerre an Ihren Nerven und der Tatsache, dass das materielle Gerümpel Ihren Lebensraum auffrisst, kostet es vor allem eines: ZEIT! *Ihre wertvolle Lebenszeit!*

Vermissen Sie einen tieferen Sinn in Ihrem Leben? Vermissen Sie das Gefühl der Zufriedenheit und Ausgeglichenheit?

Eben darum geht es beim Entrümpeln im Kern: Um die Erlangung eines ausgeglichenen Maßes, um ein ausgewogenes Verhältnis der Menge von *allen Faktoren*, die das Thema betreffen und die wir beeinflussen können. Einerseits von materiellen Dingen, in die wir bewusst und voller Überzeugung investieren, weil wir sie wirklich brauchen und sie uns definitiv nutzen oder wenn sie keinen Nutzen haben, dann weil wir uns gern mit ihnen umgeben. Weil wir sie wegen der Ausstrahlung und positiven Energie, die sie uns verleihen, einfach »nur« lieben. Wir wissen dann, *warum* wir diese Dinge haben. Sie geben uns ein gutes Gefühl, wir empfinden sie nicht als Ballast.

Und andererseits sollte sich diese Balance genauso in unseren Beziehungen widerspiegeln. Mit dem Unterschied, dass wir sie nicht einzig nach dem Nutzen im Sinne von benutzen als »ausnutzen« wählen und beurteilen sollen, sondern als gegenseitiges Geben und Nehmen verstehen, als Bereicherung für beide Seiten.

Da jeder Mensch nur eine endliche Kapazität an Zeit und Energie für das gesamte Beziehungsmanagement, privat wie beruflich, zur Verfügung hat, sind dem einfach natürliche Grenzen gesetzt. Diese sind für jeden individuell, in der Anzahl und dem tatsächlichen Wert, in der Bedeutung, die man der Beziehung beimisst. Unterschätzen Sie nicht, welch großen positiven Einfluss es auf unser Leben hat, auch in diesem Bereich sinnvoll zu selektieren und Ballast abzuwerfen. *Und wie sehr es uns erleichtert!*

Da also alles irgendwie miteinander zusammenhängt, wird man beim Thema Aufräumen, Ordnen und

Entrümpeln um das Thema Beziehungen nicht herumkommen.

Das Buch ist demnach für jeden interessant, der sich annähernd mit sich beschäftigt, den Sinnfragen des Lebens dabei begegnet und sich auf den Weg der Weiterentwicklung seiner Persönlichkeit begibt. Und Ordnung machen als Oberbegriff ist hierzu ein idealer Anfang.

Auch wenn Sie bisher also noch kein Teddy- oder Elefanten-Figuren-Sammler sind und keine Schneise durch Ihre Wohnung schlagen müssen, um laufen zu können, lohnt es sich für Sie, das Buch zu lesen. Denn es gibt sicher mindestens *einen* Punkt der oben genannten Aufzählung, bei dem Sie zustimmend genickt oder über den Sie selbst schon nachgedacht haben.

Der besseren Lesbarkeit halber ist das Buch so geschrieben, dass rein sprachlich Frauen angesprochen werden, was jedoch keinesfalls heißen soll, dass es sich ausschließlich an Frauen richtet. Alle anderen, natürlich auch alle Jäger und Teddy-, Bierkrüge- oder Elefanten-Figuren-Sammler, sind herzlich eingeladen, ihr Leben – im wörtlichen wie auch im übertragenen Sinn – zu erleichtern, aufzuräumen und damit insgesamt glücklich(er) zu machen!

Worin liegt der Nutzen dieses Buches?

Einfach gesagt: Jede Anregung, jede noch so kleine Idee, die Ihnen den Alltag oder das Leben leichter macht, die praktikabel für Sie und leicht umsetzbar ist, ist bereits ein Nutzen! Darüber hinaus geben Ihnen bestimmte Fragestellungen, mit denen wir uns beschäftigen, ganz sicher einige Impulse, die Ihnen helfen, Ihre Antworten zu finden.

Sie bekommen hier (m)einen Erfahrungsschatz, mit den Erkenntnissen aus über zwanzig Jahren Aufräum- und *mindestens* doppelt so viel Lebenserfahrung, die ich in einer Methode zusammengefasst habe. Demnach können Sie es sich sparen, erst zig Bücher zu lesen oder stundenlang im Internet nach Tipps zu suchen (das können Sie natürlich trotzdem tun), denn ich biete Ihnen hier die – meine – Quintessenz aus einer Vielzahl an Ratschlägen zu dem Thema an, praktisch die Puzzleteile, die Sie für das fertige Bild benötigen. Sie können also direkt aus der Vorlage wählen und anwenden, was Sie weiterbringt.

Mithilfe dieses Buches und der **QF-Methode** werden Sie unter anderem:
- Herausfinden, warum es dazu kommt, dass alles mehr statt weniger wird.
- Verhaltensmuster erkennen und aufspüren, warum Sie konsumieren wollen.
- *Ihre Geschichte* in Zusammenhang mit *Ihren Dingen* setzen können.

- Aufgrund der Erkenntnisse Ihre Handlungsweisen effektiv ändern können.
- Erfahren, warum einmaliges Ausmisten allein nichts bringt.
- Verstehen, warum Ihnen das Aussortieren, das Für-immer-Trennen so schwerfällt.
- Wissen, wie Sie sich leichter und ohne Reue von Dingen verabschieden.
- Sofortmaßnahmen an die Hand bekommen, um Ihre Kauflust zu stoppen und den Verlockungen der Werbe-/Marketingbranche zu entgehen.
- Durch die richtigen Fragen zu den Ursachen finden und Ihr WARUM entdecken.
- Techniken und Methoden kennenlernen, wie Sie Ordnung dauerhaft umsetzen.
- Bekannte Vorschläge mit neuen Augen, aus anderer Sicht, sehen.
- Ihre Vorgehensweise erkennen, mit der Sie erfolgreich zum Ziel kommen.
- Erkenntnisse daraus ableiten, die Ihnen in Zukunft dabei helfen, Ihre Kauf- und Sammellust zu bekämpfen.
- Nicht nur Entrümpeln und Ordnung halten können, sondern auch viel über sich selbst herausfinden.
- Akzeptieren lernen, dass Gras nicht schneller wächst, wenn man daran zieht ...

Was bedeutet die QF-Methode?

Jahrelang habe ich mit vielen Vorgehensweisen zum Entrümpeln experimentiert, aber der Erfolg stellte sich einfach nicht ein oder war nicht von Dauer. Mit der Zeit begriff ich, dass der Grund dafür darin liegt, dass alle Methoden versuchen, das Pferd von hinten aufzuzäumen.

Da werden vorrangig sogenannte Entrümpelungstechniken oder Methoden vorgestellt, die sich darauf beziehen, wie ich unterscheiden und definieren können soll, was von meinem Zeug Müll-Charakter hat und was ich behalten sollte, weil ich es so lieb habe. Aber wie stelle ich es an, dass ich nicht beim nächsten Gang in die Stadt den frei gewordenen Platz wieder besetze? Es werden dicke Bücher mit Anleitungen gefüllt, wie zum Beispiel, dass ich Schleifchen an meine Kleiderbügel binden kann, um zu sehen, wann ich ein Teil zum letzten Mal anhatte. Als wäre ich nicht in der Lage, zu wissen, was ich gern und oft trage und was seit Jahren unberührt blieb. Selbst wenn man hunderte von Kleidungsstücken hat, *weiß* man einfach, was man regelmäßig anzieht und was nicht. Ich muss mir keine Frist setzen und beobachten, ob ich das Teil bis zu einem bestimmten Tag nicht angerührt habe, bevor es wegkann. Das funktioniert nicht, denn, wenn ich mich schwer trennen kann, dann ziehe ich es fix einmal an und schon kann es bleiben. Man kann sich so schön selbst manipulieren!

Es geht also überhaupt nicht vorrangig um die Frage, wie man erkennt, was von unserem Zeug Krempel ist und was nicht. Das ist erst die zweite Ebene. Irgendwann merkte ich: Der Fehler liegt im System der Vorgehensweise! Aus dieser Erkenntnis und meinen vorherigen ergebnislosen Bemühungen resultierte die Entwicklung meiner eigenen Strategie, die ich aufgrund ihres Aufbaus die **QF-Methode** genannt habe.

Und genau in der Art der Vorgehensweise sowie in der Wirkung besteht der Unterschied der **QF-Methode**. Wofür steht nun das »QF« und was sagt es aus? Das »Q« steht für das englische »questions«, was »Fragen« heißt und »F« steht für das englische »factor«. Das passt so gut, dass ich kein Wort gefunden habe, das es umfangreicher und aussagekräftiger hätte treffen können. Außerdem bedeutet das Wort »factor« bzw. »Faktor« auch »Moment«, »Gegebenheit«, »Grund«, »Umstand«, »Einflussfaktor« – alles Begriffe, die damit zu tun haben, warum wir so viele Dinge anhäufen, aber auch damit, wie wir sie wieder loswerden.

Um das zu erreichen, also materiellen wie mentalen Ballast loszuwerden, muss man zuerst nach den Ursachen im Inneren suchen, bevor man an der Fassade außen den Putz erneuert. Und dazu muss man sich die richtigen Fragen stellen. Wie viele das sind, richtet sich danach, wie fest und wie tief sich Ihr »factor« eingenistet hat.

Seien Sie offen und lassen Sie sich darauf ein, diesen Weg zu gehen, wenn Sie das Thema dauerhaft und zufriedenstellend bewältigen wollen.

Die **QF-Methode** wird Sie weiter und viel nachhaltiger voranbringen als das, was Sie bisher vielleicht versucht haben. Aber diese Methode ist kein Wellnessprogramm! Es tut möglicherweise hier und da weh – das soll es auch – denn nur so ist es wahrscheinlich, dass Sie tiefer kommen und diesmal wirklich etwas in Ihnen und um Sie herum bewirkt wird.

Sie werden sehen: Es funktioniert!

Hintergründe und Ursachen

Wie konnte es nur so weit kommen?

Sicher werden einige von Ihnen – je nach Alter – bereits die eine oder andere Entrümpelungsaktion hinter sich haben. Sei es aufgrund eines Umzuges oder Renovierungsvorhabens, wenn Sie ein neues Einrichtungskonzept hatten, bei dem alles anders als bisher verstaut werden musste oder durch das Zusammenziehen mit einem Lebenspartner etc. Dabei trennte man sich, teils freiwillig, teils notgedrungen, im Rahmen des Anlasses von gewissen Dingen oder eben auch nicht. In der neuen Wohnung fühlte man sich dann anfangs ziemlich gut. War sie größer als die bisherige, war alles frisch und luftiger, man fühlte sich befreiter, wohler – eben nicht so zugepflastert. Außer man hatte noch etliche Kartons im Keller, auf dem Dachboden oder woanders verstaut, an die uns jedoch das Unterbewusstsein regelmäßig erinnerte, wenn man sie zu ignorieren versuchte. Diese blieben dann oft jahrelang unausgeräumt, man vermisste ja auch nichts. Und ich spreche hier nicht von den notwendigerweise aufzubewahrenden Steuerunterlagen, die genießen einen Sonderstatus beim Thema Ausmisten.

Wenn man es denn doch schaffte, den Bestand etwas zu minimieren oder bei einem Wohnungswechsel radikalere Entsorgungsaktionen zu unternehmen – wie lange hielt der Ist-Zustand an? Wann begannen wieder mehr Teile hinein- als herauszuwandern? Wann haben Sie die Fahrt in das berühmte schwedische Einrichtungshaus zum Nachkaufen des beliebten Artikels »Samla« (Plastikkiste der Superlative) unternommen und dabei noch Kerzen, Servietten und die nützlichen bunten Plastikbecher für die Kinder mitgenommen? Wann wurden die Sachen wieder mehr in den Kleiderschrank hineingequetscht als locker reingehängt oder gelegt? Und nicht zuletzt: Wann landete der nächste Discounter-Werbeprospekt wie automatisch mit der ausgestreckten rechten Hand beim Ausgang in Ihrem Einkaufskorb und zog Sie gleich am Angebotsmontag wieder magisch an oder wann traf der 10-Prozent-Rabatt-Gutschein Ihres früher geliebten Online-Händlers wieder Ihre Schwachstelle ... und Sie konnten es kaum erwarten, das Paket auszupacken?

Sie haben genau gemerkt, was ich damit meine und ich bin mir sicher, wenn Sie dieses Buch lesen, kennen Sie das! Jeder hat seine Anfälligkeit für spezielle *Angebote*.

Warum ist das nun so? Wie ticken wir? Was sind die Ursachen? Wie heißt diese gemeine, hinterlistige menschliche Schwäche? Oder ist es gar eine chronische Krankheit, ein Gendefekt? Fehlt Ihnen das Verlockungs-Abwehr-Gen? Das Widerstandsgen? Gibt es ein Mittel dagegen und wenn ja, wie wendet man es an?

Zum Glück ist es natürlich kein Gendefekt. Zumindest bis heute noch nicht entdeckt. Kann ja noch kommen ... Jedoch sind bei manchem die Kauf- und Sammel-Symptome derart lebenseinschränkend, um nicht zu sagen krankhaft, ausgeprägt, dass Menschen ihre Wohnung und sich bis zum Anschlag zumüllen und ohne professionelle Hilfe dort nicht mehr herauskommen. Der Übergang erfolgt schleichend, sodass die Grenze zwischen selbstbeherrschbarer Unordnung und einem Zustand, aus dem sich die Menschen mit eigener Kraft nicht befreien können, oft nicht eindeutig auszumachen ist.

Wichtig: Das sogenannte Messie-Syndrom kann hier aufgrund seiner Komplexität nicht berücksichtigt werden, da oft vielschichtige psychologische Störungen oder Traumata aufgearbeitet werden müssen. Wenn Sie glauben, dass dies auf Sie zutreffen könnte, wenden Sie sich bitte dringend an einen Fachmann.

Warum sammelt sich immer mehr an?

Die Gründe und vor allem die Ursachen, warum wir mehr kaufen als wir brauchen oder gar als wir bezahlen können, warum wir horten, sammeln, behüten, viel Geld für Stauraum und Ordnungssysteme ausgeben, die am Ende auch wieder nicht ausreichen, sind vielfältig und keineswegs einfach erklärt und auch nicht ganz leicht zu beheben. Hier geht es – je nach Betroffenheitsgrad – oft um tiefsitzende Verhaltensmuster, um lang (auch wenn teils unbewusst und vor allem ungewollt) antrainierte Handlungsfolgen. Es sind psychologische Vorgänge in unserem Hirn, die unterschwellig ablaufen, auf die die Industrie mit ihrem Neuromarketing gezielt trifft und beides zusammen ein

Cocktail ergibt, den wir trinken und die Wirkung nicht einmal (sofort) spüren.

Wir genießen und werden »high«, abhängig gemacht und mit jedem neuen Angebot, jeder neuen Treue- oder Rabattaktion mehr und mehr an die Droge gewöhnt. Irgendwann wachen wir auf und stellen fest, dass wir uns in den eigenen vier Wänden nicht wohlfühlen, erschlagen von zu viel Zeugs, dass wir Stunden mit Putzen und Aufräumen verbringen, statt freie Zeit zu genießen, und dass wir ratlos vorm Kleiderschrank stehen, obwohl er so voll ist, dass wir eine eigene Boutique eröffnen könnten.

Der Punkt, an dem wir hätten *Stopp!* sagen müssen, war längst überschritten – unbemerkt und irgendwie sanft schwebte man hinüber in den Dämmerzustand, den man nun beseitigen möchte, weil man sich erdrückt fühlt, überwältigt und *belastet*. Die Droge hat uns süchtig gemacht und unser Gehirn verlangt nach Dopamin ohne Unterlass. Wir haben unser neuronales Belohnungssystem inzwischen prima durch jahrelange schnelle Bedürfnisbefriedigung konditioniert und tun alles in unserer finanziellen wie körperlichen Macht Stehende, um das Geschrei in unserem Kopf ruhig zu stellen. Wenn der Lärm im Kopf, in Form des Verlangens nach allem Möglichen, gestillt ist und das Dopamin wirkt, sind wir zufrieden und fühlen uns wohl. Der Schein trügt!

Tagein, tagaus schuften wir wie blöd in größtenteils ungeliebten Jobs, sehen unsere Kinder nur für den Guten-Morgen-Stress und die Gute-Nacht-Geschichte, bei der wir oft als Erste eingeschlafen sind. Aber das ist eben so, denken wir und rennen wie die Lemminge alle in dieselbe Richtung und hinterfragen es – wenn überhaupt – erst an dem Punkt, wo uns ein Burn-out oder ein emotionales Ereignis schwer trifft und uns den Boden unter den Füßen wegzieht. Oder wenn wir plötzlich merken, dass irgendwas nicht stimmt, wir uns in unserem Heim überhaupt nicht mehr zu Hause fühlen, dass wir doch mit so viel Liebe und hippen Designermöbeln zur Schöner-Wohnen-Idylle aufgemotzt haben, die Unmengen an Klamotten, die Kleider und Dutzende Schuhe, die wir unbedingt haben mussten. Irgendwie von allem haben wir auf einmal genug und wollen nur noch eines: uns entlasten!

Nur wie? Das System in unserem Kopf dreht durch. Programmierfehler! Die Endlosschleife aus Verlangen, Bedürfnis ausmachen, Kauflust befriedigen, Glücksgefühl genießen, Pause, neues Verlangen ... kommt immer schneller an ihren Anfangspunkt »neues Verlangen« zurück. Pausen treten kaum mehr auf und die Phasen des Glücksgefühls sind mittlerweile so kurz, dass wir sie nicht mehr wahrnehmen. Wie ein Perpetuum mobile würde das ewig so weitergehen. Unser Gehirn lernt fleißig weiter, sodass wir nicht müde werden, neue Wege zur Befriedigung zu finden. Wenn das nicht mehr durch das Kaufen von Gegenständen funktioniert, dann eben durch Genussmittel, riskante Abenteuer oder andere Aktionen, die unseren Verstand benebeln oder, wenn gar nichts mehr hilft, versuchen wir den Krach im Oberstübchen gänzlich ab- oder auszuschalten, um nur nicht nachdenken zu müssen, weil alles per se viel zu anstrengend für uns ist. Mehr und mehr wühlen wir uns spiralförmig in den Sand und graben uns ein, bis wir beinahe im Treibsand versinken – erst dann wachen wir auf ...

Aber jetzt sind Sie *hier*, weil Sie wach geworden sind und die Kurve kriegen wollen. Sie haben sich den Sand aus den Augen gerieben und sehen nun das, was zwar die ganze Zeit bereits da war, aber im Kopf nicht ankam: Die Menge, die Stress verursacht, der Berg an Dingen um Sie herum, der immer näherkommt und Sie um ein Haar erdrückt und vielleicht dabei noch finanziell ruiniert hat.

Nun gilt es, sich daranzumachen, Licht und Luft in die Bude und in Ihr Leben zu bringen, damit Sie wieder durchblicken und Wichtiges von Unwichtigem unterscheiden können. Das Ziel ist, dass Sie sich zu Hause wieder wohlfühlen und das Geld für andere Dinge verwenden können. Um damit Glücksgefühle zu erzeugen, die *nachhaltig* wirken, von denen Sie oft Jahre später noch zehren, statt das Geld für den Kauf von leblosem Plunder auszugeben, den Sie bereits in der Einkaufstüte mental abgehakt haben. Wäre doch toll, wenn die Kehrtwende gelänge!

Warum der Fokus auf Kleidung nichts bringt

Wenn Frauen zu Büchern greifen, mit Themen wie Aufräumen oder speziell Ordnung im Kleiderschrank, dann liegt dahinter der Wunsch oder bei einigen gar mittlerweile ein quälender Leidensdruck, (mehr) Ordnung, Übersicht, ja überhaupt so etwas wie eine Linie zu finden: Klarheit in der Masse des umfangreichen Angebotes an Bekleidung, Schuhen, Taschen und Accessoires. Das heißt, es ist nicht nur irgendetwas in Unordnung geraten, sondern man hat vielmehr den Fokus oder bereits die Kontrolle verloren, ist sozusagen nicht mehr Herrin über die eigene Entscheidungsmacht. Das geht oft bis zur chronischen Unfähigkeit, in Kürze eine Auswahl zu treffen, sobald man die Schranktüren öffnet. Der Spruch: »Ich habe den Schrank voll mit nix anzuziehen«, trifft es auf den Punkt, ist aber für Betroffene nicht sehr amüsant.

Für viele ist es sogar zur Qual geworden, sich vor lauter Vielfalt nur unter hohem Zeit- und Energieaufwand für ein Outfit entscheiden zu können. Mehrmaliges Umziehen ist an der Tagesordnung, was mit zusätzlichem Stress und Frustration verbunden ist. Irgendwie gefällt einem an manchen Tagen nichts von dem, was man vorfindet und am Nachmittag huscht man mal eben in die Lieblingsboutique, um sich was Schickes zu gönnen, weil einem heute Morgen partout nichts zusagen wollte.

Da ist es nur allzu verständlich, wenn in einem das Bedürfnis hochkommt, dringend den Kleiderschrank auszumisten. Man spürt den Drang, sich endlich von den Klamotten zu trennen, die man nicht (mehr) mag. Man will etwas loswerden. Aber geht es hier tatsächlich nur um die Kleidung? Geht es nur darum, dass man einige Stücke seiner Kleidung nicht mehr will? Ist es nicht auch denkbar, dass die Stimmung am Morgen nicht zu unserem *Kleidungsgeschmack* passt? Oder fühlen wir uns von der Masse an Auswahl dermaßen überfordert, dass wir wie gelähmt darauf starren, ohne zu einem Ergebnis zu kommen, das uns zufriedenstellt?

Hier wird bereits klar, dass es sich dabei nicht um ein rein sachliches, objektbezogenes, sondern tatsächlich um ein ganzheitliches Problem handeln könnte, bei dem die Unordnung oder eben der dringende Wunsch, Ordnung zu schaffen, ein *Symptom* ist. In diesem Fall ist der Wunsch, es einfach »nur« schöner haben zu wollen, nicht die wahre Ursache.

Dieses »Irgendwas«, also die Ursachen, sind nicht (allein) im Außen zu suchen und auch nicht nur dort zu beheben. Und schon gar nicht an einem einzigen Ort, dem Kleiderschrank! Weshalb ich der tiefen Überzeugung bin, dass es überhaupt nichts nutzt, das Hauptaugenmerk und Engagement nur auf die Kleidung zu richten, wenn andere Bereiche es ebenso oder mehr nötig hätten. Wenn der Kleiderschrank überquillt, ist nicht zu erwarten, dass die übrige Wohnung, der Keller, das Auto, das Büro, aber vor allem nicht das Innenleben »in bester Ordnung« sind!

»Ordnung machen« heißt bei vielen meiner Leserinnen sicher nicht, dass totales Chaos beseitigt werden will – es sei denn, Sie sind extrem unordentlich oder gar ein sogenannter Messie. Ordnung steht hier für Struktur reinbringen, mehr Überblick verschaffen, Wichtiges von Unwichtigem trennen, Ballast abwerfen etc.

Es greift daher viel zu kurz, sich nur auf das Ausmisten von Kleidung, Schuhen und vielleicht Accessoires wie Taschen oder Schmuck zu konzentrieren. Es ist ein Teil, ein Stück des Wohlfühlkuchens, aber es gehören auch die anderen Segmente zum großen Ganzen. Es könnte sicher ein Anfang sein, wenn man bei diesen Sachen beginnen möchte, was ich aber nicht vorschlage. Es genügt nicht, sich mit aller Energie in das Minimieren des Kleidungsbestandes zu stürzen und zum Beispiel angestrengt eine Capsule-Wardrobe zu kreieren, nur weil das gerade »in« ist oder nach der ultimativen Lösung klingt! (Eine Capsule-Wardrobe ist quasi eine Art minimalistischer Kleiderschrank und bedeutet, nur eine bestimmte, so geringe wie mögliche, Anzahl an Kleidungsstücken, bestehend nur aus Lieblingsteilen, im Schrank zu haben. Meist sind das zwischen 25 bis 30 Stücke.)

Eine solche Capsule-Wardrobe künstlich herbeiführen zu wollen und dafür Kleidung, die gut passt, uns gefällt und auch noch unversehrt ist, wegzuwerfen, nur weil man beispielsweise von derselben Farbe oder dem gleichen Modell zwei hat, halte ich für blanken Unsinn! Das ist am Ziel völlig vorbeigeschossen. Entweder ich habe per se schon wenig Kleidung, ganz einfach, weil ich stets diszipliniert und zielgerichtet eingekauft habe oder weil ich jung bin und noch nicht so viel Lebenszeit zum Einkaufen ver(sch)wendet habe. Oder aber ich habe eben viel (zu viel) und dafür gibt es eine Ursache und jetzt spüren Sie den Drang, daran etwas ändern zu müssen (weshalb Sie dieses Buch lesen) und da hilft dann auch das zwanghafte Reduzieren auf eine gewisse Anzahl nichts!

Hier ist es, als wolle man mit Gewalt beim Ausmisten des Kleiderschrankes ein gutes Gefühl erzwingen, dessen Ursache mitunter ganz woanders liegt. Macht man es in dieser Reihenfolge, erzeugt es womöglich zunächst Erleichterung, jedoch garantiere ich Ihnen, dass das nicht lange anhält, sofern die Ursache bei Ihnen nicht in der Talentfreiheit und dem nicht vorhandenen Geschmack besteht, sich Ihre Outfits entsprechend Ihrer Figur, einer gewissen Farbharmonie, der Saison und dem Anlass auszusuchen.

Die ersten wichtigen Punkte

✓ Machen Sie sich klar, dass Ihr Wunsch, bei der Kleidung klar Schiff machen zu wollen, nur eine Seite der Medaille ist und dass die Ursache, die zu dem Wunsch führte, höchstwahrscheinlich tiefer liegt.

✓ Erwarten Sie nicht, dass Sie in dem Kleidungsbereich gut vorankommen bzw. dass Sie das Ergebnis lange zufriedenstellt, wenn Sie sich nur auf das (Aus-)Sortieren, Minimieren, Ordnen der Kleidung und Accessoires beschränken.

✓ Im Gegenteil: Wenn Sie Punkt Eins nicht ernst nehmen, werden Ihnen Entscheidungen, sich von den (unversehrten) Kleidungsstücken zu trennen, viel schwerer fallen und Sie würden sich eher für ein »Behalten« entscheiden.

✓ Wenn Sie nicht nach den Ursachen suchen, brauchen Sie während des Entrümpelungsvorganges wesentlich länger dafür, überhaupt Entscheidungen zu treffen. Und es ist wahrscheinlich, dass Sie Wegwerf-Entscheidungen in Kürze wieder bereuen werden.

✓ Beziehen Sie nur eine einzige Kategorie, zum Beispiel »Kleidung«, in Ihren Entrümpelungsprozess ein, wird sich schon bald erneut Unzufriedenheit und ein Unruhegefühl einstellen.

✓ Bevor Sie überhaupt die Schranktüren öffnen, müssen Sie Vorarbeit in Ihrem Inneren leisten, wenn Ausmisten ohne Reue gelingen soll.

Diese Punkte gelten natürlich nicht, wenn Sie mit Ihrer Wohnung, Ihrer Organisation, Ihren Ordnungsmaßnahmen, Ihrem Umfeld, ja Ihrem gesamten Leben vollends zufrieden sind und es wirklich ausschließlich am Thema Kleidung krankt. Sollte das für Sie zutreffen, lassen Sie es mich wissen, und ich werde Ihr Beispiel in der nächsten überarbeiteten Auflage erwähnen.

Da ich jedoch nicht glaube, dass es ein Problem oder besser eine Tatsache (in diesem Fall Unzufriedenheit mit dem Ist-Zustand) ohne Ursache gibt, bin ich da ganz gelassen. Sie können mich natürlich trotzdem gern anschreiben – ich freue mich über jede konstruktive Anregung, aber vor allem über Ihre Erfahrungsberichte.

Warum und Wofür?

Ich habe mich oft gefragt, warum ich keinen Mann (außer Designer oder Modeschöpfer) – nicht mal einen Bekannten eines Bekannten über mehrere Ecken – kenne, der mehr Mühe für seine Kleidung aufbringt, als sie zu waschen und im Notfall noch zu bügeln und irgendwie in den Schrank zu pferchen. Ich kenne keinen, der jemals ein Buch darüber lesen oder einen Aufräum-Coach buchen würde. Wenn etwas so sichtbar kaputt ist, dass man das Loch im Shirt oder den Verschleiß deutlich sieht, wird notgedrungen etwas Neues gekauft. Und das war es dann auch wieder mit dem Shoppen – für Jahre. Sicher gibt es Ausnahmen, aber auf die meisten Männer trifft das zu.

Wenn Frauen eine Abneigung gegen das Shoppen haben, liegt das nicht selten daran, dass sie aufgrund ihrer Größe (zu lang, zu kurz, zu schmal – mehr »zu« gibt es bei Frauen nicht) keine Auswahl haben und sich die Hacken nach etwas Schickem abrennen. Da vergeht einem dann auch die Lust, durch überfüllte Shoppingmeilen zu stiefeln und am Ende unterzuckert und kleidungstechnisch leer auszugehen, während die Freundin neben einem schon Haltungsschäden von ihren vollen Tüten bekommt.

Aber warum machen wir Frauen sowas? Warum verbringen wir elendig viel Lebenszeit damit, in muffigen Kabinen bei diffusem Licht und »Zauberspiegeln«, von Aromaduft und manipulativer Musik benebelt, einen ganzen Arm voll Klamotten anzuprobieren und uns dabei tot zu schwitzen? Hinterher verstecken wir die Tüte(n) schnell unbemerkt im Schrank, um dem Mann vorzugaukeln, dass das Teil schon uralt ist und er nur zu unaufmerksam, sonst wäre ihm das doch aufgefallen. Ich kenne keinen Mann, der sowas macht!

Oder wir merken zu Hause, vor unseren Spiegeln, dass die Hose in der Umkleidekabine doch irgendwie geiler und der Hintern viel schmaler aussah. »Aber das ist sicher nur Einbildung – das Teil war ein Schnäppchen und ich musste das unbedingt haben! Gleich morgen ziehe ich die neue Hose an.« Und was passiert dann am nächsten Morgen? »Ich stehe vorm Schrank, mit lauter nix anzuziehen, starre auf den Inhalt und finde absolut nichts Passendes für obenrum, zu der tollen neuen Hose ...«

Meine Geschichte

Wie es dazu kam, dass ich die Wohnung nach der Wandlänge des Schlafzimmers aussuchte

Gerne hätte ich diese Eigenschaft oder Abneigung gegen schöne Kleidung oder wenigstens ein Gefühl dafür gehabt, wann es einfach genug ist. Zum Beispiel, weil es keinen freien Zentimeter (nicht übertrieben) mehr in meinem mehrere Kubikmeter großen Kleiderschrank gab. Aber diese Eigenschaft (oder das Gen, wenn es denn ein schuldiges dafür geben würde, dann hätte ich eine handfeste Ausrede gehabt) fehlte mir absolut. Stattdessen habe ich jahrzehntelang nicht nur hunderte, sondern zigtausende Euro für Kleidung ausgegeben, von der ich schließlich den überwiegenden Teil zu Schleuderpreisen oder kostenlos weggegeben habe (dazu später mehr).

Ich habe mich für meine Einkäufe nie verschuldet, das war nicht das Problem. Abgesehen von der Tatsache, dass ich mir von dem Geld, wenn ich es gespart hätte, mindestens schon mehrere tolle Urlaube und ein besseres Auto hätte kaufen oder ein Haus mit solidem Eigenanteil hätte anzahlen können. Kurz, es war einfach nur unnötig oder salopp gesagt, total bescheuert. Aber mit der Erkenntnis allein kommt man eben nicht weit(er) und es hilft nichts, wenn man *weiß*, *dass* es bescheuert und unnötig ist.

Man muss verstehen, warum man das tut! Und das Wichtigste: Man muss etwas ändern, indem man handelt!

Dass ich das Geld nicht gespart, sondern zu mindestens 98 Prozent für *unnötige* Kleidung ausgegeben habe, hatte handfeste Gründe und seine psychologischen Ursachen. Heute stehe ich dem Thema Shoppen ambivalent gegenüber, wenn nicht sogar gänzlich abgeneigt. Jedoch gibt es auch bei Klamottensucht oder Kaufsucht eine Rückfallgefahr – wie bei jeder Sucht, wenn man den oder die Auslöser dafür nicht kennt und »behandelt«.

Was war nun der Auslöser? Wie oft im Leben, gibt es für positive wie negative Verhaltensweisen selten nur einen einzigen Grund, warum sie sich manifestieren. Die Ursachen beschränken sich nicht nur auf Ereignisse in der Vergangenheit, sondern können auch in der Gegenwart liegen oder im Zusammenspiel von beidem. Bei mir lagen zwei Ursachen in meiner Kindheit und Jugend:

Geboren und aufgewachsen bin ich in der ehemaligen DDR, wo es Kleidung nur begrenzt gab, modische schon gar nicht. Als kleines Mädchen, wahrscheinlich konnte ich nicht einmal laufen, hat mich meine Mutter, stellvertretend für die Mehrzahl der Mütter, stets aufgehübscht und übertrieben mädchenhaft angezogen. Ich traue mich das gar nicht zu sagen, aber wir sind ja unter uns: Ich musste mich nicht nur ständig, und das bereits im Kinderwagenalter, mit ungemütlichen bunten Röckchen und Blumenkleidern in der Öffentlichkeit zeigen, nein, ich hatte auch noch Synthetik-Rüschenschlüpfer an, die man sehen *sollte*, weil sie so putzig und ein Highlight der DDR-Kindermode waren und – für ein nicht mal zweijähriges Kind äußerst praktisch, bekam ich permanent weiße Kniestrümpfe und helle Strumpfhosen an! Das war grausam und zog sich konstant durch meine ersten Jahre: Sobald es das Wetter zuließ, zwängte man mich in kratzige Strumpfhosen und Kleidchen. Jetzt raten Sie mal, was ich ununterbrochen hörte. Ja, richtig: »Pass auf deine Strumpfhose auf!«, »Pass auf das tolle Kleidchen auf!« Natürlich war mir das sowas von egal und da ich ein höchst lebhaftes Kind war, kam ich oft gerade einmal bis vor die Haustür und fiel hin oder vielleicht war es auch Absicht? Jedenfalls gelangte ich selten heil an den Ort, für den meine Mutter mich so adrett gestylt hatte. Selbstverständlich wurde ich ausgeschimpft und das reichlich. Die Strumpfhosen wurden gestopft, bis es nicht mehr ging, kratzten weiterhin, und immer wieder hörte ich die mahnenden Worte: »Pass auf deine Sachen auf ...!«

Wir wohnten damals in einem auch heute noch überall anzutreffenden typischen Wohnblock, in einem Acht-Parteien-Haus, wo der Kinderwagen unten im Hausflur bei den Briefkästen stand. Man glaubt es kaum, aber in der DDR wurde verdammt viel geklaut, so auch irgendwann – wie meine Mutter nicht müde wurde zu wiederholen – ein niedliches, blaues Blumen-Kleidchen von mir. Sie trauerte dem noch jahrzehntelang hinterher und erzählte es mir bei jeder möglichen Gelegenheit. »Das tolle Kleid damals ...

einfach aus dem Wagen geklaut ... das war so schade ...« Aber keine Sorge, sie fand reichlich Ersatz, den ich bis zu dem Alter tragen musste, in dem ich mich erfolgreich dagegen wehren konnte.

Bis heute mag ich Kleider und Röcke nicht sonderlich und Strumpfhosen erst recht nicht, aber das war nicht das Haupttrauma. Dieses ständige »Pass auf, dass die Strumpfhose nicht dreckig wird!«, »Pass auf, dass du kein Loch in die Sachen machst!« Und wenn es doch passiert war, kam der Satz: »Da muss man sich ja schämen, wie du aussiehst!« Wenn man das jahrelang hört, kann das, wie bei mir, dazu führen, dass man eben *immer aufpasst* auf seine Kleidung und sie so schont und pflegt und derart Acht gibt, dass man ordentlich aussieht und dass niemals auch nur die kleinste Macke, das winzigste Abnutzungszeichen daran erkennbar ist. Ich habe auf *alle* meine Gegenstände immer sowas von aufgepasst, egal, was es war. Selbst meine Bücher sahen nach dem Lesen aus wie neu. Das hat man nun davon. Und das alles nur, damit das kleine Mädchen wie eine Schaufensterpuppe aussieht – was das in mir auslöste, war nebensächlich. Ein Wunder, dass ich mich überhaupt noch getraut habe zu laufen ... *Mama, ich weiß, du meintest es nur gut!*

Wenn ich heute eine Mutter mit ihrem in Tüll und Faltenröckchen gehüllten Barbie-Verschnitt an der Hand durch die Stadt zotteln sehe, und sie ihr Kind vor all den Leuten anmeckert, weil es hingefallen ist oder sich beim Eisessen bekleckert hat, muss ich mich beherrschen, um der Frau nicht an die Gurgel zu gehen. »Zieh dem Kind doch einfach Klamotten an, die dreckig werden dürfen und nicht so'n albernes Faschingskostüm! Und wenn doch, dann soll sich das Kind wenigstens frei darin bewegen und wenn es Spaß hat, auch einsauen können! Und nicht nur für Schön-Rumstehen oder Wie-versteinert-Sitzen!« Als Mutter sollte man sich öfter mal fragen, wie man sich selbst fühlen würde, wegen dusseliger Flecken auf der Kleidung oder anderer Lappalien runtergemacht zu werden, inmitten von Menschen, die einen plötzlich alle anschauen und das Kind weiß nicht, was daran so schlimm ist und denkt, es *selbst* ist schlimm und böse!

So, das musste jetzt mal raus. Vielleicht liest das ja die Mutter vom letzten Sonntag aus der Eisdiele.

Später, als ich Teenager war, wollte man sich natürlich fescher anziehen und gern auch etwas Ausgefalleneres, was nicht alle anderen anhatten. Das gestaltete sich in der DDR mehr als schwierig, da es – wenn es Klamotten gab – von einem Modell nur vielleicht zwei Ausführungen und Farben aber dafür gleich mehr als hundert Stück gab. Das sah dann so aus, dass man sich mindestens zwei Stunden, bevor das einzige Kaufhaus der Stadt öffnete, vor dem Eingang postieren musste, also schon mal den Unterricht schwänzte, um dann noch während des Herunterfahrens der Kaufhaustüre wie von der Tarantel gestochen hineinzustürzen und sich auf die eine Sorte, die es gerade heute gab, zu werfen, sich dabei am besten gleich ein halbes Dutzend unter den Arm zu klemmen, um mit etwas Glück die eigene Größe dabei zu haben. Das konnte dann eine Winterjacke sein, die außer mir noch mindestens fünf weitere Schüler der oberen Klassen meiner Schule trugen. In allen Schulen das gleiche Bild. Bei den anderen hatte der Buschfunk wohl versagt und sie erfuhren nicht, dass es Ware gab oder sie haben schlicht nichts mehr abbekommen. Auch möglich, dass sie noch die Jacke vom Vorjahr oder von den Geschwistern tragen mussten. Dann war die Aufregung erst einmal für eine Weile vorbei, bis aufgrund von Beziehungen zum Kaufhauspersonal die Info zu uns durchsickerte, dass es nächsten Dienstag wieder etwas zum Anziehen gibt. Und wieder: vorm Kaufhaus stationieren, warten, stürmen ...

Wir hatten das Glück, dass es uns finanziell möglich war, alle zwei Jahre nach Ungarn in den Urlaub zu fahren. Bei der Gelegenheit kleideten wir uns auf den Märkten komplett ein, mit damals total coolen Flauschpullis, Jeanshosen und Jacken. Auch wenn etliche denselben Plan verfolgten und man andere mit ähnlichen aber selten identischen Klamotten traf, so unterschied man sich doch etwas von der Masse und fühlte sich schicker gekleidet. Das war wichtig, vor allem im Teenie-Alter, und wenn man gerne in die Disco ging, wie ich. Diese neuen Sachen pflegte und hütete ich wie meinen Augapfel. Da es zu teuer war, für meine Mutter und mich jeweils eigene Kleidung zu kaufen, waren die Pullis meist universal in Verwendung. Das heißt, meine Mutter und ich teilten uns die Pullover. So blieb das auch bis zum Ende meiner Teenie- und DDR-Zeit.

Da ich schon seit meiner frühen Jugend individuelle Kleidung und den eigenen Touch beim Outfit liebe, war dieser Zustand für mich absolut einschränkend und bedeutete eine Abhängigkeit in einem Bereich, der dazu beitragen soll, dass man sich mit seiner Kleidung abheben und gefühlsmäßig ausdrücken kann. Ich versuchte, dies ein wenig dadurch zu erreichen, dass ich mir mit den Mitteln, die zur Verfügung standen, den einen oder anderen Pullover selbst strickte und häkelte. So entstanden ausgefallene Pullis, die komplett meiner Fantasie entsprangen und überall auf Bewunderung stießen. Dabei ging es nicht um irgendeinen Status, sondern darum, dass man die *Wahl* haben kann, was man trägt und nicht gezwungen ist, das anziehen zu müssen, was einem häppchenweise vorgeworfen wird. Und dass man sich *traut,* die Sachen auch anzuziehen, weil man sie so oder ähnlich wiederbekommen könnte, wenn sie kaputtgehen. Denn genau das war bei den gekauften Sachen gänzlich ausgeschlossen. Auch waren die wenigen Dinge, die es gab, derart in der Auswahl limitiert, dass es einfach keinen Spaß machte, ja geradezu demütigend war. Das war wohl auch damals so gemeint gewesen, befürchte ich! Nur:

Wenn Menschen kurzgehalten werden, erzeugt das überhöhte Bedürfnisse und Mangel erzeugt Wünsche und gesteigerte Sehnsüchte.

Darin liegt der Hund begraben: Als dann nach der Wende die Katalogwelle über uns kam, saß ich eine gefühlte Ewigkeit über dem damals sechs Zentimeter dicken Versandhauskatalog, blätterte wieder und wieder durch, wählte aus und schrieb zig Blöcke voll mit Artikelnummern und Modellen, die ich gerne bestellt hätte. Gott sei Dank hatte ich damals kein eigenes Geld, sonst wäre vermutlich mein Jugendzimmer innerhalb einer Woche bis unter die Decke voll Kleidung gewesen, und ich binnen Kurzem pleite und inmitten von Klamotten vergraben. So geschah dann erst einmal nichts, da wir »bestellen« nicht kannten – ich kann mich gar nicht daran erinnern, dass überhaupt einmal der Paketbote klingelte und ein Paket brachte ... Paketboten hießen die in der DDR wahrscheinlich auch gar nicht, was sollten die auch für Pakete bringen?

Ich finde die Geschichte im Nachhinein ganz amüsant, wenn sie bei mir nicht so einen üblen Nachgeschmack hinterlassen hätte: Irgendwann war es eben doch überall möglich, modische Kleidung in einer mehr als reichlichen Auswahl und dazu noch für einen in jeder Lebensphase erschwinglichen Preis zu bekommen. Das war irgendwie auch nicht gut. Sie ahnen es schon, dass mich dieser ehemalige *erzwungene Mangel* und dieses ständige »Pass auf ...!«, in eine Spirale der ununterbrochenen Neuerwerbung und übermäßig liebevollen Pflege von Klamotten trieb.

Ich behandelte jedes Stück gleich achtsam und legte großen Wert darauf, dass die Kleidung keinen Schaden litt oder Verfärbung durch Waschen und Tragen bekam. Um zu vermeiden, dass Kleidung vom Tragen verschleißt, trägt man es entweder kaum bis nie oder man muss eben immer Neues kaufen, damit sich der Verschleiß in Grenzen hält. Und da, wenn man es kaum trägt, alles immer wie neu aussieht, egal ob es noch passt oder modisch ist oder nicht und ob es einem noch gefällt oder nicht – wird es weiterhin bewahrt und gepflegt. Denn Wegschmeißen würde der Nichtachtung und einem Verrat gleichkommen. Und wenn sich auf dem weiteren Lebensweg dann noch gewisse persönliche Unzufriedenheiten oder selbsterzeugter oder äußerer Stress dazugesellen, kann das dazu führen, dass man der schnellen Bedürfnisbefriedigung durch den stetigen Kauf von Dingen – welchen auch immer – Vorrang vor allen vernunftbasierten Antworten gibt. Und das jahrzehntelang.

Auch wenn man sich die Gründe denken kann, heißt das noch lange nicht, dass man sie in dem Zusammenhang akzeptiert und dazu bereit ist, etwas zu ändern.

Irgendwann war es dann endlich soweit: Ich wachte auf!

Ich habe immer noch ein Faible für schöne Kleidung (wobei schöne Kleidung eine Definitionsfrage ist) und das hat persönliche wie banale Gründe. Die äußere Erscheinung ist nun mal das Aushängeschild und darauf gucken wir Menschen und urteilen sofort, ob wir wollen oder nicht. Das bekommen wir oft nicht einmal mit. Im Alleingang klappt das Unterbewusstsein die Schubladen im Kopf auf, in die wir die Menschen, die uns begegnen, in Bruchteilen von Sekunden hineinstecken – Schublade zu!

Jetzt könnten Sie einwenden: »Mir ist es egal, was andere von mir denken, wenn ich im Jogger einkaufen gehe.« Aber darum geht es nicht allein! Es geht darum, wie Sie sich *fühlen* und was Sie sich *wert* sind, nicht was die anderen *denken*. Die Frage ist: Wie werden Sie von den anderen *behandelt* und wie wollen *Sie* behandelt werden? Wie möchten Sie, dass die anderen Sie *sehen?* Wollen Sie überhaupt *gesehen werden* oder merken Sie womöglich gar nicht, dass Sie alles dafür tun, dass die anderen Sie nicht sehen (möchten)? Was hat Ihr Selbstbewusstsein damit zu tun?

Nichts gegen Jogginghosen – ich trage sie auch, zu Hause und beim Sport – aber wenn ich damit weiter als bis zum Müllcontainer oder Keller gehe, habe ich das Gefühl, es passt in der Öffentlichkeit nicht zu mir und ich fühle mich dann nicht mehr wohl. Die Menschen behandeln einen definitiv anders, wenn auch oft unbewusst. Wenn Sie es noch nicht getan haben, achten Sie vielleicht mal in Zukunft darauf, dass Sie sich nicht nur anders fühlen, sondern auch anders angeschaut werden und die Menschen Ihnen anders begegnen, je nachdem ob Sie im Schlabberlook oder im gepflegten Outfit »unter Leute« gehen.

Gepflegt bedeutet natürlich nicht, dass Sie nur in Anzughose und Blazer »auf die Straße dürfen« und bei allem anderen schief angeschaut werden – auch eine hübsche Jeans und ein cooler Kapuzenpulli sehen gepflegt aus, wenn es zu Ihnen passt. Hier liegt es ganz allein an Ihnen, was Sie für sich selbst als passend und gepflegt definieren. Wenn Sie es hassen, sich in den Business-Anzug zu werfen und sich darin überhaupt nicht wohlfühlen, jedoch die schwarze Skinny Jeans und das stylische Longshirt mit der Kurzlederjacke Ihre zweite Haut darstellen, dann ist *das* eben Ihr Ding und das strahlen Sie auch aus. Darum geht es. Das wird auch eines der Kriterien beim Aussortieren sein: zu finden, was *Ihr Kleidungsding* ist.

Was ein gesundes Verhältnis zwischen allen Faktoren ausmacht, habe ich mir hart erarbeiten müssen. Das hieß zunächst, die richtige Balance zu finden zwischen der Menge an Kleidung, mit der ich mich wohlfühle und die meinen Bedürfnissen entspricht und dem, was ich für Anlässe brauche, die einen gewissen Kleidungsstil verlangen, den ich im Prinzip nicht mag. Gerade dann, wenn man diesen Konflikt hat, ist es wichtig, dass man sich dennoch wohl in seiner Haut fühlt.

Warum die Vorarbeit so wichtig ist

Da zu vermuten ist, dass Sie, liebe Leserin, nicht damit gerechnet haben, dass Sie sich jetzt intensiver mit sich selbst als mit Ihren Klamotten beschäftigen sollen, möchte ich Ihnen sagen, dass es gerade das ist, was Sie schneller in Ihrem Aufräumprozess weiterbringt, als der sofortige Gang zum Schrank und zur Aktion.

Haben Sie keine Scheu davor, bestimmte Verhaltensmuster und Handlungen zu hinterfragen, die dazu geführt haben, dass Heim und Schränke überquellen oder dass Sie vom Shoppen mit einem immer wiederkehrenden Kleidungsstil heimkommen, wie Rüschenblusen oder Rollkragenpullis aller Varianten und Farben.

Keine Panik! Ich werde Sie dabei unterstützen. Helfen wird auch, dass der Humor trotz aller Tiefgründigkeit ausdrücklich am Prozess teilhaben darf – ich nehme mal mich selbst, mal ganz allgemeine Handlungsmuster unter die Lupe und auf die Schippe, die bei »nüchterner« Betrachtung nicht nur kostspielig, sondern oft völlig unsinnig sind. Deren Folgen wir theoretisch vorher absehen könn(t)en, aber eben nur theoretisch. Doch dahin wollen wir kommen: Dass wir wissen, *warum* wir etwas tun, um dem entgegenzusteuern.

Da bei Frauen meist der Kleiderschrank mit allem, was dazu gehört, der größte Faktor darstellt, so auch bei mir, widme ich mich diesem Aspekt etwas ausführlicher. Viele Ratgeber empfehlen, dass man mit dem Aussortieren der Kleidung beginnen und sich bei jedem Teil fragen soll: »Was steht mir?«, »Was kleidet mich vorteilhaft?«, oder: »Welcher Stoff, welche Farbe, welcher Schnitt, welches Muster etc. passen zu mir?«

Diese Fragen sind nicht falsch, nur nicht ausreichend und viel zu verfrüht. Denn: Woher soll ich die für mich richtige Antwort wissen, wenn ich gar nicht weiß, warum das ganze Zeug in mein Leben kam und wo ich jetzt im Leben stehe oder wo ich hinwill. Oder, wenn ich mit mir nicht im Reinen bin: Woran liegt das? Wenn ich das morgens nicht bin und mich nicht entscheiden kann, bin ich das dann am Mittag, am Abend, am Samstag? Oder, wenn ich, wie oben beschrieben, rat- und entscheidungslos vor meinem Schrank stehe und eine gefühlte Ewigkeit brauche, um mich auch nur für den Freizeitausflug anzuziehen, wie soll ich dann die wichtige Frage beantworten können, was ich für die Zukunft behalten will? Ist die Antwort »Weg damit!«, dann ist das endgültig. Jedoch ist es gerade das, was uns schwerfällt, nicht nur, weil das Zeug mal teuer war.

Dieses Trennen für immer bedeutet Verlust und das macht uns Angst, auch wenn wir uns dessen nicht bewusst sind.

Wenn ich mehr shoppe, als ich brauche oder sogar als ich ohne Verschuldung bezahlen kann, wenn ein Mensch generell mehr auf irgendeine Art und Weise konsumiert, als er eigentlich zum Leben, ja zum Glücklich- und Zufriedensein benötigen würde, wenn es da ein Ungleichgewicht gibt, was zu einem Verhalten führt, dass einem selbst schadet, dann gibt es immer eine tieferliegende Ursache!

Und wenn ich das nicht erkenne, das heißt, wenn es mir selbst nicht bewusst ist, *dass* ich übermäßig viel und *warum* ich shoppe bis der Arzt kommt, *warum* ich meine Wohnung nicht nur mit Klamotten, sondern mit jeder Art von Deko-Schnickschnack zumülle, dass es keinen freien Platz mehr in den Schränken, auf Sideboards und Regalen gibt, dann kann ich die Fragen nach dem »Was steht mir?«, »Was passt zu meinem Typ?«, »Wovon trenne ich mich ohne Reue?«, etc. auch nicht zielführend beantworten.

Es wird mich nicht weiterbringen, denn ich werde nicht nur ständig an meiner Meinung zweifeln, sondern mich dann immer für Mehr- statt für Weniger-Behalten entscheiden. Nämlich so viel mehr, wie ich auch mehr konsumiere. Danach sind vielleicht ein paar Stücke aussortiert, aber ich bin nicht zufriedener, weil nur an der Oberfläche gekratzt wurde und gerade mal die Spitze des Eisbergs abgetragen ist. Selbst wenn ich es schaffe, einen erheblichen Teil zu reduzieren, ist die Ursache nicht erkannt worden und ich habe mich mit den Gründen, die dazu führten, dass ich so viel Krempel habe, nicht auseinandergesetzt. Und genau wie bei jeder anderen Sucht holt uns bei dem kleinsten Auslöser die Kauf- oder Sammelsucht oder, weniger dramatisch, die Unordnung in Kürze wieder ein.

Wenn man so viele Klamotten (vor allem der immer gleichen Sorte) im Schrank hat, dass in zwanzig Jahren davon nur zwei Lieblingspullis verschlissen sind, dann herrscht ein Ungleichgewicht, das meiner Meinung nach so ungesund ist, dass das Wohlbefinden gravierend beeinträchtigt sein kann. Wie bei mir gibt es auch bei Ihnen Gründe dafür, wenn auch gänzlich andere, aber es gibt Gründe!

Ganz gleich, ob es Kleidung, Deko oder Kosmetikartikel sind: Das Problem ist dasselbe. Wenn frau so viel Deko besitzt, dass sie sämtlichen Geschäften im Ort die jahreszeitliche Dekoration ausleihen könnte, ohne befürchten zu müssen, selbst keine mehr zu haben oder wenn sie bei jedem Gang in die Stadt zwanghaft Kosmetikartikel nachkauft, sodass zu Hause nie etwas fehlt, sondern stets mehrfach Nachschub im Haus ist oder wenn Küchenutensilien für jede erdenkliche Art von Schnippelei, Backerei oder Brutzelei gekauft werden: Das überschreitet meiner Meinung nach das gesunde Maß! Vor allem aber braucht der Mensch so viel nicht, es ist unnötig, überflüssig, extremer Ballast, kostet Geld, Zeit und Platz und macht auch Sie nicht zufriedener!

Das ist sicherlich nicht gänzlich neu für die eine oder andere, aber es klingt vielleicht etwas krass für diejenigen, die sich möglicherweise »ertappt« fühlen. Aber innerlich spüren Sie, dass da was dran sein könnte. Vielleicht haben Sie selbst schon festgestellt, dass Sie die tolle »Super-Küchen-Maschine« im Wert eines durchschnittlichen Monatsgehaltes (Sie wissen, welche ich meine), die alles kann außer mit den Kindern spielen, bügeln und Geld nachdrucken, anfangs euphorisch dauerhaft in Benutzung hatten und mittlerweile die Rührschüssel nur zum Abwaschen der Spinnweben in die Hand nehmen und die Sahne zum Sonntagskuchen fix mit Ihrem ollen elektrischen Handmixer schlagen. Oder Sie haben sich gewundert, warum Ihr Tupper-Vertreter Ihnen eine Karte aus der Karibik geschrieben hat, um Ihnen mitzuteilen, dass er nicht mehr vorbeikommt, weil er finanziell ausgesorgt hat. Aber es waren doch immer alles höchst attraktive Sonderangebote?! Denken Sie.

Sie verstehen, was ich damit sagen will. Ihr Interesse an diesem Buch kommt ja nicht von ungefähr. Man braucht diese Dinge in dieser Masse definitiv nicht zum Glücklichsein und zum Überleben sowieso nicht. Aber dazu muss man erst einmal wissen, *wann* man mit *wie viel* zufrieden ist, was das für einen selbst heißt und wo das Defizit ist. Und schon könnte dieser Ratgeber hunderte Seiten länger werden, da im Leben viele Bereiche miteinander verzahnt sind und wenn's an einer Stelle hakt, läuft das Getriebe nicht mehr reibungslos.

Aber hier geht es in erster Linie um das, was zunächst am schnellsten Luft zum Atmen verschafft. Und wenn es um uns herum freier ist und wir uns vorher mit einigen wichtigen Fragen zu uns selbst beschäftigt und damit den Blick auch nach innen gerichtet haben, dann versperrt kein äußerer Ballast mehr die Sicht und der weitere Weg wird klarer.

Muss es gleich
Minimalismus sein?

Wenn man sich die Ratgeber zu dem Thema anschaut, stößt man unweigerlich auf das Wort »Minimalismus«, das inzwischen schon zum Modewort geworden ist. Aber was ist das eigentlich? Was bedeutet das? Minimalismus taucht als Begriff in der Kunst, Architektur, Musik und Linguistik auf, wird aber im Zusammenhang mit dem Lebensstil oft in Verbindung mit den Themen Aufräumen, Ordnung oder sogar mit dem Aussteigen aus beruflichen, privaten Situationen gebraucht.

»Einfaches Leben ... auch freiwillige Einfachheit ..., Minimalismus oder Downshifting genannt, bezeichnet einen Lebensstil, der sich als Alternative zur konsumorientierten Überflussgesellschaft sieht. Konsumkritische Menschen versuchen, durch Konsumverzicht Alltagszwängen entgegenzuwirken und dadurch ein selbstbestimmtes, erfülltes Leben zu führen ... manche einfach Lebende gelten als Aussteiger« (Wikipedia, Stichwort »Minimalismus«).

Interessant finde ich folgende Erklärung:

»Beim einfachen Leben wird darauf geachtet, das eigene Verhalten hinsichtlich Konsum, Besitz und Beziehungen auf Sinnhaftigkeit und Notwendigkeit zu hinterfragen. Ein Übermaß an Besitz, aufgrund von Streben nach sozialem Status und Prestige, wird als hinderlich und belastend betrachtet. Man vermeidet Konsum zur Unterhaltung oder als bloße Freizeitbeschäftigung und kauft stattdessen gezielt ein. Es wird deutlich zwischen reinem Begehren und echter Notwendigkeit unterschieden. Der Lebensstil ist von der grundlegenden Haltung geprägt, weniger Dinge zu besitzen, um sich und die Umwelt mit deren Anschaffung, Bezahlung, Pflege und Entsorgung nicht unnötig zu belasten. Freizeit genießt eine hohe Wertschätzung. Beim einfachen Lebensstil erscheint es unvernünftig, Lebenszeit gegen Geld einzutauschen, um Dinge in seinen Besitz zu bringen, die man nicht braucht, oder Arbeitszeit aufzuwenden, um mit deren Ertrag mehr konsumieren zu können« (Wikipedia, Stichwort »Einfaches Leben«).

Das Hauptaugenmerk liegt hierbei auf *freiwillige Vermeidung von Konsum als bloße Freizeitunterhaltung* und *gezieltes Einkaufen notwendiger* Dinge. Es wird kein zwanghafter Verzicht praktiziert, bei dem man sich kasteien muss und die Nase sehnsüchtig am Schaufenster plattdrückt, sondern man lebt so, weil man es von sich aus so möchte!

Und wenn Sie mal wieder die Schnauze so richtig von Ihrer Arbeit voll haben und sich von Chef oder Kollegen ungerecht behandelt fühlen und nichts sehnlicher wünschen, als dass ein millionenfacher Lottogewinn Sie von dort befreien möge, dann lassen Sie sich den Satz auf der Zunge zergehen: »Ich opfere hier

für den öden Job meine wertvolle Lebenszeit und reiß
mir den Arsch für etwas auf, dass mich nicht interessiert, geschweige denn weiterbringt, nur um das Geld
zu verdienen, das ich brauche, um mir zu kaufen, was
ich überhaupt nicht brauche ...!«

Wie wahr dieser Satz ist, wird Ihnen sicherlich ab
heute immer mehr bewusst. Sie können sich das auch
als Mantra auf einen Zettel schreiben und in Ihre
Geldbörse legen. Selbst der zusammengefaltete Zettel
genügt, um Sie jedes Mal, wenn Sie etwas anderes als
Lebensnotwendiges kaufen, daran zu erinnern, wie
mühevoll Sie Ihr Geld verdienen müssen. Schauen Sie
mal, was allmählich in Ihnen passiert. Es kann eine
gute Unterstützung in die richtige Richtung sein.

In vielen Bereichen des Lebens ist es sehr hilfreich,
sich den Unterschied zwischen Objekten der Befriedigung bloßen Begehrens und Dingen, die wirklich notwendig sind, immer wieder bewusst zu machen. Sich
das nicht nur in Bezug auf das Thema des Buches zu
vergegenwärtigen, sondern auch im Alltag sowie im
Beruf, bringt einen enorm weiter. Wenn man sich bei
einer stressigen oder ungeliebten Arbeit nur dafür verausgabt, Überstunden schiebt und seine Lebenszeit
verplempert, um sich einen bestimmten Status erkau-
fen oder stets das neueste Modell wovon auch immer
besitzen zu können, legt das die Vermutung nahe, dass
die Quälerei im Job noch nicht groß genug ist. Sonst
hätte man bereits begonnen, umzudenken.

Gerade das (übermäßige) Shoppen, egal ob im Geschäft oder online, zum Teil aus purer Lust oder viel-

leicht sogar aus Langeweile, zeigt ja, dass es hier eine Ursache gibt.

Warum haben Menschen Langeweile? Warum geben sie lieber ihr zum Teil in stumpfsinnigen oder körperlich harten Jobs verdientes Geld für Dinge aus, die sie tatsächlich nicht brauchen und die sie später sogar belasten? Das ist eine wichtige Frage, die sich jeder, dessen wunder Punkt das ist, stellen muss!

Nun gibt es ja auch beim Minimalismus unterschiedlich ausgeprägte Stufen. Einige leben in spartanisch eingerichteten Wohnungen, die zum Teil kühl, ungemütlich und unpersönlich wirken. Sie haben an einer Hand abzählbare Kleidungsstücke, nur einen Kugelschreiber, zwei Handtücher (hoffe ich doch, dass es wenigstens zwei sind), betreiben Car-Sharing, Couch-Surfing, und vermieten Ihre 20-Quadratmeter-Wohnung vielleicht sogar noch bei Airbnb, während sie ebenfalls zu Hause sind. Etwas überspitzt und mit Augenzwinkern, aber »er« ist anzutreffen, dieser Typ, der es mit dem Minimalismus sehr ernst nimmt – ja, es sogar zu seiner unumstößlichen Lebensphilosophie gemacht hat.

Einer davon ist der Japaner Fumio Sasaki, der seine Dinge soweit reduziert hat, dass er, wie er in seinem Buch schreibt, in zwanzig Minuten umziehen könnte. Mit vielen seiner Aussagen und Gedanken zu unserem Verhalten in Bezug auf Materielles und Konsum, stimme ich absolut überein, mit seiner Umsetzung nur teilweise. Wenn ich mir sein YouTube-Video* ansehe, wie er so im kahlen Zimmerchen vor der weißen Wand auf dem Boden sitzt und darüber berichtet, wie toll er den Zustand jetzt findet, läuft mir ein eisiger Schauer über den Rücken – da ist es in jedem Wohnmobil gemütlicher als in seiner Wohnung. Noch nicht einmal die eine »Pro-Forma-Minimalisten-Pflanze« habe ich im Video entdecken können. Bei diesem tristen Anblick möchte ich ihn in den Arm nehmen und ihm ein wenig Wärme spenden. Wenn einer so derart radikal reduziert, frage ich mich, was er damit kompensiert? Er sagt zwar, dass er nun allen unnötigen Ballast los sei und in der gewonnenen Zeit, die er sich nicht um die Pflege und den Erhalt seiner Gegenstände kümmern muss, hinaus in die Natur geht, zum Wandern, Klettern, Campen oder um sich mit Freunden zum gemeinsamen Essen zu treffen – auswärts, da er ja kein zusätzliches Geschirr besitzt. Wenn Freunde zu ihm kommen, müssen sie Pappbecher mitbringen ... Es ist ein positives und wünschenswertes Ergebnis, weniger materielle Dinge, aber mehr freie Zeit und Geld zu haben und beides auch erfüllend zu nutzen. Fumio Sasaki kann sich auf die wichtigen Dinge des Lebens konzentrieren, zum Beispiel auf Erlebnisse, und ich finde, damit hat er Recht. Aber in einem Punkt kann ich nicht glauben, was ich in dem Video sehe: Er besitzt nur ein einziges Handtuch, das er für alles, egal ob zum Putzen oder für den eigenen Körper verwendet. Den Partner möchte ich sehen, der das toleriert. Aber Herr Sasaki ist vermutlich Single ... (*www.youtube.com, Stichwort »Being a Minimalist«).

Minimalismus derart konsequent durchzuziehen, ist für die Menschen, die so leben wollen, auch in Ordnung, wenn sie damit zufrieden sind – mein Ziel ist das nicht. Ich finde, es ist auch nicht nötig, sich dazu durchzuringen, wenn es nicht zu den eigenen Werten und Vorstellungen von Leben und Wohnen passt. Es ist auch nicht sinnvoll, alles, was einem eventuell noch etwas bedeutet, wegzuwerfen, nur weil man irgendwie, irgendwo ein Zuviel spürt und einem der ganze Kram plötzlich auf die Nerven geht. Bloß weil man eben gerade beim Surfen im Internet auf eine der Seiten von glücklichen, sich von jeglichem Konsum und materiellen, nicht selten auch von sozialen Bindungen frei fühlenden Minimalisten stößt ...

Als ich an diesem Punkt war und auf Minimalismus aufmerksam geworden bin, fand ich es zunächst interessant, darüber zu lesen. Einige Aspekte schienen mir erstrebenswert, jedoch habe ich schnell gemerkt, dass es in seiner Gesamtheit dann doch nicht zu mir passt.

Zumindest heute noch nicht. Vielleicht ändere ich ja irgendwann meine Meinung. Lust, auszuprobieren, wie weit ich komme und mich dabei noch wohlfühle, hätte ich schon! Aber ich könnte mir vorstellen, dass es schwierig wird, wenn ich innerhalb meiner eigenen vier Wände soweit minimiere, dass ich nichts zur Zerstreuung, Inspiration oder geistigen Erquickung mehr parat habe, wie zum Beispiel ausgewählte oder auch manchmal neue Bücher, Material für handwerklich-kreative Tätigkeiten und gelegentlich den Fernseher. Dann kostet es auch wieder Geld und Aufwand, in der Außenwelt nach Anregungen, Entspannung und Abwechslung zu suchen. Man kann ja nicht immer nur meditieren, allein rausgehen und sich bei Wind und Wetter draußen im Freien mit Wandern oder Campen beschäftigen. Und Freunde haben auch nicht ständig Zeit. Dann müsste ich mir vermutlich Aufgaben oder Orte suchen, an denen ich auch körperlich produktive Arbeiten tun kann, also solche, wofür ich keine Gegenstände bei mir aufbewahren muss, aber bei denen man handfeste Ergebnisse sieht. Die aber sind eben nicht umsonst, wie zum Beispiel ein Schrebergarten oder ein Klöppel-Klub oder ein Strickverein mit und für Senioren – natürlich nur zur Erschaffung nützlicher und lebensnotwendiger Dinge, wie Gemüse oder warme Socken. Aber kaum etwas geht, ohne dass man Zubehör oder Ausrüstung dafür braucht, die man irgendwie und irgendwo aufbewahren muss! Wenn man gerne produktive Dinge tut, mit dem Hirn und mit den Händen, da wird es verdammt schwierig, als konsequenter Minimalist!

Es gilt also genau hinzusehen, in welchem Kontext sich die bekennenden Minimalisten dafür entschieden haben, wofür sie sich interessieren, in welchem Land und mit welchen beruflichen und sozialen Alltagsgepflogenheiten sie leben. Manche Lebensentwürfe wirken zunächst ungemein anziehend auf uns und die Theorie der Gestaltung von Wohnraum scheint erstrebenswert. Sie ist aber, vor allem bei solch umfassenden Einschnitten, mit Vorsicht zu genießen, so reizvoll es auch ist ...

Das muss man für sich erkennen und unterscheiden, bevor man sich voll Enthusiasmus in etwas stürzt und Entscheidungen trifft, die man dann vielleicht bereut, wenn man sich »nackt« gemacht und seine große Wohnung gekündigt hat.

Andere Minimalisten haben gar nicht erst eine Wohnung – sie sind gänzlich ausgestiegen aus dem beruflichen wie gesellschaftlichen Hamsterrad, reisen als digitale Nomaden durch die Welt, in einem Rucksack alles, was sie für lange Zeit an persönlichen Dingen brauchen. Von diesen Menschen lese ich unheimlich gern. Ihre Erfahrungsberichte, Reisebeschreibungen – viele von ihnen bloggen, um etwas Geld zu verdienen oder arbeiten in Gelegenheitsjobs irgendwo in der weiten Welt, wo sie gerade sind.

Das ist eine Art von Freiheit und Unabhängigkeit, wie es sich sicher viele wünschen, die aber durch Zwänge und Verpflichtungen gebunden und alles andere als flexibel sind. Wenn Sie dieses Thema auch so reizt wie mich, dann verstehen Sie jetzt vielleicht, was das mit Aufräumen und Ordnung machen, Ballast abwerfen zu tun hat. Denn: Mehr Freiheit gibt es (fast) nicht, als die, wenn man sich emotional an nichts Materielles mehr gebunden fühlt. Und nur im und für den Augenblick lebt. Wenn man den dann noch mit vollem Bewusstsein und wachen Sinnen genießen und teilen kann – nicht virtuell, sondern im wirklichen Leben – dann ist man wohl annähernd glücklich! Zumindest für den Augenblick.

Diese Sehnsucht nach Freiheit ist sicher ein wichtiger Grund, warum Sie nach dem Thema dieses Buches gesucht haben. Der Wunsch Ordnung zu machen kommt ja daher, dass Sie sich durch Ihre materiellen Dinge, durch das Zuviel an Kleidung oder anderen Gegenständen immer unfreier machen. Sie binden nicht nur sich, sondern Ihr Kapital, Ihr mühsam verdientes Geld, Ihre Zeit und vor allem Ihre Energie, Ihre Kraft – alles das, was Sie besser und nützlicher einsetzen könnten für das, was Sie wirklich weiterbringt, was Ihnen etwas bedeutet, Sie Ihren Herzenswünschen näherbringt und sich eines Tages oder schon bald erfüllt ...

Was wäre das? Wie wäre das?

Aber selbst darauf können viele in dieser Situation der »Unordnung im Außen wie im Innen« nichts antworten. Denn wenn man so genau wüsste, was man im Herzen wirklich will, hätte man ja bereits die Reißleine im Konsum und im Horten von Dingen gezogen. Und schon wieder sind wir an dem Punkt angelangt, an dem es an der Zeit ist, die richtigen Fragen zu stellen und sich eben die Zeit zu nehmen, die es braucht, um auch die Antworten darauf zu finden. Zumindest so, dass wir erkennen und verstehen, wo der Knackpunkt liegt, an dem es gilt zu arbeiten. Erst danach können wir beginnen, die Aufräumaktion zu starten – aber mit Planung und Struktur, nicht einfach drauf los!

Bevor ich Ihnen gleich einen Fragenkatalog an die Hand gebe, folgt noch ein Abschnitt über die Wichtigkeit, den Zustand nach dem »Ordnung-Machen« auch zu stabilisieren und dauerhaft zu erhalten und wie Sie das erreichen. Das ist etwas, das Sie sofort umsetzen können. Es ist im Prinzip der allererste Schritt, sofort ein Stoppschild hochzuhalten, noch bevor Sie den Grund hinterfragen und bevor Sie Ihrem Verlangen nachgeben, etwas zu kaufen, das nicht lebensnotwendig ist.

Erste Hilfe: Was können Sie sofort tun?

Eigene Handlungsmuster aufspüren und erkennen

Ich möchte hier nicht von Dingen reden, die ich nur vom Hörensagen weiß oder nie selbst erlebt habe. Deshalb erzähle ich Ihnen ja auch von meinem eigenen »Krankheitsverlauf« und ich gebe ganz offen zu, dass ich in meinem vorigen Leben tatsächlich klamottenkaufkrank war. Woher das rührte, haben Sie ja eben erfahren. Ich schildere das so ausführlich, damit Sie sehen, dass es Kleinigkeiten sein können, immer wiederkehrende Sätze, die Sie konditionierten, die wie viele Mini-Puzzleteile ein Bild ergeben. Sie müssen manchmal nicht erst metertief in Ihrer Seele buddeln, um eine Antwort zu finden.

Gut zehn Jahre lang habe ich damals also nicht selten im Schnitt circa tausend Euro monatlich an Kleidung ausgegeben. Je nach Monatseinkommen mag das einem viel oder wenig erscheinen; Millionärsgattinnen kaufen dafür gerade einmal die Schnalle einer Handtasche oder einen Schuh von irgendeinem Designer, den man angeblich kennen muss. Mich haben Designerklamotten oder Status nie interessiert, mir ging es nur um hübsche, moderne Kleidung, die ich schick fand. Dachte ich. Dabei kaufte ich oft von einem Modell mehrere Farben, nicht selten alle, die es davon gab oder je in zwei Größen, oft weil ich mich nicht entscheiden konnte, welche mir besser passte oder besser gefiel oder weil sie preislich annehmbar waren. Selten kaufte ich dann nur ein oder zwei Teile. Wenn ich in ein Geschäft ging, dann suchte ich beinahe alles und jede Ecke durch, um etwas zu finden. Irgendwas, dass ich »gebrauchen« konnte. Und frau findet immer was, wenn sie sich nur genug Mühe gibt. Geradezu von Ehrgeiz getrieben, durchforstete ich vorzugsweise die Sale-Ständer und drehte akribisch jedes Teil in meine Richtung, um den Preis und die Größe zu erkennen. Mein Maßstab war nicht, ob ich etwas brauchte und wenn ja, was, sondern ich suchte, um etwas zu finden, damit ich es kaufen konnte. Was für ein Satz! Welche Erkenntnis! Was glauben Sie, wie lange ich dafür gebraucht habe, um das zu kapieren? Und als ich es kapiert hatte, war ich dann »geheilt«? Hatte sich mein Verhalten auf einmal wie von Zauberhand in Luft aufgelöst? Sie ahnen schon, dass es nicht so war. Ich wusste damals lange, dass ich zu viel kaufte und dass ich das Zeug weder brauchte, noch dass das förderlich für mein Budget war. Was nutzt das, wenn man es weiß? Und ich hatte zwischendurch sogar öfter etwas aussortiert. Das klappte gut, aber die Lücken wurden fix wieder gefüllt, ich musste mich nicht einmal anstrengen!

Strategien und Sofortmaßnahmen zum Stoppen von Maximierung

Um sich zu allererst vor sich selbst zu schützen und davor, weiter unnötig viel Geld auszugeben, müssen Sie ein paar grundlegende Strategien anwenden. Das ist auch wichtig, um Ihr Selbstwertgefühl nicht bei weiteren »Rückfällen« abzuwerten und sich in der Arbeit zu behindern. Seien Sie sich dessen bewusst, dass es nicht von Heute auf Morgen geht. Es braucht Zeit, um alte Verhaltensmuster zu ändern und neue zu implementieren, aber es braucht auch den unbedingten Willen und die Disziplin.

Von selbst passiert nichts, was anders ist als das, was Sie bisher gemacht haben!

Der erste Schritt wird nun sein, die folgenden Punkte so umfassend es geht erst einmal umzusetzen und anzuwenden, und zwar dort, wo es in Ihrem Fall zutrifft.

Die Maßnahmen und Handlungsempfehlungen sind auf jegliche Art von *Überkonsum an Gegenständen* bezogen, also unabhängig ob es um Kleidung, Schuhe, Deko, Schnickschnack, Küchenzeugs, Katzenfiguren, Bierkrüge oder Bücher geht.

Die Unterstützung von Freunden und Familie ist zur Einhaltung der Maßnahmen in manchen Fällen angebracht, falls die Ausbildung des Kaufverlangens stark und allein schlecht beherrschbar ist.

Hier einige Strategien und Sofortmaßnahmen:

- ✓ Machen Sie sich bewusst, dass Sie den Erwerb dieser Dinge ab sofort beenden müssen. (Dazu gehört auch jeder Gang auf den Flohmarkt, wenn Sie dort gerne gekauft haben oder andere verleitenden Unternehmungen. Alle sind vorerst gestrichen!)
- ✓ Bei Frauen, die ein Faible für Gartengestaltung und die passende Deko haben, wird schon ein Nur-Blumenerde-Kaufen oder eine Jahreszeiten-Aktion (Frühlingsmarkt, Osterbasar, Adventsausstellung etc.) zum Verhängnis. Meiden Sie diese Veranstaltungen.
- ✓ Glauben Sie nicht, Sie werden sich vor Ort schon unter Kontrolle haben und einfach NEIN sagen können. Das werden Sie höchstwahrscheinlich nicht. Sonst hätten Sie es bereits getan. Deshalb werden Sie kreativ darin sein, sich Alternativkäufe oder Rechtfertigungen auszudenken, warum Sie dies oder jenes kaufen, sich »gönnen« können. Unterschätzen Sie nicht die Macht Ihres Antriebes und der bisherigen Gewohnheit.
- ✓ Wenn Sie auf eine Veranstaltung, einen Trödelmarkt oder eine Kreativ-Messe gehen müssen, weil Sie das in Ihrer »Verfassung« trotzdem wollen, nehmen Sie außer dem Eintrittsgeld nichts mit, auch keine Bankkarte etc. (in der Nähe könnte ja ein Geldautomat sein). Wenn Sie auf Märkten oft Dinge für kleines Geld gekauft haben, wird selbst das Kleingeld, welches Sie für einen Kaffee oder

eine Wurst mitnehmen, am Ende für den Kauf von Dingen Ihrer Leidenschaft eingesetzt.

✓ Bitten Sie Ihre Freunde oder Familie darauf zu achten, dass Sie – wo immer Sie zusammen hingehen – nichts kaufen und dass sie Ihnen auch kein Geld leihen dürfen.

✓ Wenn Sie in größere Einkaufscenter gehen (real oder selbst Aldi, Lidl und Co. mit ihren Non-Food-Angeboten sind sehr verleitend), müssen Sie erhebliche Disziplin aufbringen, nur die benötigten Lebensmittel zu kaufen. Zwingen Sie sich, den Gang mit den Wochenangeboten großräumig zu meiden. Das ist leichter gesagt als getan, aber ohne dass Sie sich bewusst dazu durchringen, geht es leider nicht.

✓ Leichter wird es, wenn Sie sich angewöhnen, nur noch Bargeld zum Einkaufen mitzunehmen. Das diszipliniert ungemein und man behält den besseren Überblick auf dem Konto.

✓ Nehmen Sie niemals mehr Angebotsprospekte von irgendwo mit – auch nicht aus Ihrem Lieblingsdiscounter! Kein Rabatt oder vermeintliches Sonderangebot ist es wert, in alte Verhaltensmuster zurückzufallen. So gut wie nie ist das angebotene Teil so lebensnotwendig, wie man denkt. Man muss es auch nicht unbedingt genau an jenem Tag kaufen, an dem das Ding angepriesen wird.

✓ Wenn Sie wirklich dringend eine neue Winterjacke brauchen und diese zufällig exakt die ist, die es grad in der Woche im Laden gibt, peilen Sie nur das eine Ziel an, nämlich diese Winterjacke –

Größe raussuchen, direkt anprobieren, passt, kaufen, raus aus dem Geschäft! Kassenzettel aufheben.

Die Losung lautet: Zielgerichtet einkaufen! Non-Food-Angebote strikt ignorieren!

✓ Nicht mehr Zeit als nötig im Geschäft verbringen, nicht in den Angebotskörben »rumschnüffeln«! (Sie finden sonst immer etwas, was Sie angeblich gebrauchen können).

✓ Lösen Sie ALLE Rabattmarken, Treuepunkte etc. ein, wenn diese voll sind, ansonsten: WEGWERFEN! Halbvolle Rabatthefte, Sammelmarken-Zeugs – weg damit!

✓ Treuepunkte IGNORIEREN – verneinen Sie alles, was Ihnen in der Richtung beim Bezahlen angeboten wird. Bon ja, Treuepunkte-Aufkleber nein!

✓ Sämtliche Payback-Karten auflösen und vernichten und KEINE mehr sammeln. Bereits das nächste Mal, wenn Sie im Laden oder Drogeriemarkt nach Ihrer Payback-Karte gefragt werden, antworten Sie standfest mit sowas wie: »Nein, ich möchte nicht durchschaut werden.« Oder einfach nur: »Nein«.

✓ Beenden Sie die Punkte-Sammel-Aktion und verlassen Sie die Fraktion des gläsernen Verbrauchers! Die Prozente, mit denen Sie gelockt werden, dienen einzig dem Ziel, dass Sie wieder mehr kaufen.

✓ In sämtlichen Modegeschäften bekommt man heute Chipkarten mit vermeintlichen Vorteilen, wie nach soundso vielen Einkäufen erhält man 10 Prozent

Rabatt auf den nächsten Einkauf etc. – WEG
DAMIT!

✓ Da Sie ja nur noch einkaufen, wenn Sie wirklich etwas brauchen, was dann ja sehr selten vorkommt, erlangen Sie den Betrag der zum Rabatt nötigen Prozentzahl eh nicht und das möchten Sie auch gar nicht (mehr), also belasten Sie sich nicht mit diesen Mitgliedskarten.

✓ Zudem erhalten Sie von überall, wo Sie Ihre Kontaktangaben hinterlassen, regelmäßig Werbung und Einladungen zu Aktionen, die unheimlich verleiten, genau in dieser Zeitspanne etwas zu kaufen, obwohl man nichts braucht! Also: Keine Kundenkartenformulare mehr ausfüllen, auch wenn es »großartige« 10 Prozent ab 50 Euro Einkaufswert gibt!

✓ Viel wahrscheinlicher ist, dass Sie etwas für 49,99 Euro finden und dann den Rabatt nicht bekommen und das Teil trotzdem kaufen. Dabei sind Sie vermutlich nur wegen des Lockangebotes dorthin gegangen ...

✓ Melden Sie sich aus sämtlichen Online-Stores ab, LÖSCHEN Sie Ihre Accounts gänzlich, vor allem die, wo Ihre Schwachstelle liegt.

✓ Kündigen Sie ALLE Newsletter, die Kaufangebote enthalten, die Sie verleiten können! Und die sind verdammt lockend ... »nur einen Klick entfernt vom Glück«.

✓ Vermeiden Sie für eine Zeit, bis Sie etwas »stabilisiert« und standfest sind, in die Stadt zu gehen, wenn es nicht unbedingt sein muss bzw. gehen Sie dann hin, wenn die Geschäfte geschlossen sind. Besuchen Sie auf keinen Fall die Läden, in denen Sie »Stammkundin« (gewesen) sind.

✓ Sollte doch ein Werbekatalog in Ihrem Briefkasten landen – NICHT reinschauen! Sofort in den Papiermüll. Denn wenn Sie ihn erst durchblättern, ist es bereits zu spät ...

Die Maßnahmenliste habe ich bewusst ausführlich und auf verschiedene Eventualitäten hin formuliert, da jede von Ihnen ihre Schwachstelle woanders hat – die eine ist anfällig für die Wochenangebote bei den Discountern und fühlt sich bei Rabattkarten angesprochen, die gezielt in bestimmten Abständen reinflattern. Wenn Sie eine Zeit lang nichts bei den Online-Versandhäusern bestellen, schicken viele »Sehnsuchtskarten«, mit einem Wortlaut, wie: »Wir vermissen Dich – Du warst lange nicht da, schau doch wieder mal rein. Es gibt 10 Prozent Rabatt und kostenlosen Versand«. *Yippie! Das ist aber lieb von denen, da muss ich doch gleich mal gucken ...*

Andere wiederum sind verrückt danach, bei jedem Gang in den Supermarkt immer wieder etwas aus der Kosmetikabteilung mitzunehmen oder alles an Punkten, Klebebildchen, Coupons etc. zu sammeln, was das Zeug hält. Da diese üblicherweise zeitlich begrenzt sind, setzt einen das unterbewusst unter Zugzwang, sie bis zum Ablauf eingelöst zu haben. In einer Reportage habe ich einmal gesehen, dass es Menschen gibt, die ganze Ordner mit Coupons und Rabattschnipseln füllen und sie ganz penibel in Visitenkartenfolien sortieren (wenigstens das). Nun ja, Leidenschaften sind wohl auf jedem Gebiet zu finden.

Seien Sie auf der Hut! Es können sich Ausweichbedürfnisse einstellen, die eine Ersatzbefriedigung für das bedeuten, was Sie ansonsten kaufen würden, wie zum Beispiel: Statt Hosen zu kaufen, spüren Sie nun das ständige Bedürfnis, Unterwäsche einzukaufen oder gar Deko! Das ist ein häufiges Phänomen, das ich gut kenne. Passen Sie darauf auf!

Deshalb gilt: Fürs Erste sind sämtliche Läden und Versuchungen zu meiden, wo man Geld ausgeben kann! Wenn Sie einen Partner haben, bitten Sie ihn, eine Zeit lang, Dinge für den täglichen Bedarf einkaufen zu gehen, um Sie aus der Gefahrenzone zu nehmen.

Auch wenn Sie denken, Vermeidung ist keine Lösung – *doch*, das ist zunächst der erste Schritt! Vorausgesetzt, Ihre Kaufleidenschaft ist (noch) nicht soweit fortgeschritten, dass therapeutische Hilfe notwendig ist.

Das Ziel ist in dem Fall nicht Vermeidung ohne Bearbeitung der Ursache – das machen wir ja noch. Zu allererst ist es wichtig, nicht noch mehr Zeugs anzuschleppen, nicht noch mehr Geld auszugeben und Sie vor allem zu sensibilisieren, wo überall Möglichkeiten lauern und wie es einem leicht gemacht wird, in bestimmten Lebensphasen und Situationen einen Weg zu

nehmen, den man nicht gehen will und der einen rein-
reitet in die dauerhafte Unzufriedenheit.

*Eine bedeutsame Wirkung, die sich einstellt,
wenn Sie die Maßnahmen (zumindest einiges
davon) immer öfter einhalten und umsetzen, ist,
dass Ihr Selbstbewusstsein gestärkt wird. Mit
jedem Tag, jedem Spaziergang, den Sie machen,
ohne etwas gekauft zu haben, sammeln Sie mehr
und mehr Selbstvertrauen und Kraft, den
Verlockungen zu widerstehen.*

Was tun, wenn Rückfälle drohen?

*Maßnahmen, die helfen, wenn Sie in alte
Verhaltensmuster zurückfallen
oder steckenbleiben*

Nehmen wir an, Sie lieben – besser, haben es geliebt –
Kleidung zu kaufen. Nun wollen Sie dies nicht mehr
und bemühen sich, etwas zu ändern, konnten aber nicht
widerstehen. Sie sind schwach geworden und ... kauf-
ten.

Wertvolle Tipps, die helfen, wenn Rückfälle passiert
sind oder drohen:
✓ Wenn Sie dem unbändigen Drang nicht widerstehen können, in ein Modegeschäft zu gehen und
dann auch noch etwas Interessantes finden, lassen

Sie sich die Sachen für die längst mögliche Zeit zurücklegen – kaufen Sie in keinem Fall sofort! (Es sei denn, das ist die dringend nötige Winterjacke zum Superpreis.)

✓ Durch das Zurücklegen haben Sie die Chance, mit jedem Tag mehr Abstand zu der Kleidung zu gewinnen, oder schon auf dem Weg nach Hause »zur Besinnung« zu kommen und schließlich doch nichts zu kaufen.

✓ Wenn ein Reservieren nicht möglich ist, weil das Teil reduziert ist oder weil seitens des Personals durch Druck verkauft werden soll, dann fragen Sie nach den Umtauschkonditionen – im Klartext: »Gibt es das komplette Geld zurück oder nur ein Gutschein?«

✓ Wenn das Teil gänzlich vom Umtausch ausgeschlossen ist oder es nur einen Gutschein gibt, müssen bei Ihnen die Alarmglocken läuten! Das heißt, wenn Sie das Teil jetzt kaufen, ist das Geld futsch und Sie haben wieder ein Stück mehr und müssten das Teil behalten – egal ob Sie es brauchen oder es morgen schon bereuen oder es Ihnen schlichtweg doch nicht gefällt.

✓ Um sich in dieser Situation wie eben geschildert (je nachdem wie teuer das Teil ist) noch einmal zu sammeln, gehen Sie erneut in die Kabine, probieren Sie, prüfen Sie sich und das Teil, schauen Sie wieder und wieder in den Spiegel und gehen Sie noch einmal in sich. Das Ziel ist, zu einem »Nein« zu gelangen, sobald Sie zweifeln. Und wenn Sie es nicht dringend brauchen, sollten Sie sowieso Nein sagen. Ich weiß, das sagt sich so leicht, ist es aber nicht.

In Bezug auf den letztgenannten Punkt war es für mich irgendwann das erste Ziel, diese Geschäfte, wo es kein Zurück gibt, strikt zu meiden! In meinem früheren Wohnort gab es zwei tolle Modeläden, beide nur mit Umtausch gegen Gutschein – wenn überhaupt – und innerhalb von zwei Wochen. Bei Rückfällen – zu der Zeit, nachdem es mir bewusst wurde, aber noch vor der Phase, in der sich mein Verstand und meine Handlungen einig waren – nahm ich mir viel Zeit in der Kabine und ließ mich durch nichts drängen und beeinflussen, nicht von der Verkäuferin, nicht von Kundenmeinungen. Das war anstrengend und oft dachte ich, was mag die Verkäuferin denken, wenn ich hier so ewig rummache ... aber das war mir irgendwann egal! Ich dachte nur an mein Ziel: Die Klamottensucht überwinden! Das Geld in meinen Händen lassen und nicht ausgeben.

✓ Konzentrieren Sie sich ausschließlich nur auf das, was Sie fühlen und fragen Sie niemand anderen nach seiner Meinung, wie Ihnen das Teil steht!

✓ Das »bessere Übel« ist noch, wenn Sie ein großes Einkaufscenter in der Nähe haben (mit den einschlägigen Modeketten, zum Beispiel die mit je zwei Großbuchstaben und einem »&« in der Mitte) und das Ihre Haupt-Anlaufstellen darstellte, dann haben Sie in der Regel mehrere Wochen Zeit, das Teil oder die Riesentüte voller Kleidung wieder gegen Geld (das ist das Wichtigste!) einzutauschen.

✓ Sie dürfen sich diese Hintertür allerdings nicht als Freifahrtschein nehmen – das ist nur ein Weg, wenn alle Disziplin und Vermeidungstaktiken in dem Moment versagt haben und Sie wieder in alte Verhaltensmuster abgedriftet sind. Es soll nicht die Regel sein, dass Sie jetzt fünf Teile kaufen, drei wieder zurückgeben und trotzdem zwei behalten!

✓ Das Gleiche gilt auch für andere Gegenstände, nicht nur für Kleidung. Wenn Sie nun doch etwas gekauft haben, es aber zeitnah bereuen, wenn Sie zum Beispiel gleich zu Hause merken, wie überflüssig das war, dann nutzen Sie in jedem Fall die Option, es gegen Geld zurückzutauschen. Egal ob in Einzelhandelsgeschäften, Boutiquen oder im Online-Handel. Scheuen Sie sich nicht, von dem geltenden vierzehntägigen Widerspruchsrecht oder eventuellen längeren Umtauschmöglichkeiten Gebrauch zu machen.

Das klingt vielleicht alles etwas merkwürdig – womöglich ist Ihre Kauflust noch weit davon entfernt, dass es Ihnen so geht, wie mir einst – aber wer weiß, vielleicht fühlt sich die eine oder andere ja angesprochen. Schließlich war ich ja nie nur die Einzige im Geschäft und von mir allein können die Modeläden in Deutschland nicht überlebt haben, also muss es wohl doch noch ein paar Frauen geben, die auch gern und viel (zu viel) Kleidung kaufen.

Alle genannten Maßnahmen zielen darauf ab, unverzüglich etwas zu unternehmen und nicht darauf zu hoffen, dass sich nach dem Entrümpeln schon das

Wunder einstellen wird. Dass Sie sofort Maßnahmen ergreifen, gibt Ihnen aber das Gefühl, dass sich bereits jetzt was in Ihrem Inneren tut. Sie können die Tipps leicht abgewandelt auch zur Überwindung der Kauflust von allen anderen Dingen anwenden. Entscheidend ist, dass Sie spüren, Sie sind an der Sache dran und tun die ersten Schritte. Das motiviert.

Wichtig ist hierbei der Zeitfaktor. Denn der gesamte Prozess des umfänglichen Aufräumens dauert und geht nicht von Heute auf Morgen. Wer Ihnen etwa erzählt, dass Sie in 48 Stunden Ihre Wohnung/Ihr Leben entrümpeln können, der ist nicht ernst zu nehmen. Deshalb sind die ersten Maßnahmen auch so wichtig, damit Sie beginnen, daran zu arbeiten, wieder die Kontrolle über Ihr Denken und Handeln zu übernehmen.

Ordnung versus Unordnung

Warum ist Ordnung überhaupt wichtig?

Gibt es überhaupt irgendwelche Vorteile von chaotischer Unordnung, Liederlichkeit, Überkonsum, Schulden für unnötige Ausgaben, Horten, Aufbewahren bis zum Tod?

Ordnung halten und Besitz minimieren spart enorm Zeit, Geld, Nerven, Platz und entlastet das Gehirn. Für kreative Menschen mag das ein Widerspruch sein, ordentlich, aber kreativ tätig zu sein. Jedoch ist das Gegenteil der Fall. Wenn man in Unordnung lebt, ständig etwas sucht und wenn man es gefunden hat, das Ding erst einmal abstauben oder reparieren muss, blockiert das nicht nur den Gedankenfluss, sondern lenkt von der eigentlich geplanten Tätigkeit ab.

Wenn ich in einem kreativen Vorhaben steckte und dann tagelang kaum mein Arbeitszimmer oder die Wohnung verließ, entstand zuweilen auch eine gewisse Unordnung. Zunächst war der Arbeitstisch von Stunde zu Stunde mehr mit Materialien für mein Projekt gefüllt (Fotos, Zeitungsausschnitte, Notizen, Bücher, die ich zur Recherche benutzte etc.) oder der Boden war übersät mit verschiedenen Utensilien zum Malen, wie Acrylfarbe, Strukturpaste und diversen Leinwänden. Jedoch gibt es einen Unterschied zwischen Unordnung, die während der kreativen Arbeit entsteht und grundsätzlicher Unordnung.

Schon allein diese beim Prozess entstandene Unordnung hat mich spätestens am dritten Tag so genervt und mich in meinem Arbeits- und Gedankenfluss dermaßen beeinträchtigt, dass ich erst einmal Ordnung schaffte, bevor ich mich wieder dem Vorankommen widmen konnte. Mich hindert Chaos an der Konzentration.

Nun ist jeder Mensch anders – jedoch kann mir niemand erzählen, dass er es genießt, wenn sich Stunde um Stunde die Dinge immer mehr auftürmen, zusehends durcheinandergeraten und man am Ende zehnmal soviel Energie aufbringen muss, den Anfang zum Aufräumen zu finden. Mitunter sucht man sich während der Arbeit »den Wolf«, weil man genau das Ding, die Materialien oder die wichtige Info, die man genau jetzt dringend benötigt, nicht findet.

Sie wissen schon, worauf ich hinauswill: Dauerhaft kreatives Chaos, welches super Ergebnisse, auch unter Einhaltung einer Deadline, hervorbringt, geht – wenn es das überhaupt gibt – nur unter erhöhtem Energieaufwand, den das Gehirn nämlich braucht, um sich auf das Wesentliche zu konzentrieren. Das Drumherum lenkt enorm ab, dessen sind sich viele, die sich so verhalten, vielleicht noch nicht einmal bewusst.

Die Vorteile von Ordnung:

– Ordnung zu halten macht das Gehirn und damit uns frei, sich auf die Dinge zu fokussieren, die (uns) wichtig sind.

- Wenn Sie Ordnung halten, wissen Sie stets, was und wie viel Sie wovon haben. Damit verhindern Sie, Dinge einzukaufen, von denen Sie noch Ersatz im Schrank haben (zum Beispiel Kosmetikartikel) oder Sie kaufen es erst nach, wenn Sie sehen, dass es zur Neige geht (Zahnpasta, Waschmittel, Shampoo o. ä.).
- Wenn Sie Punkt 2 beachten, sparen Sie Geld, da Sie u. a. nicht so viel Platz benötigen, um die ganzen Utensilien zu verstauen. Sie benötigen weniger Ordnungssysteme, weniger Schränke, Schächtelchen etc. Außerdem gehen die Dinge langsamer oder seltener kaputt.
- Das hat Ordnung so an sich: Man tritt (eher) nicht auf die Dinge drauf, wenn sie nicht auf dem Boden herumliegen, es bricht seltener was ab, wenn es nicht aufgetürmt auf anderem liegt, es schrammt nicht so schnell ab etc. Die Dinge sind insgesamt gepflegter.
- Wenn Sie die Dinge sofort wieder dahin zurücklegen, wo sie hingehören, sparen Sie enorm Zeit. Denn die Dinge, die man herumliegen lässt, haben magische Anziehungskraft für noch mehr Dinge, die sich an diese Stelle »heften«. Und am Wochenende oder an welchem Tag man auch immer anfängt, aufzuräumen, braucht man doppelt soviel Zeit und vor allem mehr Energie, als wenn man das jeweilige Teil, wenn man es gerade benutzt, ausgezogen oder gekauft hat, direkt an Ort und Stelle räumt. Probieren Sie es aus, es ist eine Tatsache!

- Wer seinen Bestand insgesamt minimiert hat, spart beim Ordnung halten außerdem Zeit, weil man nicht ständig etwas suchen muss. Das gilt für Klamotten und Utensilien genauso wie für Papierkram, wichtige Unterlagen und Rechnungen.
- In einer aufgeräumten Wohnung (Büro, Haus, Garage, Keller etc.) muss man weniger putzen und ist schneller fertig, weil man zügiger durchkommt. Einfach, weil nicht so viel im Weg herumsteht und man nicht zig Teile in die Hand nehmen muss, die erst an ihren eigentlichen Platz geräumt werden müssen.

Den Bestand an Besitz und Abhängigkeiten aller Art zu minimieren und bei dem, was man hat, Ordnung zu halten, macht vor allem: frei!

Sich frei und unabhängig zu fühlen, ist wohl einer der allgemeingültigsten Werte, die ein Mensch haben kann. Wenn man damit beim materiellen Besitz und den Dingen anfängt, die man selbst beeinflussen kann, trägt das bereits einen erheblichen Teil zur persönlichen Zufriedenheit bei.

Ich denke, das waren bereits schlagkräftige Argumente genug, die dafür sprechen, warum es nichts bringt, intervallartig aufzuräumen. Stetiges Ordnung halten ist für den eigenen Energie- und Zeithaushalt, für den Geldbeutel – ja, für das gesamte Wohlbefinden – ohne Alternative!

Wo fängt Unordnung an?

Nun denken Sie vielleicht, schön und gut, aber Sie sind kein Extrem, also weder besonders unordentlich, noch pingelig ordnungsverliebt. Wo stehen Sie nun in Bezug auf die Definition: Wann ist es Ordnung und wo fängt Unordnung an?

Das ist eigentlich recht einfach, aber nur von jedem selbst zu beantworten. Die Frage ist: Ab wann stört es Sie? Wann verbringen Sie mehr Zeit mit Suchen oder Dinge-Beiseiteschieben, um an andere heranzukommen? Ab wann wenden Sie mehr Zeit auf, Ihren ganzen Hausrat zu sortieren, zu säubern, hin- und herzuräumen als die Zeit mit Ihrem Hobby, Ihren Kindern oder Ihrem Partner zu verbringen? Und ab wann stört Sie beim Blick durch Ihre Wohnung, dass überall etwas herumsteht oder -liegt und Sie selbst die viele ach so schöne Deko nervt ...?

Unordnung ist, wenn das Maß für Sie voll ist. Vielleicht ist ja gerade jetzt der Punkt erreicht, da Sie zu diesem Buch gegriffen haben. Sie spüren es deutlich, in welchem Stadium Sie den Druck zur Veränderung empfinden. Es macht sich nicht nur eine innere Unruhe breit, sondern es gesellt sich oft ein akuter Fluchtinstinkt hinzu, dass Ihnen plötzlich viele unternehmenswerte Dinge außerhalb Ihrer Wohnung einfallen und wie durch Telepathie Ihre Freundinnen höchst attraktive Ablenkungsangebote für Sie parat haben, sodass Ihnen nun wirklich die Zeit fehlt, sich dem Chaos oder der Wiederherstellung Ihrer Ordnung zu widmen.

Im folgenden Kapitel erzähle ich Ihnen einmal als Beispiel, was ich als Ordnung empfinde. Daraus ergibt sich dann, wann bei mir das Fass überläuft und ich beginne, meinen Wunschzustand wiederherzustellen.

Es ist wichtig, für sich solch einen Wunschzustand zu bestimmen. Nur wenn der wirklich klar ist, kann man schnell erkennen, wann es wieder Zeit ist, aufzuräumen. Schauen Sie, inwiefern meine Auffassung von Ordnung mit Ihrer übereinstimmt oder womit Sie sich durchaus eine Verbesserung Ihres Wohnumfeldes vorstellen könnten.

Wie sehen Ordnung und Sauberkeit für mich aus?

Ich möchte vorab betonen, dass folgende Beschreibungen in diesem Kapitel zwar schon im Großen und Ganzen dem Zustand entsprechen, wie ich ihn durchgehend als Zielzustand in unseren vier Wänden anstrebe und stets bemüht bin, umzusetzen. Das heißt aber nicht, dass ich mich sklavisch daran halte bzw. zu einer wutschnaubenden Furie werde, wenn mal etwas nicht so hyperordentlich aussieht oder gar herumliegt. Auch ich lasse mal alle Viere gerade sein und räume etwas nicht sofort weg – aber dann den nächsten oder spätesten übernächsten Tag, garantiert! Eher früher als später, je nachdem, was es ist. Ich will damit sagen, einiges mag jetzt womöglich übertrieben klingen, aber wie bei allem ist es so, dass der Mittelweg für Sie schon der Idealzustand sein kann. Den Grad der Ordnung bestimmen Sie!

Im Eingangsbereich,
im Flur, vor der Haustür

Vor der Wohnungstür (in Mehrfamilienhäusern) stehen keine Schuhe. (Bei mir stehen dort niemals welche.) Ich empfinde es für den und vom Nachbarn geradezu als unverschämt, einen offenen Schuhständer im Treppenhaus zu deponieren und nicht selten zehn bis fünfzehn paar Schuhe dort abzustellen. Abgesehen von manch üblen Gerüchen ist es kein Augenschmaus, direkt vor der Wohnung als Erstes auf fremde, getragene Schuhe zu blicken. Es gibt Familien, die haben so viel Besuch, dass man nicht mehr unfallfrei an seine Haustüre gelangt, weil die ganze Sippschaft ihre sämtlichen Quadratlatschen draußen stehen lässt.

Wenn ich die eigene Wohnung betrete, sollte im Eingangsbereich und Flur nichts oder kaum etwas herumliegen, was dort nicht hingehört. Es liegt also keine Zeitung auf dem Sideboard oder irgendwelche Zettel oder andere Dinge, die man beim Hereinkommen dort die Woche über ablegt und die nach Tagen noch genauso daliegen, wie man sie fallen ließ. Das heißt, in der Praxis: Wenn ich nach Hause komme, stelle ich meine Handtasche in die Ecke neben die Kommode, wo man sie von der Tür aus nicht sieht. Wenn ich den nächsten Tag nicht dieselbe Tasche nehmen will, räume ich meine Handtasche möglichst sofort aus (oder zeitnah, nachdem ich alle Familienmitglieder und den Hund begrüßt habe). Portemonnaie, Handcreme, Handykabel, Kuli etc. lege ich in eine dafür vorgesehene Schublade im Flur. Die Schminktasche lege ich auf die Kommode, in die Ecke neben den Spiegel, wo ich mich jeden Morgen schminke und das Handy neben meine Schlüssel auf die Kommode oder in die Schublade dazu. Je nachdem, ob ich das Haus am selben Tag nochmal verlasse oder nicht. Wenn ich wieder rausgehe, dann nehme ich in der Freizeit sowieso eine andere, kleinere Tasche als wenn ich zu beruflichen Terminen gehe.

Das sind jedenfalls die ersten Handgriffe, wenn ich die Wohnung betrete. Die einzigen Schuhe, die im Flur stehen (natürlich unsichtbar von der Tür aus, in der Ecke neben der Kommode), sind die Hausschuhe. Diese tausche ich als Erstes mit den Straßenschuhen aus, die ich in der Regel sofort in den Schuhschrank räume. Es sei denn, die Schuhe sind nass vom Regen/Schnee oder verdreckt, wenn ich vom Waldspaziergang komme. Dann stelle ich sie in eine (Sie ahnen es schon, von der Tür aus unsichtbare) Ecke im Flur neben den Schuhschrank ab, um sie erst trocknen zu lassen oder zu putzen. Natürlich hänge ich auch die Jacke sofort in den Schrank und sämtliche Klamotten, die ich anhatte und nun gegen Wohlfühlsachen eintausche, lege ich zusammen, hänge sie in den Schrank (der nicht im Flur steht) oder werfe sie in die Wäschetonne.

Ihre ersten Amtshandlungen beim Verlassen der Wohnung, des Hauses und beim Heimkommen sind entscheidend dafür verantwortlich, wie die Wohnung am Ende des Tages oder der Woche aussieht. Diese Handgriffe müssen in Fleisch und Blut übergehen, bis sie automatisiert ablaufen. Dann kostet es auch keine Überwindung mehr und wird selbstverständlich.

Nun hat nicht jeder solche praktischen Nischen oder Platz für Kommoden im Flur, hinter die man etwas »unsichtbar« stellen kann – jedoch erweist sich bereits eine offene Garderobe oder ein offener Schuhsammelplatz als potenzieller Ort von Unordnung. Im Laufe meiner Erfahrungen mit den unterschiedlichsten Häusern und Wohnungen habe ich festgestellt, dass man – egal, welche Voraussetzungen durch den Grundriss gegeben sind – immer die Möglichkeiten hat, offene Regale durch geschlossene Aufbewahrungsmöbel zu ersetzen. Wenn man das tut, sieht gleich alles viel ordentlicher aus. Manchmal ist Kreativität gefragt, aber meist bekommt man das günstig hin.

Wenn Sie in Ihrem Flur, der bei vielen, vor allem bei Familien mit mehreren Kindern, ein Hauptthema ist, nur eine einzige Sache tun wollen, die aber die größte Wirkung auf den Anblick hat und dauerhaft hilft, dann ist es das: offene Möbel durch geschlossene ersetzen!

Entfernen Sie die offene Garderobe, an der sich am Ende einer Woche nicht selten ein Dutzend Jacken befinden und bedrohlich in den Flur wölben. Ersetzen Sie die Garderobe durch eine geschlossene Lösung mit weniger Haken als die offene! Denn Jacken und Taschen an Garderobenhaken vermehren sich in dem Maße, wie Haken zur Verfügung stehen. Zwingen Sie sich, jedes Mal, wenn Sie (mit Ihren Kindern) nach

Hause kommen, ganz gewohnheitsmäßig die Jacken in die Kleiderschränke zu räumen, wo sie hingehören und nicht in den Flur. Da fängt Ordnungserziehung an. Wenn Sie oder andere Familienmitglieder für die jeweilige Jahreszeit nur eine Jacke besitzen und jeden Tag die gleiche Jacke anziehen, dann können Sie diese in den (jetzt geschlossenen) Garderobenschrank hängen. Aber dann sind es ja auch nur drei bis fünf Jacken (je nach Anzahl der Familienmitglieder) und den Stauraum dafür gibt jeder noch so schmale Garderobenschrank her. Sie verstehen, was ich damit sagen will ...

Anders ist es in mehrstöckigen Reihenhäusern, wo die Kleiderschränke der Kinder meist in einem Kinderzimmer ab der ersten Etage stehen: Da kann es organisatorisch sinnvoller sein, im Eingangsbereich eine Unterbringungslösung für die Jacken zu schaffen. Aber auch hier gilt: Nicht das ganze Outdoor-Equipment muss zwangsläufig dort abgestellt werden.

Genauso sieht es mit den herumstehenden Schuhen aus, die standardmäßig die Eingangsbereiche verschandeln, und das nicht erst hinter der eigenen Wohnungstüre, sondern oft bis in die gemeinschaftlichen Hausflure hinein. Schmale Schuh-Klappschränke sind nicht hübsch, aber praktisch und lassen zumindest die meistbenutzten Schuhe sofort und in Sekundenschnelle hinter geschlossenen Türen verschwinden.

Wer sein Eigenheim selbst geplant hat, schlauerweise mit einem Seiteneingang plus Hauswirtschaftsraum oder einem separaten, privaten Eingangsbereich, der hat es diesbezüglich leichter, saubere Lösungen zu finden, weil er auch den Platz dafür hat. Jedoch kenne ich einige, die genau bei diesen Voraussetzungen trotzdem den – wenn auch nicht für jeden sichtbaren Bereich – verdrecken und vermüllen lassen.

Die Reihenhausbewohner mit ihren schmalen, oft nischenfreien Fluren müssen da schon kreativer vorgehen. Doch meist gibt es auch da, direkt vor der Treppe, eine Ecke für eine Garderobe und einen Schuhschrank. Meine Erfahrung hat gezeigt, dass es oft weder der Platz noch das Budget ist, an dem es hapert, sondern schlicht und einfach die eigene Disziplin und die Fähigkeit, Ordnung zu schaffen und zu halten sowie die Motivation, daran etwas zu ändern!

Sie merken schon, der Eingangsbereich nimmt bei mir einen hohen Stellenwert ein. Und dabei kommt es mir nicht darauf an, was eventueller Besuch denken könnte – das ist mir ehrlich gesagt völlig egal. Ich möchte, dass ich mich wohlfühle und idealerweise denken der Partner und weitere Mitbewohner oder Kinder genauso. Da Sie aber immer nur das von anderen erwarten können, was Sie selbst (bereit sind zu) tun, müssen Sie zu allererst schauen, was Sie tun (können). Es kommt selten vor, dass zum Beispiel in einer Partnerschaft beide das gleiche Verständnis von Ordnung und Sauberkeit haben – zum Glück ist es bei mir annähernd so, zumindest was das theoretische Verständnis davon angeht.

Problematisch wird es, wenn die Schere so weit auseinanderklafft, dass einer sich derart in seinem Wohlbefinden und in seiner Wohnqualität beeinträchtigt fühlt und selbst mit viel Mühe und gutem Zureden den anderen nicht zum Umdenken bringt. Dann ist guter Rat teuer. Nicht selten liegen dann, wenn zudem nicht einmal die Bereitschaft zu mehr Eigeninitiative da ist, auch in anderen Bereichen der Beziehung Defizite vor, sodass es wahrscheinlich nicht unumgänglich ist, auch diese zu beleuchten und Konsequenzen zu ziehen. Wenn die Schmuddeligkeit und Unordentlichkeit eines Partners mich derart in meinem Wohlbefinden beeinträchtigt und alle Versuche ins Leere laufen, gäbe es für mich nur eine Entscheidung ... Aber das muss jede(r) für sich selbst wissen.

Zurück zur Frage, was nach meiner Definition Ordnung ist. Nach dem Flur und dem Eingangsbereich folgt – die Küche.

In der Küche

Die Küche ist bei vielen eine (weitere) ganz besondere Schwachstelle. Ich bin in nicht wenigen Küchen gewesen, wo ich, nachdem ich die Schränke von innen und den Zustand der Kaffeemaschine und der Küchengeräte gesehen habe, froh war, nicht das Angebot einer Tasse Kaffee oder des Stückchen Kuchens mit Sahne angenommen zu haben. Allein das Stadium, in dem sich die Geschirrtücher, der Spüllappen oder der Küchenschwamm befanden, riefen einen so starken Ekel bei mir hervor, dass ich befürchtete, sofort Herpes zu bekommen. Meine Lippe begann schon zu jucken.

Es wurden bereits zahlreiche »Küchen-Keim-Studien« durchgeführt und deren Ergebnisse in sämtlichen Medien publiziert. Man sollte meinen, dass die Informationen daraus mittlerweile im Bewusstsein angekommen wären. Dem scheint aber nicht so zu sein: Über 100.000 Menschen erkranken allein in Deutschland pro Jahr an bakterieller Lebensmittelvergiftung und müssen medizinisch versorgt werden (lt. Statistischem Bundesamt).

Das Bundesinstitut für Risikobewertung (BfR) hat sich im Zusammenhang mit den massenhaft gesendeten TV-Kochshows in einem Forschungsprojekt »... mit dem Einfluss von Fernsehkochsendungen auf die heimische Hygiene beschäftigt«. Zum Beispiel, ob und in welchem Umfang das Vorgehen der Teilnehmer einen Einfluss auf das Verhalten in unseren Küchen und bei der Zubereitung der Speisen hat. Daraus entstand eine aufschlussreiche Broschüre, die bemerkenswerte Fakten enthält, unter anderem auch Auswertungen repräsentativer Verbraucher-Umfragen des BfR. Ganz erstaunlich ist auch das folgende Ergebnis: »... 42 Prozent finden die Küchenhygiene in der Gastronomie beunruhigend«, aber »nur 17 Prozent finden die Küchenhygiene zu Hause beunruhigend« (www. bfr.bund.de).

Im Juli 2017 titelte das Ärzteblatt:

»Keimschleuder Küchenschwamm: Bakterienkonzentration erreicht Level von Fäkalproben ... In diesen beliebten Schaumstoffdingern tummeln sich mehr als 360 verschiedene Bakterienarten ... Unter den häufigsten Erregern befinden sich auch solche, die potenziell pathogen sind, warnen die Forscher der Hochschule

Furtwangen (HFU), der Justus-Liebig-Universität Gießen und dem Helmholtz Zentrum München in einer Studie, die in Scientific Reports erschienen ist ...« (www.aerzteblatt.de).

Spüllappen, -bürsten und -schwämme gehören demnach zu den größten Bakterienschleudern in der Küche. Aber die Bedeutung der Keimbelastung in Kühlschränken, Spülmaschinen, Küchenspülen und Unterschränken, in denen sich die Mülleimer befinden, sind ebenfalls ernst zu nehmen.

Besondere Beachtung sollte man allerdings den beliebten Kaffee-Vollautomaten schenken. Vor allem, wenn Sie Kaffee-Milch-Mixgetränke mögen und vielleicht sogar auf Ihrer Arbeit solch ein edles Gerät steht, das von mehreren Kollegen genutzt wird. Aber meist weiß niemand, wer den eigentlich wann überhaupt gründlich reinigt. Jeder denkt wahrscheinlich, irgendeiner wird das schon gemacht haben – aber wenn Sie noch niemanden bei dieser Tätigkeit gesehen haben, sollten Sie stutzig werden ...

Haben Sie einmal mit Zahlen unterlegte Artikel darüber gelesen, wie wichtig es ist, dass ganz besonders die Milchschläuche und die mit Milch in Kontakt gekommenen Teile penibelst gesäubert werden müssen? Wenn Sie dies getan haben, dann trinken Sie mit allergrößter Wahrscheinlichkeit keinen Cappuccino oder Caffé Latte mehr in Restaurants oder Cafés und auch nicht privat, wenn Sie nicht von den Hygienebedingungen überzeugt sind. Ich zumindest trinke seit dem Tag nie wieder Kaffee-Milchgetränke auswärts, seitdem mir auf mehreren Gastro-Messen nicht nur ein Vollautomaten-Hersteller äußerst anschaulich erklärt hat, in welchem rasanten Tempo sich Keime in diesen Maschinen, besonders in der Milch, vermehren. Es genügen oft schon die Reste, die im Milchschlauch oder im Automaten verbleiben oder an den Düsen kleben. Auch wird die Spülaufforderung des Maschinen-Displays oft leidenschaftlich ignoriert – guten Appetit!

Hygiene in der Küche ist wichtig. Neben den erwähnten Dingen gibt es viele weitere, zum Beispiel, wie mit sensiblen Lebensmitteln, wie rohem Geflügel und Fisch und den damit in Kontakt gekommenen Brettern, Messern etc. umzugehen ist und worauf sonst noch bei der Speisenzubereitung geachtet werden muss. Hierzu gibt es ausführliche Informationen im Internet oder in Magazinen.

Kochen und Backen ist zurzeit extrem angesagt, nicht zuletzt wegen der Durchstarter auf YouTube mit ihren erfolgreichen Kanälen und einer unglaublichen Fan-Gemeinde oder den Blogs, die sich mit Themen rund um die Ernährung beschäftigen. Aber auch Kochbücher verkaufen sich, vor allem mit prominenten Köchen, recht gut. Dann wird zu Hause nachgekocht und -gebacken, sämtliche Merchandising-Artikel und knallbuntes Silikonbackzubehör angeschafft und mehrstöckige Tortentürme modelliert. Da kommt es auf den Spaß an und darauf, dass einem das Nachmachen gelingt, Hygiene ist dabei eher zweitrangig. Die Leidenschaft fürs Kochen und Backen scheint weit verbreitet, aber die Leidenschaft für das *gründliche Putzen* der Küche ist wohl nur selektiv vorhanden.

Es gibt viele Frauen, die häufig und vor allem ausgezeichnet kochen und es schaffen, zig hervorragende Gänge, für etliche Personen, in minutiösem Timing auf den Tisch zu bringen. Ich bewundere das und frage mich immer, wie sie das hinbekommen. Es muss ein enormer Stress sein, die Speisen am exakten Garpunkt abzupassen, mit Mixer, Schneebesen, Zutaten, Töpfen, Pfannen und womöglich noch mit dem Handy am Ohr, zu hantieren, ohne vor Hektik die Nerven zu verlieren. Und es gelingt und schmeckt! Aber dem, was nach dem Kochen in der Küche passieren muss, außer dem schnellen In-die-Spülmaschine-Packen und dem oberflächlichen Gewische (womöglich noch mit dem »leckeren« Küchenschwamm), wird auffallend wenig Aufmerksamkeit und Hingabe geschenkt.

Die Küchen, -geräte und Innenschränke einiger Koch-und-Back-Multitalente sind zwar nicht per se schlampig, aber schon in gewissem Sinne unordentlich und die Geräte nicht selten verklebt. Ich glaube, dass hier die Sensitivität für Sauberkeit und der Stellenwert von Hygiene in den Bereichen, wo es darauf ankommt, einfach nicht vorhanden ist.

Ich hoffe, Sie haben jedoch den Anspruch und die Sensibilität dafür, dass gerade auch Ihre Küche wie auch das Bad und die Toilette Orte sein sollten, an denen Hygiene und Sauberkeit sowie eine Ordnung, die sich gleichbleibend durchzieht, großgeschrieben werden sollte.

Hier verstehe ich keinen Spaß! Für mich bedeutet das: In regelmäßigen Abständen räume ich Schubladen, Auszugs-/Vorratsschränke, Besteckkästen, Gewürzschränke komplett aus, um sie zu sortieren, auf Haltbarkeiten zu prüfen und zu putzen. Das erledige ich schnell »nebenbei«, immer mal eine Schublade, während die Kartoffeln kochen oder ich ein anderes Essen zubereite, bei dem ich nicht ständig den Kochlöffel rühren oder das Auge drauf haben muss. Die Abstände zwischen den Putzaktionen können bei Ihnen anders sein, sie sind individuell unterschiedlich, je nachdem, ob Sie Single sind, einen Partner oder eine Familie haben.

Besonders eklig sind verklebte Küchengeräte, die einst mal weiß waren und jetzt mit einem schlierigen, klebrigen Film überzogen sind. Behandeln Sie, falls Sie zufällig eins davon bei sich stehen haben, das Gerät mit einem Lappen, auf den Sie etwas flüssige Scheuermilch getropft haben, der Schmierfilm geht damit einwandfrei ab. Säubern Sie das Gerät einmal ganz aufwändig, um es nach jedem neuen Benutzen nun einfach abwischen zu können. Genauso verfahren Sie mit Küchenmöbeln und Schrankfronten von außen, mit dunklen Schlieren, die auch bei putzwütigen Exemplaren entstehen.

Bei Fensterbänken und überall da, wo Sie mit Spülmittel nicht alles abbekommen, hilft milde Scheuermilch Wunder (gibt es für unter einem Euro bei jedem Discounter oder Drogeriemarkt). Der Clou ist, wenn Sie einmal Grund drin haben und sich durch den – vielleicht – jahrelangen Schmutz gekämpft und ihn beseitigt haben, fällt jeder weitere Putzvorgang, sofern er sofort nach dem Kochen oder zeitnah erledigt wird, viel, viel leichter und geht schneller.

Das Geheimnis liegt hierbei im unverzüglichen und regelmäßigen Handeln. Wie bei allen wichtigen Dingen, mit denen Sie Erfolg haben wollen, sei es Ernährung, Sport, Studium, To-do-Liste abarbeiten, in irgendeinem wichtigen Punkt in Ihrem Leben vorwärts kommen: Alles gelingt nur, wenn Sie eine Tätigkeit dann erledigen, wenn sie getan werden muss, wenn Sie dies kontinuierlich, also am besten jeden Tag tun. Bis es irgendwann in Fleisch und Blut übergegangen ist. So ist es auch beim Ordnung halten und Putzen.

Im Badezimmer

Was ich zum Flur und zur Küche gesagt habe, trifft ebenso auf das Bad zu: Vermeiden Sie (zu viele, wenn überhaupt) offene Regale! Der Feind jeder Badezimmer-Ordnung sind meterlange Ablagekonsolen, zum Beispiel über Doppelwaschbecken, die vollgestellt sind mit Pflege- und Kosmetikartikeln. Diese regelmäßig abzuwischen, bedarf einer gehörigen Portion Überwindung, da man jedes einzelne Teil anfassen, herunternehmen, abwischen und wieder aufstellen muss. Ich kenne das, hatte einst genau so eine über 2,50 Meter lange, gefliste Konsole – der absolute Putz-Horror!

Was glauben Sie, wie Sie aufatmen werden, wenn Sie sich neben den großen Spiegel, der über dem (Doppel-)Waschbecken hängt, rechts und/oder links je ein Hängeschränkchen anbringen, in dem Sie die (wirklich nötigen) Utensilien unterbringen. Und auf der Konsole stehen dann, wenn schon etwas dort stehen muss, ausschließlich die Zahnputzbecher der Familienmitglieder mit ihren Zahnbürsten und maximal zwei (!) Zahnpastatuben und vielleicht noch für jede Person eine Gesichtscreme. Alles andere kann man mit einem Handgriff eben zur Benutzung aus dem Schrank nehmen und danach sofort wieder zurückstellen. Basta! Wenn ich bei Freunden, Bekannten oder Familienmitgliedern einen Blick in ihre Bäder erhasche und sehe, dass jeder freie Winkel mit einem offenen Regal (zum Beispiel aus Glas) zugepflastert ist, auf dem sich Tonnen von Parfümflakons oder Tübchen, Tiegel mit Dutzenden von Cremes und dazwischen noch Deko-Tinnef befinden, frage ich mich (natürlich nicht laut): Wer braucht das alles? Wer hat Spaß daran, das zu putzen? Wie viel kostbare Zeit verbringen die Frauen damit, das Zeug sauber zu halten (irgendwann muss man das ja mal abwischen, oder?), und vor allem: Es wird nie weniger, immer nur mehr! Da hängen zudem noch Klimper-Mobiles in den kleinsten Bädern und stehen schmale Fensterbänke voll mit Krimskrams, Kunstblumen oder echten Blumentöpfen, sodass ein komplettes Öffnen des Fensters zum Lüften nach dem Duschen nicht möglich ist, ohne dass erst ein Haufen Kinkerlitzchen entfernt werden muss oder das Fenster geht nur zu kippen. Wen wundert es da, dass das Bad dann schimmelt. Muss das sein? Macht das Sinn?

Wenn Sie alte, ausrangierte Zahnbürsten dazu benutzen, regelmäßig, am besten ein Mal die Woche, den Abfluss der Waschbecken und Badewanne/Dusche mit etwas Scheuermilch ringsum zu bürsten, sehen die Abflüsse jahrelang wie neu aus! Der kalk- und schmutzhaltige braune Belag darum geht nämlich immer ab, sofern der Vormieter nicht alles hat verkommen lassen. Auch ein Schuss billigster Tafelessig oder Essigessenz (kein Essigreiniger, der ist zu verdünnt) hilft beim Putzen im Bad Wunder; der Essig muss nur kurz einwirken und schrubben wird beinahe überflüssig. Etwas Vorsicht mit Scheuermilch und hochprozentigem Essig empfiehlt sich bei empfindlichen Armaturen, dort kann man eher Zitronensäure verwenden, um das Material zu schonen. Aber die Stellen, wo die Armaturen oder der Siphon in die Keramik eingefasst sind – also dort, wo sich die Ränder bilden – können in der Regel Essig ab. Dasselbe gilt für die Toilette.

Braune Stellen in der Kloschüssel und um den Abfluss entstehen bei mir überhaupt nicht. Wenn Sie das Bad von Beginn an spätestens alle vierzehn Tage (je nachdem wie viele Personen Sie sind und man muss dafür einen Blick entwickeln, wann es Zeit ist) so pflegen wie beschrieben, erübrigt sich jede Diskussion über Kalk oder Schmutz im Bad. Das Beste ist, dass Sie dazu außer die zwei Dinge: Essigessenz (auch für die kalkigen Fliesen, etwas verdünnt in einer Sprühflasche) und Scheuermilch kein weiteres Putzmittel benötigen. Maximal braucht man noch einen Allzweckreiniger für glatte Böden und, eventuell, ganz normalen WC-Reiniger. Für beides reichen Hausmarken aus jedem Discounter oder Drogeriemarkt.

Sparen Sie sich die teuren Markenprodukte! Die können auch nichts, was die günstigen nicht können.

Auch eine bunte Vielfalt aus Putzmitteln bringt nichts, wenn Sie nicht regelmäßig Hand anlegen. Steht nicht so viel Zeugs herum, geht das auch ganz fix mal eben zwischendurch.

Im Wohnzimmer

Hier ist es nicht ganz so einfach wie beim Flur, in der Küche und im Bad. Im Wohnzimmer ist der Wohlfühlfaktor bei jedem von sehr unterschiedlichen Elementen, ihrer Gewichtung, der Menge und den Farben abhängig. Wie Sie vielleicht schon gemerkt haben, bin ich keine Deko-Queen. Was bedeutet, dass ich stundenlang völlig ohne Kauflustregung durch die tollsten Einrichtungsläden mit den allerliebsten Wohnaccessoires jeder Couleur laufen kann, ohne dass mein Herz auch nur eine Oktave höher schlägt oder mein Puls schneller wird. Sehr zum Leidwesen meiner besten Freundin, die mir stets ihre zahlreich erworbenen Schätze zeigt, die ich leider nicht annähernd so gebührend lobpreisen kann, wie sie es sich wünscht.

Nein, das ist nicht die Ursache, warum ich eine Abneigung dagegen habe. Die bestand schon, bevor meine Freundin diese Leidenschaft zum (gelinde gesagt) übermäßigen Dekorieren entdeckte, was dazu führte, dass sie mit unglaublichen Mengen unnützer Keramik,

Blumenvasen für jede Blumenstraußdicke, Trockengestecken und Türkränzen ihr Heim jede Woche in neuen neckischen Farbvarianten erstrahlen lässt ...

Das meine ich mit unterschiedlichem Wohlfühlfaktor. Wobei ich bei meiner Freundin kein Blatt vor den Mund nehme und ihr schon angeboten habe, mal bei mir in »Behandlung« zu kommen. Aber ich schenke ihr das erste Exemplar meines Buches und winke mit dem ganzen Zaun!

Das Wohnzimmer sollte – egal welche Größe und egal für wie viele Personen – ein Ort sein, an dem man sich gern aufhält, um gemeinsam zu chillen, zu spielen (Gesellschaftsspiele – wenn das Ihr Ding ist, von mir aus auch Playstation oder sowas), gemütliche Abende mit Familie, Freunden verbringt oder fernsehen möchte. Und das am besten, ohne dass man erst groß aufräumen und Sitzflächen oder Tische freischaufeln muss!

Wenn man auf seinem Lieblingsplatz sitzt – sei es ein Sessel oder eine Couch, und den Blick umherschweifen lässt, muss man aufatmen können und wollen, weil man sich in dem Raum einfach nur wohlfühlt und nichts den Blick stört, was man nicht leiden kann oder was zu viel des Guten oder schlicht unordentlich ist. Und dazu gehört natürlich auch, dass Sie eine Umgebung haben, die Sie gern anschauen (ich hoffe auch, Ihren Partner), wo zum Beispiel – Sie werden staunen – auch ausgewählte Dekoelemente ihren Platz haben. Und zwar solche, die Sie mit irgendetwas verbinden, die Ihnen ein tolles Gefühl verleihen. Das können zum Beispiel Dinge sein wie maritime Symbole für die

Meeressehnsucht oder Urlaub und Freiheit im Allgemeinen, stylische Kerzenständer oder von mir aus
Herzchengirlanden für Wärme, Liebe oder der Kera-
mikelefant, der Ihre Vorliebe für Afrika symbolisiert.
Wenn das in einem harmonischen Verhältnis zu den
noch freien Flächen geschieht, ist alles gut. Hat man
jedoch das Gefühl, sich in einem Trödelladen für alles
und nichts oder in einem selbst für Afrikaner überlade-
nen Raum mit Elefanten in jeder Pose oder orange-
rotem Farb-Overkill zu befinden, ist wohl etwas nicht
mehr so ausgewogen. Der Übergang zum Sammeltrieb
und die Verlagerung der Bedürfnisse in Befriedigung
durch Gegenstände statt durch Erlebnisse ist fließend.

Für mich ist das Wohnzimmer auch ein Ort, an dem
ich bei gänzlicher Ruhe einfach nur so in meiner Lieb-
lingscouchecke sitze, bei einem Glas Wein vor mich
hinträume und – das Wichtigste – mein Blick aus dem
Fenster oder in das Zimmer nicht von störenden Ein-
flüssen oder Dingen, die ich doof oder scheußlich finde, beeinträchtigt wird.

Auf der Couch liegen zwei kleine Kissen und eine
Kuscheldecke (wenn ich sie nicht brauche, ist sie über
der Armlehne zusammengelegt). Der recht große
Couchtisch ist meist sauber (es sei denn der Hund hat
gerade, wie eklig, seinen Kopf darauf abgelegt), aber
vor allem leer, sodass man jederzeit Teller, einen Laptop oder Gläser darauf abstellen kann, ohne erst mehrere Kilos von Zeitungen oder anderen Kram
beiseiteschieben zu müssen. Die einzigen Dinge, die
auf dem Tisch stehen dürfen, sind ein kleines Teelicht
und eine hübsche Vase.

Der große Esstisch ist ebenfalls – bis auf eine kleine Blume in der Mitte – leer. Die Bücher, wovon ich immer noch reichlich besitze, sind hinter geschlossenen Schranktüren und Glasvitrinen, sodass sie nicht vollstauben können. Es gibt nur zwei ganz kleine offene Regalstücke und das wars. Blickfang sind schöne Bilder, deren Motive ich absolut mag und wenige dekorative Elemente in meinem bevorzugten Stil.

Eine meiner Schwachstellen (natürlich habe auch ich welche!) sind Topfpflanzen, von allerdings nur einer Sorte: Sansevieria – der pflegeleichte »grüne Star« der 70er Jahre oder gemeinerweise auch »Alte-Oma-Pflanze« geschimpft. Ich mag sie, weil ihre Form einfach schon nach Ordnung aussieht; die Blätter wachsen meist schnurgerade nach oben oder schön gleichmäßig verteilt ringsum. Was sie leicht feucht abwischbar macht und sich so keine dicke Staubschicht darauf ansammeln kann. Dagegen sehen Orchideen mit ihren aus den Töpfen hängenden Wurzeln in meinen Augen geradezu unaufgeräumt aus.

Aber meine Sansevierien vermehren sich ohne mein Zutun wie Unkraut, was dazu führt, dass ich mehr Töpfe auf der Fensterbank habe, als ich eigentlich möchte. Daran muss ich noch arbeiten. Immerhin stehen ausschließlich im Wohnzimmer Grünpflanzen, woanders nicht. Und weil ich nur eine Sorte Pflanze habe und immer das gleiche Modell an weißen Übertöpfen verwende, gibt es ein ruhiges Bild. Und darauf kommt es mir an.

Ein Zuviel an Dingen, bunten Wandfarben, verschiedenfarbigen Dekoelementen, dazu noch eine bunte Couch und schrille Kissen – das ist zu viel für unser Auge und erst recht zu viel für unser Gehirn! Und wenn dann auch noch Unordnung und ein Psychothriller im TV dazukommt, ist es ganz aus mit der inneren Ruhe! Wir werden nervös, hibbelig und zuweilen richtig aggressiv.

Ihnen war bisher vielleicht noch gar nicht bewusst, was für einen großen Einfluss unsere Art zu wohnen, die Einrichtung und die Farben auf unser Wohlbefinden haben. Ich wage sogar noch eine weitere Behauptung: Wie zufrieden wir in unterschiedlichen Bereichen sind, wie erfolgreich oder eben nicht, dies hängt auch mit unserer Art zu wohnen und mit den Dingen zusammen, die uns umgeben und wie wir damit umgehen. Dazu braucht es nicht einmal die Anwendung oder das Wissen um Feng-Shui.

Im Schlafzimmer

Nicht neu ist, dass Fernseher im Schlafzimmer nichts zu suchen haben (sollen). Ehrlich gesagt hatte ich schon hin und wieder mal den Gedanken, aber zum Glück nicht den Platz, einen Fernseher anzubringen, um vom Bett aus gucken zu können und wenn man müde ist, nicht nochmal aufstehen zu müssen, um sich von der Couch ins Bett zu schleppen.

Neben den Argumenten zur Vermeidung von Elektrosmog oder für ein besseres Liebesleben oder um Abstand vom Abendfilm zu bekommen (also auf dem Weg von der Couch übers Bad ins Bett ... na ja, nicht gerade ein langer Weg), ist für mich das stärkste Argument dafür, dass die Verlockung, sich bis zur letzten Minute vorm Schlafen mit irgendeinem Schwachsinn oder gar Horrorfilm zuzuballern, größer ist, wenn es einen Fernseher im Schlafzimmer gibt.

Jedenfalls lese ich lieber. Aber ob ich vorm Schlafen tatsächlich noch ein Buch oder E-Book-Reader in die Hand nehmen würde, wenn mich ein Flat-Screen frontal »anlacht« und die Fernbedienung griffbereit auf dem Nachttisch liegt? Wohl eher nicht.

Aber ob Fernsehen im Schlafzimmer oder nicht, das ist jedem selbst überlassen und hat mit Ordnung an sich noch nicht viel zu tun. Hier ist für mich entscheidend, dass ich geschlossene Schränke habe und nicht alle Kleidungsstücke auf irgendwelchen »Klamotten-Boys« oder »Hosen-Dienern«, wie Stühlen oder gar Cross-Trainern oder anderen Sportgeräten hängen, sondern dass sich die Anziehsachen im Schrank befinden und sonst nirgendwo. Eventuell darf noch die Hauskleidung oder der Morgenmantel am rückwärtigen Türhaken hängen.

Auch im Schlafzimmer bin ich für geschlossene statt offene Schranklösungen. Das Studentenmodell mit Holzregalen ist keine gute dauerhafte Variante und innerhalb von einer Woche sind zumindest die oberen Klamotten dermaßen zugestaubt, dass sie eigentlich wieder gewaschen werden müssten.

Nirgendwo entsteht so viel Staub wie im Schlafzimmer. Das merken Sie spätestens daran, wie Ihr Nachttisch, die Fensterbank oder – wenn Sie glatte Böden haben – der Boden unterm Bett nach einer Woche aussieht. Stellen Sie sich das dann mal auf der Kleidung vor, auf der Sie den Staub nicht direkt sehen, weil er sich größtenteils in die Fasern setzt.

Apropos unterm Bett und auf dem Schrank ...

Der Platz zwischen Bett und Fußboden und auf Kleiderschränken wird nur allzu gern mit sogenannten Unterbettkommoden oder Aufbewahrungsboxen aus Kunst- oder Vliesstoff (Polypropylen) gefüllt. Das mag einem als findige Idee und perfekt genutzter Stauraum vorkommen, ist es aber nicht, wenn man das aus ordnungspraktischer und hygienischer Sicht sieht. Der Staub und Schmutz, der sich darum und darauf ansammelt, ist enorm und ich wette, die meisten, die solche Teile unter dem Bett oder auf dem Schrank liegen haben, putzen um diese drumherum und wischen die Oberflächen der Boxen und Folien nicht jedes Mal mit ab. Auch auf dem Kleiderschrank zu wischen, sofern dieser nicht mit der Zimmerdecke abschließt, sollte eine regelmäßige Aktion sein. Wenn sich absolut kein anderer Aufbewahrungsort für Bettdecken oder voluminöse Winterkleidung im Schrank bietet und auf Kunststoffbehältnisse zurückgegriffen werden muss, ziehen Sie diese beim Putzen unterm Bett vor und wischen Sie sie mit ab, dasselbe gilt für alles, was auf den Kleiderschränken stehen muss.

Was meiner Meinung nach gar nicht geht, sind der Haupttelefonanschluss samt Basisstation oder PC im Schlafzimmer. Das sollte, wann immer es andere Möglichkeiten gibt, ein No-Go sein. Ist keine Alternative machbar, sollte wenigstens die weiteste Entfernung zum Kopfende eingehalten werden. Gerade dann, wenn der Schreibtisch bzw. der PC im Schlafbereich stehen *muss,* sollte der Bereich wegen der Staubentwicklung und der leichteren Pflegbarkeit besonders ordentlich gehalten werden. Auch ein Handy als Wecker und strombetriebene Alarm-Clocks gehören nicht in die Nähe des Kopfes, aber das nur am Rande.

Weiterhin sollte sich im Schlafzimmer kein Biotop befinden, bestehend aus sämtlicher Flora und Fauna, also Blumentöpfen sowie Aquarien, Terrarien oder andere Behausungen irgendwelcher Zwei-, Vier- oder Mehrbeiner oder Reptilien.

Unsere lieben Haustiere

Sollten Sie Katzen- oder Hundenarr sein und Ihr liebstes Tier nicht bei Ihnen im Schlafzimmer sein *muss,* es aber meistens dort *ist,* empfiehlt es sich dringend, entweder Alternativen in den anderen Räumen zu finden und das Tier daran zu gewöhnen, oder aber Sie verbannen es zumindest schon mal aus dem Bett. Das ist der allerwichtigste Schritt. Wenn Sie das nicht schaffen, weil Sie es nicht *wollen,* so ist das natürlich Ihre Sache, aber für mich ist das mit Ordnung und Sauberkeit unvereinbar.

Wer sein Tier, das draußen ein paar Zentimeter über dem Boden herumläuft, mit der Schnauze in allem schnüffelt, was wir nicht einmal anfassen würden, das seine Zunge dazu benutzt, sich an jeder Stelle, wo es hinkommt, abzuschlecken, mit im Bett schlafen lässt, derjenige hat eine sehr lockere Haltung zum Thema Hygiene.

Aber vielleicht irre ich mich auch und diejenigen sind die Pingeligkeit in Person und fühlen sich einfach nur verdammt einsam ... Dass wir uns richtig verstehen: Wenn das Frauchen einsam ist und niemanden zum Kuscheln hat und deshalb ihr Haustier bei sich im Bett schlafen lässt, ist das für sie sicher beruhigend und tröstlich.

Wenn das Ihr Thema sein sollte, wäre es besonders sinnvoll, mit dem Ordnen und Entrümpeln in Ihrem Inneren zu beginnen und als Erstes das Loslassen zu lernen, indem Sie Ihrem Tierchen ein gemütliches Nest außerhalb des eigenen Bettes machen. Glauben Sie mir, das tut nur Ihnen weh, dem Tier nützt das eher. Außerdem hilft es, dem Trennungsschmerz entgegenzuwirken, den Ihr Hund hat, wenn keiner daheim ist. Wenn er bisher bei Ihnen im Bett schlafen oder auf der Couch liegen durfte, er jedoch winselt, bellt oder sogar die Wohnung verwüstet, wenn er allein ist, sollte man erst recht darüber nachdenken, etwas zu ändern. So wie Sie selbst Abgrenzung und eine gesunde Distanz zu anderen – auch geliebten Menschen – brauchen, so braucht auch Ihr Haustier seinen eigenen Rückzugsraum und Ruhe. Sonst entsteht eine Abhängigkeit, die für keinen von beiden gut ist. Falls Sie denken, dass Sie das Tier abschieben, kann ich Ihnen versichern, dem ist nicht so! Sie behandeln es ja weiterhin liebevoll und wie bisher bekommt es seine Streicheleinheiten. Das Tier gewöhnt sich da ganz schnell dran. Wenn Sie mit dem Aufräumen und Entrümpeln wirklich Fortschritte machen wollen, dann sollten Sie das auf jeden Fall tun. Ich kann mir nicht vorstellen, wie Sie sich sonst von irgendwelchen persönlichen Dingen trennen können, die mit Erinnerungen oder Gefühlen verbunden sind.

Ich habe selbst einen Hund, in der Gewichtsklasse eines ausgewachsenen Menschen, und wenn ich in den Phasen seines Haarwechsels sehe, was der an Bergen von Haaren überall verliert, wie viel und wo das überall landet, kann ich mir ausmalen, wie es in den Betten der Hunde-/Katzenbesitzer aussieht, die ihre Tiere mit ins Bett oder auf die Couch lassen. Ich glaube, jede von uns hat schon gesehen, wie Kleidung mit Tierhaaren aussieht, vor allem schwarze, selbst wenn sie frisch gewaschen ist ... Und wenn die Zeckenzeit ist und die lieben Vierbeiner kuscheln sich in Ihr Bett ... da müssen Sie nicht erst selbst durch den Wald spazieren, um sich eine einzufangen. Sie können das natürlich handhaben, wie Sie mögen – ich möchte Sie nur im Sinne des Buchthemas auf Ordnung und Sauberkeit im Allgemeinen wie im Besonderen sensibilisieren.

Da ich die meiste Zeit meines Lebens verschiedene Tiere hatte – Vogel, Katze, Maus, Hund, kann ich aus eigener Erfahrung sagen, dass es absolut möglich ist, wenn auch mit wesentlich mehr Aufwand, mit Haustier eine saubere ordentliche Wohnung zu haben. Und es muss nicht sein, dass Kleidung oder Polstermöbel an jedem freien Zentimeter übersät sind mit Tierhaaren. Das ist alles eine Frage der Auffassung von Ordnung und dem eigenen Anspruch an Sauberkeit. Und natürlich eine Frage der Disziplin, die man aufbringen will, um diesen Anspruch zu halten.

Im Kinderzimmer

Wie sieht es mit dem Ordnungsbegriff beim Kinderzimmer aus? Einige von Ihnen werden vielleicht einwenden: »Ordnung und Kinderzimmer, das schließt sich gegenseitig aus oder ist zumindest schwer umzusetzen, geschweige denn dauerhaft beizubehalten«. Da, liebe Mütter, muss ich Ihnen widersprechen – zumindest größtenteils. Fakt ist, dass im Kinderzimmer Fingerspitzengefühl vonnöten ist. Die Kinder kann man zwar bereits von Anfang an dazu anleiten, wie man Ordnung hält, jedoch mit Vorsicht, um sie nicht zu überfordern oder gar Zwänge herbeizuführen.

Der eigene Perfektionsanspruch sollte beim Kinderzimmer mehr Toleranz und Spielraum zulassen als in anderen Bereichen.

Ohne zu sehr ins Detail zu gehen, ist hier zunächst das Wichtigste, die Kinderzimmer gar nicht erst bis zum Anschlag mit buntem Plastikspielzeug zuzumüllen, wenn es zudem, wie so oft, die kleinsten Zimmer im Haus sind (Reihenhauskinderzimmer haben oft eine Größe unter 15 Quadratmetern!). Die schließfachgroßen Zimmerchen sind nicht dafür gemacht, jedes Modell von Playmobil oder neben der Plastikwerkbank auch noch die Plastikküche aufzunehmen. Oft breitet sich in Behausungen von Familien das Kinderzimmer dauerhaft bis ins Wohnzimmer aus und bald gibt es keinen Raum mehr, wo nicht irgendein batteriebetriebenes Klimperding oder buntes Kunststoffgedöns herumfliegt. Und das ist noch nicht einmal übertrieben.

Ich habe selbst Kinder und ja, sie sind nicht mit einer wunderweise angeborenen Fähigkeit auf die Welt gekommen, Ordnung von ganz allein herzustellen oder wie von Zauberhand nach dem Spielen all die bunten Sachen schon krabbelnd an den dafür vorgesehenen Ort zu verstauen. Das war – und jetzt nehme ich Ihnen jegliche Illusion, dass es ein Kinderspiel wird – zum Teil Schwerstarbeit! Je nach Kind, seinem Charakter, seiner Ausdauer und seiner Eigeninitiative und Bereitschaft, ist das eine große Herausforderung, Kinder zum Aufräumen zu bewegen. Und manche Versuche Ihrerseits, die Kinder im Fach Ordnung zu unterrichten, werden auf wenig Gegenliebe stoßen. Aber es ist wichtig, dass sie das lernen. Und keiner hat je behauptet, dass Erziehung einfach ist.

Mein Verständnis von Ordnung im Kinderzimmer ist keineswegs, dass nirgendwo etwas herumliegen darf und dass die Kids nach dem Spielen ihr gebautes Werk oder ihre – aufgrund des Platzes ausnahmsweise – durchs ganze Wohnzimmer gelegte Bahnstrecke am Abend direkt wieder zerstören müssen. Nein, so ist es nicht! In diesem Bereich liegt der Fokus darauf, dass die Kinder durch Ihre Anleitung lernen, für die vielen Kleinteile, Zubehöre, Modelle etc. eine Kategorisierung vorzunehmen und dass Sie diese gemeinsam mit Ihrem Kind umsetzen.

Dazu gehört auch, dass die Spielzeuge nacheinander herausgenommen und mit ihnen gespielt wird und nicht alles auf einmal rausgezerrt und großflächig verteilt wird. Es macht überhaupt keinen Sinn, den Kindern zu sagen oder gar zu brüllen: »Räum dein Zimmer auf!«, und sie dann allein zu lassen. Wenn nur immer Sie es sind, die aufräumt, während die Kinder draußen spielen oder in ihrem Spiel versunken sind und nicht hinsehen, wie Sie das machen, können Sie nicht erwarten, dass das funktioniert. Wie sollen die Kids wissen, wie Aufräumen geht und was für Sie aufräumen heißt?

Kinder haben – wenn man es ihnen nicht bewusst und immer wieder zeigt – eine ganze eigene Interpretation vom Zustand, den sie selbst als aufgeräumtes Kinderzimmer bezeichnen. Die unterscheidet sich üblicherweise gänzlich von der ihrer Eltern. Außerdem lernen Kinder durch Nachahmen, Zugucken, gemeinsames Tun. Und nachahmen können sie auch nur das, was sie bei Ihnen sehen. Wenn Sie sich selbst als chaotisch bezeichnen würden und gerade erst dabei sind, an Ihrer Ordnung zu arbeiten, wird das Kind darin wahrscheinlich nicht besser sein als Sie. Kinder müssen genauso lernen, die Dinge zu pflegen, wertzuschätzen und zu erhalten, indem sie pfleglich mit den Sachen umgehen, sie säubern und so verstauen, dass sie es wiederfinden. Tipps und Methoden, wie Sie gemeinsam im Kinderzimmer aufräumen und das Kind durch Ihre Unterstützung Ordnung selbst herstellen kann, gebe ich Ihnen im entsprechenden Kapitel. Aber: Kinder müssen in erster Linie spielen, ihrer Kreativität freien Lauf lassen dürfen und sich ausprobieren. Militante ordnungs- und putzwütige Mütter laufen Gefahr, ihren Sprösslingen die Luft zur Potenzialentfaltung zu nehmen. Das heißt für das Kinderzimmer: Ordnung im gesunden Maß!

Im Arbeits-, Gäste- oder Bügelzimmer

Wenn Sie den Luxus eines Arbeitszimmers oder kombiniert auch als Arbeits-/Gäste-/Bügelzimmer genießen, also einen Raum haben, indem zum Beispiel Ihr PC steht, ein (Bücher-)Regal, in vielen Fällen auch das Bügelbrett, eventuell noch ein Schrank mit selten genutzter Kleidung und vielleicht noch eine Schlafcouch für Gäste, ist das natürlich wunderbar. Doch hier ist Vorsicht geboten, da diese Räume schnell zu einer allgemeinen Abstellkammer für alles Mögliche werden.

Besondere Disziplin ist nötig, um diesen »Ausweichplatz« nicht als Zwischenlager auf dem Weg zum Keller, Dachboden oder für die Kategorie »Brauche ich eigentlich nicht mehr, aber ich kann es noch nicht wegschmeißen« zu missbrauchen.

Wenn Sie solch einen zusätzlichen Raum haben, sollten Sie diesen Vorzug genießen und zum Beispiel als schönen, gemütlichen Rückzugsraum verwenden. Zweckbezogen eingerichtet und von sämtlichem Überflüssigen befreit, kann er von wahrem Wert sein.

Da die Nutzung solcher Räume sehr individuell ist und diese Zimmer von unterschiedlicher Größe sind, ist es hier schwierig, allgemeine Tipps zu geben. Ein Arbeitszimmer bei Künstlern, Freiberuflern und selbstständigen Handwerkern sieht anders aus, weil andere Anforderungen daran gestellt werden (müssen) als an ein Arbeits-/Gästezimmer, wenn Sie außerhalb der Wohnung Ihrem Beruf nachgehen und dort nur hin und wieder die Schwiegereltern einquartieren.

Aber Eines gilt auch hier, wie in allen anderen Zimmern (das Kinderzimmer stellt eine Ausnahme dar): Bevorzugen Sie geschlossene Schränke, meiden Sie lange, offene Regale und verstauen Sie alles, was auf dem Boden herumliegt, im Schrank oder in einer Kommode. Wichtig: Halten Sie den Schreibtisch oder Ihre Arbeitsfläche einschließlich der Tastatur absolut (nahrungsmittel-)frei und sauber! Einige Stifte, eine helle LED-Tischlampe für den Arbeitsplatz und – je nach Größe des Tisches – der Drucker und eventuell ein Bilderrahmen (das gilt nicht für das offizielle Büro) – und das wars! Bücherstapel, zu bearbeitende Papiere und meterhohe Ablagekörbe gehören nicht auf den Schreibtisch bzw. ins Blickfeld, sondern abseits davon oder in geschlossenen Systemen deponiert (dazu später mehr). Je nachdem, was Sie für Arbeiten an diesem Platz erledigen oder ob Sie hier in Ihrer Freizeit nur am PC spielen, nimmt der Schreibtisch naturgemäß einen anderen Stellenwert ein.

Aber auch hier trifft mein Begriff von Ordnung zu. Denn auch ein Platz, an dem zwar keine Denkarbeit oder regelmäßig Papierkram beackert werden muss, sollte trotzdem ordentlich aussehen. Das mögen Sie vielleicht ein wenig streng finden, aber Sie müssen ja auch nicht meiner Meinung sein. Suchen Sie sich das für Sie Passende heraus, jedoch probieren Sie einmal eine striktere Variante aus. Möglicherweise fühlt sie sich ja besser, befreiender an, als Sie dachten.

Generell ist Ordnung halten bei Papier- und Bürokram anstrengender und man muss sogar noch kontinuierlicher dranbleiben als in anderen Räumen. Sonst türmen sich die Ablagestapel in Kürze wieder auf. Da passiert es schnell, dass etwas Wichtiges verloren geht oder Rechnungen vergessen werden.

Hier gibt es kaum unbekannte Geheimtipps, sondern das Zauberwort heißt: Disziplin! Von Beate Uhse soll der Ausspruch stammen: »Fass kein Papier zweimal an«. Das ist zwar nicht immer direkt umzusetzen, aber es ist hilfreich, sich das bei jedem Zettel oder Brief, den man in die Hände bekommt, ins Gedächtnis zu rufen. Entweder heißt es dann: »Weg damit!«, »Sofort am PC eine Antwort schreiben«, »In den richtigen Ordner ablegen!«, oder: »Rechnung sofort überweisen«. Es hilft!

Entrümpeln mit der QF-Methode

Die fast durchgängig propagierte Vorgehensweise, den gesamten Schrankinhalt auszuräumen und das komplette Kleidungskonvolut aufs Bett oder den Zimmerboden zu ergießen, war und ist in meinem Fall und in meinen Augen unbrauchbar und ab einer bestimmten Menge nicht umzusetzen.

Hätte ich das versucht, dann wäre ich allein aufgrund der riesigen Menge, die ich hatte, nicht nur Tage, sondern Wochen damit beschäftigt gewesen, wenn ich überhaupt einen sinnvollen Anfang gefunden hätte.

Alle Klamotten aus dem Schrank auf einen Haufen zu legen, macht vielleicht bei einem 1,50 Meter breiten Schrank Sinn, aber dann hört es meiner Meinung nach auch schon auf. Es wird dermaßen unübersichtlich und der Hauptpunkt ist der, dass man sich sehr schnell aufgrund der Menge überfordert fühlt und nach kurzer Zeit keine Lust mehr hat und abbrechen möchte oder aus Zeitgründen abbrechen muss. Dann wird hektisch »der Rest«, was mehr sein kann, als das, was Sie in der Zeit geschafft haben, doch nur wieder in den Schrank gestopft und die Aktion vertagt.

Um die Unsinnigkeit dieses Vorschlags zu verdeutlichen, erkläre ich einmal genauer, um welche Maßstäbe es sich bei mir handelte. Mein Kleiderschrank bestand damals aus fünf Elementen à 80 cm Breite, einem Element mit 40 cm Breite und einem Eckteil mit 95 cm je Seite (also mal zwei). Das Ganze mit einer Höhe von 2,23 m. Das ergibt eine Gesamtlänge von 6,30 m. Die Länge × 0,60 m Tiefe × 2,23 m Höhe ergibt wiederum ein Gesamtvolumen von sage und schreibe 8,43 Kubikmetern.

Nun stellen Sie sich über 8 Kubikmeter Kleidung auf einem Haufen vor. Da muss man sich doch fragen, ob Autoren, die diese Vorgehensweise propagieren, überhaupt prädestiniert dazu sind, Ratgeber für diejenigen zu schreiben, die ein *wirkliches* Krempel- oder Klamottenproblem haben und *wirklich* entrümpeln müssen! Wenn Sie nicht einer der »leichten Fälle« mit einer überschaubaren Menge an Bekleidung sind, für die diese Alles-Raus-Variante geeignet ist, rate ich dringend davon ab!

Jedenfalls weiß ich, wovon ich rede und ich empfehle Ihnen, tun Sie sich das nicht an, Ihre gesamte Bekleidung auf einmal komplett auszuräumen, wenn Sie nicht innerhalb kurzer Zeit absolut demotiviert und verzweifelt vor einem schier unbezwingbaren Mount Everest an Kleidung stehen wollen. Auch wenn Sie keine 8 Kubikmeter Kleidung haben, rate ich davon ab.

Ich war überhaupt nicht stolz auf die Menge oder meine Schrankgröße, im Gegenteil. Ich schäme mich auch nachträglich dafür, dass ich so viel Klamotten angehäuft hatte. Und glauben Sie mir, ich habe dem Geld schon hundertfach nachgetrauert, aber es bringt im Nachhinein nichts. Weg ist weg!

Ich bin mir aber sicher, dass ich kein Exot war, was die Schrankgröße angeht – sicher gibt es Frauen, die noch erheblich mehr haben als ich es hatte.

Vielleicht sind Sie es ja sogar, die jetzt müde lächelt und denkt: »Pah, ich habe einen Zehn-Meter-Schrank, mein ganzes Ankleidezimmer ist voller Einbauschränke. Über 8 Kubikmeter, da kann ich ja nur lachen!«

Aber jetzt haben Sie zu diesem Buch gegriffen – wohl nicht ohne Grund.

Nach dem x-ten Umzug kam ich an einen Punkt, an dem mich der ganze Klamottenwahnsinn derart genervt hat, dass ich tatsächlich einen quälenden Leidensdruck verspürte, dagegen etwas zu unternehmen. Und auf meinem Weg der Selbstfindung und Selbstoptimierung, wie es neumodisch heißt, begriff ich, welchen Wahnsinn ich da betrieb. Und da ich natürlich hin und wieder versuchte, zu entrümpeln und nach Tipps zum Vorgehen bei dieser Menge suchte, las ich einiges an Literatur zu dem Thema, fand aber nur vereinzelt Ansätze (wie die Falttechnik) und stellte mir am Ende meine eigene Kombination aus angebotenen und selbst als praktisch herausgefundenen Vorgehensweisen zusammen. Daraus entwickelte ich die **QF-Methode.**

Und jetzt, liebe Leserin, Ärmel hochkrempeln, wir schreiten zur Tat!

Schritt 1: Die richtigen Fragen stellen

Nun wenden wir die **QF-Methode** an. Dazu ist es nötig, dass Sie sich zunächst ein paar allgemeine, aber auch persönliche Fragen stellen, da Ihre Entrümpelungsaktion sonst irgendwann ins Stocken gerät. Das ist auch deshalb wichtig, um sicherzugehen, dass Sie nicht doch Hilfe benötigen, da es sich bei Ihnen eventuell um ein Messie-Phänomen handeln könnte. Sollte es so sein, dann kommen Sie höchstwahrscheinlich nicht allein vorwärts oder der luftigere Zustand hält nicht lange an.

Nehmen Sie nun Papier und Schreibzeug zur Hand, ziehen Sie sich an einen ruhigen Ort zurück und beantworten Sie die Fragen schriftlich. Aufschreiben ist wichtig, es genügt nicht, sich nur im Kopf Antworten zu geben. Schreiben Sie alles auf, was Ihnen dazu einfällt.

Wenn Sie erst einmal dabei sind, fallen Ihnen ganz sicher noch mehr mögliche Gedanken zu den Hintergründen ein. Hier hilft alles, was ein Hinweis darauf sein kann, wo die Ursachen liegen. Jedoch verzetteln Sie sich nicht – es geht nicht primär darum, Ihre komplette Vergangenheit oder psychische Wunden bis ins Detail aufzuarbeiten, sondern um konkrete Antworten zu finden, die Ihre Entrümpelung betreffen, die sich oft schnell herauskristallisieren lassen, wenn es nicht gerade um tiefe Traumata geht, die erfahrener Hilfe bedürfen.

Stellen Sie sich nun, im Sinne der **QF-Methode**, folgende Fragen, bzw. so viele weitere, Ihre Situation betreffend, wie Ihnen dazu in den Sinn kommen. Aus einer Antwort ergibt sich die nächste Frage, die sich darauf bezieht und immerfort. In der Art können Sie mit jeder Antwort intensiver vordringen. Wenn Sie nur wenige Fragen stellen, werden Sie an der Oberfläche bleiben und nicht zum Kern Ihres Problems gelangen. Die Fragen sind hier in der Ich-Form formuliert, sodass Sie sich leichter hineinversetzen können:

- Wie kam es überhaupt dazu, dass ich immer mehr kaufte und angehäuft habe? Kenne ich das Problem bereits seit meiner Kindheit? Waren meine Eltern ebenso?
- Wodurch kam es dazu? Was war der Auslöser? Wann hat es begonnen? Plötzlich oder schleichend, sodass ich es zunächst kaum mitbekam?
- Gab es ein bestimmtes Ereignis, das mich unerwartet und schmerzlich getroffen hat? Habe ich Schwierigkeiten oder ist es mir gar unmöglich, das Geschehene zu verarbeiten?
- Gab es dabei einen ungelösten Konflikt? Einen schwebenden Streit? Habe ich mich dadurch mit Familienmitgliedern oder der guten Freundin zerstritten?
- Quält mich seitdem ein schlechtes Gewissen oder blieben Fragen unbeantwortet, deren Klärung mich von irgendeiner (eventuell nur eingebildeten) Schuld befreien würde? Lässt sich das auf einem anderen Weg noch lösen?
- Warum hebe ich so viele Dinge aus meiner Vergangenheit auf? Glaube ich, dass ich meine Identi-

tät verlieren würde, wenn ich sie wegwerfe? Wovor habe ich Angst? Was fühle ich, wenn ich meine Erinnerungsstücke und nostalgischen Zeitzeugnisse durchforste?

- Warum kaufe ich immer mehr und was fühle ich dabei, wenn ich es bezahle?
- Spüre ich Reue nach dem Kauf? Fühle ich mich schlecht, dass ich Geld ausgegeben habe?
- Oder fühle ich mich nach jedem Kauf euphorisch? Auf eine Art befriedigt? Falls ja, wie lange hält das an? Kann ich dieses Hochgefühl auch durch andere Dinge, mit Erlebnissen, erreichen statt durch Kaufen herbeizuführen?
- Was ist es, das ich kaufe, zu welchen Dingen zieht es mich magisch hin? (Kleidung oder Gegenstände, wie zum Beispiel Deko, um mein zu Hause gemütlich zu machen? Oder sind es Taschen, Schuhe, diverse Accessoires, Kosmetika etc.?)
- Was ist es, das ich mir wünsche, was die Dinge für mich tun und bewirken sollen?
- Will ich mich mit dem Kleidungsstück schöner, schlanker, attraktiver fühlen?
- Will ich mir durch die Verschönerung meines Heimes mit Deko oder anderen Hilfsmitteln das Gefühl von Geborgenheit geben, weil mir Nähe fehlt?
- Oder will ich mich damit in meinem zu Hause wohler fühlen, als ich es tue, weil ich mit dem Partner nicht (mehr) glücklich und deshalb nicht gern daheim bin?
- Möchte ich, dass die Einkäufe mein Selbstbewusstsein aufwerten?

- Wie steht es generell um mein Selbstbewusstsein?
- Will ich durch den ständigen Kleidungskauf (noch) mehr Auswahl, als ohnehin im Schrank vorhanden ist? Bin ich dauerhaft unzufrieden mit meiner Garderobe? Woran liegt das?
- Kann ich mich schnell entscheiden, was ich anziehe oder stehe ich stundenlang vorm Schrank und bin ratlos? Kann ich mich auch beim Kauf nicht für ein Nein oder gegen ein Ja entscheiden und nehme deshalb oft alles?
- Passen mir meine anderen Sachen nicht mehr, weil ich ab- oder zugenommen habe? Warum hebe ich die Kleidung noch auf, die ohnehin nicht passt oder nie mehr passen wird? Ist es eine Wunschvorstellung von mir, dass ich wieder schlanker werde? Tue ich aktiv etwas dafür oder wünsche ich es mir nur, dass sich etwas tun möge?
- Was ist das für ein Kleidungsstil, den ich immer wieder bevorzugt kaufe? Was kennzeichnet ihn (Farbe, Schnitt, Form, Muster)? Warum finde ich genau diese Merkmale so gut, dass ich ständig zu demselben Stil tendiere? Aus Gewohnheit? Weil irgendwer mal gesagt hat, das würde mir stehen?
- Wie ist mein sonstiger Gemütszustand? Bin ich mit mir und meinem Leben ansonsten zufrieden oder gibt es Bereiche, in denen ich unglücklich bin?
- Verbringe ich viel Zeit in sozialen Netzwerken? Wenn ja, mit welchem Ziel? (Wenn Sie nicht selbstständig sind und kein Business voranzubringen haben und Ihre Antwort ist beim Thema soziale Netzwerke: »Nur so« oder »Aus Spaß« oder »Pure

Langeweile«, dann sollten Sie dies dringend hinterfragen und sich überlegen, warum das so ist.)

- Was verspreche ich mir davon? Was erwarte ich, wie ich mich danach fühle, wenn ich Stunden dort verbracht habe? Fühle ich mich hinterher besser oder eher nicht? Habe ich ein schlechtes Gewissen, weil ich die Zeit für anderes hätte nutzen können?
- Mache ich meine Arbeit, mit der ich meinen Lebensunterhalt verdiene, gern oder muss ich mich tagein tagaus in der Firma quälen? Hasse ich meinen Job sogar?
- Wie ist mein Standing in der Firma? Mögen mich meine Kollegen? Mag ich sie? Werde ich möglicherweise sogar gemobbt? Wenn ich mich für die Arbeit anziehe (Ausnahme: Berufe mit Berufskleidung), wonach suche ich meine Kleidung aus? Fühle ich mich wohl mit dem, was ich dann anhabe?
- Verstecke ich mich eventuell hinter schlabberiger, weiter Kleidung, weil ich mich unsicher fühle? Was macht mich so unsicher?
- Wie ist meine Körperhaltung? Aufrecht, gerade oder eingefallen und krumm? Habe ich mich so angenommen, wie ich (figürlich) bin oder hadere ich mit mir?
- Würde ich gern figürlich anders aussehen, mache ich ständig Diäten, die nichts bringen oder nur kurzfristig?
- Wurde ich schon als Kind gehänselt, als »Pummelchen« oder »dünne Bohnenstange« verspottet? Bin

ich deshalb unsicher und verstecke mich hinter unpassender Kleidung?

- Bin ich mit meiner Beziehung zufrieden? Fühle ich mich von meinem Partner so angenommen und geliebt wie ich bin oder nörgelt er ständig an mir herum?
- Fühle ich mich attraktiv, sexy, begehrenswert? Sehe ich eine Zukunft in/mit der Beziehung oder habe ich innerlich bereits damit abgeschlossen?
- Habe ich überhaupt einen Partner oder bin ich (schon länger) allein, fühle mich einsam und sehne mich nach einer Beziehung?
- Wie steht es um mein Sexleben? Ist es erfüllt oder liegt es brach? Woran liegt das? Was müsste sich ändern, damit es befriedigender wird und wieder prickelt?
- Wenn ich mir etwas wünschen könnte ... Würde ich mit dem Partner gern solange wie möglich zusammenbleiben oder würde ich mir eine »bessere« Alternative wünschen? Gibt es bereits jetzt sichtbare, unüberwindbare Differenzen?
- Warum kann ich mich nicht trennen – von Dingen und Beziehungen – von denen ich genau weiß, dass ich sie nicht brauche und nicht glücklich damit bin?

Gerade in den beiden Punkten Job und Beziehungen (egal ob zum Partner oder in der Familie) können ganz gewichtige Ursachen für bestimmte »Ersatzbefriedigungen«, in Form von Kauf- oder Sammelsucht, aber auch für ein manifestiertes Messie-Syndrom liegen. Ebenso kann die Zufriedenheit mit dem eigenen Aussehen und die Akzeptanz unseres Körpers, so, wie er nun mal ist, eine bedeutende Rolle spielen. Zumeist findet sich in der tiefergehenden Betrachtung dessen und in der Beschäftigung mit den Fragen bereits mindestens eine Antwort oder ein deutlicher Hinweis in die Richtung, in der Sie weitersuchen müssen.

Je nachdem, wie ausgeprägt Ihr »Krempel-Problem« in sämtlichen Bereichen ist und was Sie sich als Ziel gesetzt haben, sollten Sie sich intensiver mit der Beantwortung dieser und weiterer Fragen, die Ihnen dazu einfallen, beschäftigen.

Dieses Vorgehen ist wichtig, um sich direkt vor dem Beginn der Aufräum- und Entrümpelungsaktionen darüber klar zu werden, was Ihre Gründe fürs Anhäufen sind. Aber auch, um für sich ein Konzept zu entwickeln, was Sie warum ändern möchten, was Sie sich von der Aktion versprechen. Es geht also darum, *Ihr persönliches Ziel* zu definieren.

Nur Ballast abzuwerfen genügt nicht, denn dann stehen Sie in absehbarer Zeit wieder am selben Punkt.

Es reicht nicht, nur zu wollen, dass man das Zuviel von etwas minimiert und dabei möglicherweise mit frustgesteuertem Kahlschlag Dinge für immer weggibt und plötzlich meint, Minimalismus wäre die Lösung aller Probleme. Das wäre das Pferd von hinten aufzuzäumen und Wasser mit dem Netz nach Hause tragen zu wollen.

Schritt 2: Wohin mit den aussortierten Dingen?

Noch immer, bevor Sie überhaupt Hand anlegen und zur Aktion schreiten, müssen Sie überlegen, was mit den aussortierten Dingen jeglicher Art geschehen soll! Es macht auch hier keinen Sinn – wie es oft empfohlen wird – drei oder mehr Kisten/Säcke für verschiedene Kategorien, wie »Soll bleiben«, »Kann weg«, »Weiß noch nicht« oder »Behalten«, »Entsorgen«, »Verschenken«, »Verkaufen« etc., hinzustellen und dann das Hab und Gut danach einzuteilen. Und womöglich beim dritten Exemplar aus der Kategorie »sperrige Deko-Keramik« oder »kaputtes Küchengerät« ist die entsprechende Kiste der Kategorie voll und eine weitere Kiste müsste her ...

Warum die Kistenmethode nicht funktioniert

Weil Sie wahrscheinlich weder vorher wissen, wie viel Sie wie schnell tatsächlich aussortieren werden und welche Kisten- oder Tüten-/Müllsackgröße Sie brauchen, noch wissen, wann Sie fertig sein werden. Es ist anzunehmen, dass die Aktion nicht in ein paar Stunden beendet ist. Und dann blockieren die Kisten mit ausrangierten Dingen tage- oder wochenlang den Weg!

Außerdem sollten die Dinge, von denen Sie sich endlich geschafft haben zu trennen, nicht noch weiterhin in Ihrem Blickfeld sein. Und die wichtigste Frage dabei ist: Wohin mit den Kisten nach dem Aussortieren? Nicht jeder hat ein riesengroßes Eigenheim und oft ist ja auch gerade der Keller das Krempelproblem. In dem Fall wollen Sie die kisten- oder tütenweise aussortierten Dinge wieder dorthin stellen? Für wie lange? Ich kenne genau das Problem, deshalb lege ich Ihnen ans Herz, sich vorher nicht nur einen vagen, sondern einen verbindlichen Plan zu machen und genau festzulegen, was mit den Sachen geschehen soll.

Und warum zum Teufel soll ich eine Kiste mit »Behalten« beschriften und die Dinge erst darein quetschen, wenn ich doch die behaltenswerten Dinge direkt wieder an den dafür vorgesehenen, gesäuberten Platz räumen kann? Und ich bin mir auch hundertprozentig sicher, dass bei kaum einer von Ihnen eine einzige Kiste für die »Behalten-Kategorie« reicht, auch nicht zwei oder drei, ohne dass da auch unnützer Krempel wieder hineinkommt! Wie soll denn die Wohnung hinterher aussehen, wenn allein das, was ich aus dem Inhalt einer 50 bis 70 Quadratmeter großen Wohnung behalten will, versuche, in Kisten oder an einem Ort zu versammeln? Das erklärt sich mir nicht. Aber ich bin auch äußerst praktisch fixiert, das heißt, ich bevorzuge nicht nur theoretisch gut klingende Ideen, sondern sie müssen Sinn machen und funktionieren.

Sie sehen schon, nicht alle Vorgehensweisen und Ratschläge der sogenannten Experten und Aufräum-Coaches sind für jeden geeignet. Manche sind noch nicht einmal praxistauglich! Ich will hier niemandem seine Qualifikation absprechen, schließlich verdient der eine oder andere ja sein Geld damit. Nur, ich betrachte die Praktiken von der Seite einer (ehemals)

Betroffenen und aus dem Blickwinkel der Anwendbarkeit und Umsetzbarkeit, ohne kostspielige Beratung in Anspruch zu nehmen. Ich bin kein Coach und beanspruche auch nicht, die einzig wahren Lösungen zu haben. Vielleicht haben Sie ja noch völlig andere, neuartige Ideen! Ich kann Ihnen jedoch mit reichlich Praxiserfahrung sagen, was bei mir ganz gut funktioniert und was überhaupt nicht. Ich lese heute noch Bücher zu dem Thema und finde ab und zu noch die eine oder andere Anregung, aber natürlich ist es irgendwann wie »alter Wein in neuen Schläuchen«. Das Zauberwort ist »Reduktion« und maßvoller und bedarfsgerechter Konsum, dann braucht man sich auch um die Verstauung und Entrümpelung keine Gedanken mehr zu machen. Aber da wollen wir ja erst hin, später mehr dazu.

Also vergessen Sie die 3-, die 4- oder die 5-Kisten-Methode! Die ist nur für Studentenbuden oder Single-Haushalte geeignet. Wenn Sie allerdings gerade zufällig umziehen, dann können Sie die Methode so anwenden, dass Sie von vornherein nur das in die Kartons packen, was auch Ihre neue Wohnung bereichern soll. Das ist natürlich eine Möglichkeit! Wenn allerdings gerade kein Umzug geplant ist, dann müssen wir uns etwas Praktikableres überlegen, wenn wir uns während der Entsorgungsaktion noch in der aktuellen Wohnung aufhalten können wollen.

Der, wie ich finde, fast noch schwierigere und langwierigste Teil ist ohnehin nicht das Aussortieren an sich, sondern das Aus-dem-Haus-Schaffen, wenn man die aussortierten Sachen nicht einfach in den Container werfen oder verschenken will. Selbst geschenkt nimmt kaum mehr einer gern Gegenstände an. Das Einzige, was Sie schnell loswerden, sind Kleidungsstücke, Schuhe, Taschen, Bettwäsche – die können Sie nämlich direkt in den Kleidercontainer werfen oder karitativen Einrichtungen spenden.

Doch wenn es darum geht, noch etwas Geld dafür zu bekommen, weil Sie es nicht übers Herz bringen, die Sachen einfach so wegzugeben, weil sie einmal so teuer waren oder Sie sie zu schade zum Verschenken finden – wird es richtig schwierig. Diese Dinge werden uns – wenn wir sie schwer loslassen können – länger beschäftigen, als uns lieb ist.

Hier haben all diejenigen einen Vorteil, die in dieser Hinsicht schmerzfrei sind, also nicht an ihren Gegenständen, vor allem Klamotten, hängen, egal was sie einmal gekostet haben. Die auch ein Auge zudrücken und nicht empört aufschreien, weil es unökologisch sei, den ganzen Plunder einfach wegzuwerfen. Die sich trauen zuzugeben, alles in die Tonne geworfen zu haben, weil sie einen schnellen Abschied dem langwierigen Ende vorgezogen haben.

Nicht umsonst beten einige Autorinnen den immergleichen Psalm, indem sie propagieren: »Wegwerfen«, im Zweifel immer »Wegwerfen«, also Kleidercontainer oder Müll. Egal wohin. Hauptsache Wegwerfen!

Das ist mit Sicherheit die Variante, die am effektivsten und zeitsparendsten ist, jedoch, wie gesagt, nicht besonders umweltbewusst. Und bestimmt auch nicht leicht umzusetzen für Menschen, denen es schwerfällt, sich emotional von den Dingen zu trennen. Und ob die Autorinnen das mit ihren eigenen Sachen auch so machen oder nur Fremden diesen Ratschlag erteilen, das sei dahingestellt. Mir fällt das mit Dingen, die mir nicht gehören, auch leicht und ich könnte Ihnen jetzt sagen: Machen Sie kurzen Prozess: Schmeißen Sie alles einfach weg und die Sache ist zigmal schneller erledigt als auf einem anderen Entsorgungsweg.

Aber ich bin ehrlich zu Ihnen: Das »Einfach-Wegwerfen« war für mich immer die größte Überwindung. Ich kann mich relativ leicht von Gegenständen – außer Büchern – trennen, aber kaum etwas in tadellosem Zustand in die Tonne werfen. Vor allem meine Kleidung, die ich immer so gehegt und gepflegt habe. Sie war stets von guter Qualität (auch wenn es keine Designerware war, hat sie natürlich Geld gekostet) und ich konnte sie – da sie eben in 99 Prozent der Fälle absolut unversehrt war – zum Verrecken nicht in den Container werfen. Weil Klamotten früher so rar und teuer waren, man darauf aufpassen musste und mir nie etwas wegkam, nur mein Kleidchen geklaut wurde, aber da war ich ja nicht dran schuld! Nur wenn ich die Sachen jetzt wegwerfe, zudem noch tipptopp in Ordnung, dann bin ich »schuld«! Wenn ich das tue, missachte ich den Wert, den die Sachen haben und das widerstrebt meiner Einstellung zu mir selbst und zum Leben ...

Diese Gedanken waren lange Zeit mein ständiger Begleiter beim Loswerden. Wenn Ihnen das bekannt vorkommt, dann schauen Sie im Folgenden, welche Alternativen es gibt und ob es überhaupt Alternativen zum Wegwerfen oder Verschenken gibt.

Merke: Erst überlegen wohin damit, dann erst anfangen auszusortieren!

Verschiedene Entsorgungswege im Vergleich

Ich stelle Ihnen jetzt verschiedene Möglichkeiten vor, die Dinge an den Mann, die Frau oder die Kinder zu bringen. Am Ende des Kapitels können Sie anhand der Erfahrungen für sich feststellen, welche Variante der »Entsorgung« für Sie am besten ist.

1. Bücher, CDs, DVDs, Spiele und andere Medien verkaufen

(Moderne Antiquariate, zum Beispiel die Online-Plattformen momox, smartdeal, rebuy, zoxs, Buchmaxe und weitere mehr)

Hier sei vorab erwähnt, dass Sie von mir nie den Rat bekommen werden, Bücher einfach wegzuwerfen. Ich selbst liebe Bücher und hoffe, dass es trotz E-Books und digitalen Medien immer gedruckte Bücher geben wird. Wie vielen von Ihnen tut es auch mir im Herzen weh, Bücher in den Müll zu werfen, und ich habe immer eine andere Variante gefunden als die Mülltonne. Natürlich *darf* man Bücher auch wegschmeißen, wenn man es denn *kann*. Die Entscheidung, was mit dem Gewissen vereinbar ist, muss jeder selbst treffen.

Der Verkauf von Büchern an Online-Handels-plattformen lohnt meist nur dann, wenn Sie wirklich viel davon haben, in gutem bis sehr gutem Zustand, ohne Markierungen, Flecken etc. Sonst gibt es Preis-abzug. Mit viel meine ich nicht 20, auch nicht 50, son-dern ab 100 Bücher/Medien aufwärts. Sie können natürlich auch nur eine Kiste anbieten, wenn Sie mit dieser auf den Mindestverkaufswert kommen.

Ankaufsvoraussetzungen sind allgemein (speziell in-formieren Sie sich bitte bei den jeweiligen AGBs der Online-Plattformen):

- guter bis sehr guter Zustand
- ohne Knicke, Markierungen
- bei CDs ohne Kratzer etc.
- oft nur Werke neueren Datums
- nur Medien mit vorhandener ISBN/EAN
- Mindestankaufswert meist 10 Euro
- Ankauf nur von nicht gewerblichen, also von priva-ten Verkäufern
- Jeder Artikel wird nur einmal angekauft, das heißt, mehrere Exemplare derselben ISBN/EAN werden nicht angenommen.
- maximaler Ankauf begrenzt auf 300 Bücher

Ich habe den Verkauf mit mehr als 200 Büchern und circa 250 CDs/DVDs getestet. CDs auf Online-Plattformen (Händler) zu verkaufen lohnt sich eben-falls kaum bis gar nicht und auch nur, wenn sie in ein-wandfreiem Zustand sind. Es wurden von meinen CDs fast ausschließlich Hörbücher, vorwiegend Kinderhör-bücher, genommen. Hier sollte man eher ein Portfolio mit (nicht unter 100) CDs, zum Beispiel bei separaten Platten-/CD-Händlern anfragen und sich zunächst ein Angebot schicken lassen, wenn sie alles auf einmal für einen Gesamtpreis nehmen.

Haben Sie alte, gut erhaltene Schallplatten gesuchter Genres oder Musikrichtungen, sollten Sie im Zweifel vorher recherchieren – hier kann es sich mit etwas Glück um echte Schätze handeln (je nachdem, was Sie früher so gekauft haben) und man bekommt für seltene und begehrte Exemplare, wie Fehlpressungen, mitunter richtig Geld. Vergessen Sie's, wenn Sie Ihr Schlagerkonvolut oder Hits der 70er, 80er etc. voller Hoffnung anpreisen. Das ist in der Regel nicht der Mühe wert, so traurig das ist. Nicht einmal geschenkt werden Ihnen diese Platten abgenommen.

Alles in allem ist der Verkauf von Büchern und Medien sehr aufwändig und ist immer im Verhältnis von Zeit und möglichem Gewinn zu betrachten. Ob sich das für Sie lohnt, einen Account anzulegen, stundenlang einzuscannen, Lieferscheine und Paketaufkleber zu drucken, Kartons zu besorgen, Pakete zu packen, zur Post bringen etc., das müssen Sie selbst entscheiden.

Wenn Sie das jedoch versuchen möchten, hier die Vorgehensweise und meine Erfahrungen damit:
Laden Sie sich entweder zunächst die App: *werzahltmehr.de* herunter und scannen Sie den ISBN-Code des Buches oder den EAN-Code der CD oder DVD ein. Die App zeigt Ihnen an, welcher Online-Händler den besten Preis für das jeweilige Buch/Medium bietet. Ich habe danach die Bücher, DVDs und CDs in mehrere

Stapel – je nach Online-Plattform sortiert (ein Stapel momox, ein Stapel rebuy, ein Stapel zoxs etc.). Dann habe ich die jeweiligen Stapel bei dem Online-Händler, für die ich sie sortiert hatte, eingescannt und am Ende fünf Bananenkartons, die ich mir kostenlos in einem Discounter in meiner Nähe geholt habe, gepackt und verschickt.

Selbstverständlich können Sie auch von Anfang an nur einen Händler auswählen und direkt die Medien über die Plattform oder App des Portals einscannen. Ich habe den Umweg über *werzahltmehr.de* gewählt, weil ich gesehen habe, dass sich die Preise doch teils erheblich unterschieden (damals jedenfalls) und ich – wenn ich mir schon die Mühe machte – dann wenigstens das Meiste dabei herausholen wollte.

Die Paketaufkleber bekommt man vom jeweiligen Anbieter kostenlos zum Ausdrucken, nachdem man den Verkauf abgeschlossen hat. Dazu kommt ein Lieferschein mit allen verkauften Medien, den man sich ausdruckt und in das Paket hineinlegt. Nun ab damit zur Post! (Häufig wird ab einem bestimmten Ankaufswert auch Abholung durch Hermes angeboten.) Der Online-Händler übernimmt sogar die Versandkosten – falls nicht, suchen Sie sich einen anderen.

Der Ablauf ist einfach und praktisch, aber aufwändig. Jedoch ist wichtig zu erwähnen, dass man pro Buch oft nur 0,01 Euro oder 0,20 Euro etc. bekommt, für andere wiederum mehrere Euro. Das hängt von der Nachfrage, dem Titel und dem Angebot ab und ist eine Mischkalkulation. Ob sich das für Sie rechnet, müssen Sie überlegen oder einfach ausprobieren. Auch der

Zustand der Bücher ist wichtig. Manchmal gibt es hinterher noch einen Abzug wegen übersehener Markierungen oder Feuchtigkeitsschäden. Es ist eher unwahrscheinlich, dass Sie beim Mindestankaufswert von 10 Euro nur 10 Bücher oder 15 in der Kiste haben, das werden je nachdem, welche Bücher in welchem Zustand es sind, wesentlich mehr sein müssen.

Im Anschluss wird dann der vorher seitens des Anbieters ausgewiesene Betrag (evtl. abzüglich nicht akzeptierter Medien) auf Ihr Konto überwiesen. Fünf Online-Händler habe ich probiert und bei ausnahmslos allen haben der Ablauf sowie die Überweisung hervorragend funktioniert.

Haben Sie alte Werke, wie klassische Gesamtausgaben oder hochwertige, in Leinen oder Leder gebundene Erstausgaben, können Sie diese bei darauf spezialisierten Online-Antiquariaten, wie *zvab.de,* anbieten. Voraussetzung ist immer, dass sie intakt und gut erhalten sind.

Einzelne Bücher bei eBay oder bei eBay-Kleinanzeigen zu verkaufen, halte ich für reine Zeitverschwendung, mühsam und ertraglos. Es sei denn, Sie haben wertvolle und bei Sammlern begehrte Raritäten oder Sie bieten mehrere Dutzend Bücher als Gesamtpaket und nur für Selbstabholer an, sodass Sie weder Arbeit noch Fahrerei damit haben. Der immense Aufwand, beginnend mit dem Fotografieren, Hochladen, Einstellen, Beschreiben, lohnt sich einfach nicht, wenn der Verkaufspreis im einstelligen Bereich liegt. Hinzu kommen ja auch noch die Packerei und die Rennerei. Aber das ist natürlich Ihre Entscheidung!

2. Bücher verschenken oder spenden

Dazu ist keine lange Erklärung notwendig: Wenn Sie ad hoc wissen, welche karitative oder gemeinnützige Einrichtung sich über Ihre Bücher freuen würde, dann nur zu, nichts wie hin! Bibliotheken nehmen oft keine gebrauchten Bücher (mehr) an. Erkundigen Sie sich am besten telefonisch, bevor Sie die gesammelten Werke durch die Gegend schleppen. Es gibt auch offene Bücherschränke oder sogenannte Tausch-Container, die in vielen Städten frei zugänglich bereitstehen, wo Sie Ihre Bücher kostenlos hineinstellen können, damit sich andere daraus etwas aussuchen. Auch hier gilt: Wenn Sie dafür erst tagelang recherchieren oder durch die halbe Weltgeschichte fahren müssen, um mit Ihren Büchern noch irgendwem etwas Gutes zu tun, ist das kontraproduktiv. Dann fällt Ihnen das Loslassen in dem Bereich in der Tat sehr schwer. Wenn Sie dennoch alle Mühe und den zeitlichen Aufwand nicht scheuen, nur, um die Bücher nicht irgendwo lieblos zu entsorgen, dann ist das völlig in Ordnung. Fahren Sie herum und suchen Sie sich einen Ort, wo man Ihre Bücher mit feuchten Augen dankend annimmt. Im Ernst. Und ohne Ironie: Ich kann das nachvollziehen, mir fiel es auch nicht leicht und ich habe mit dem Bücher-Einscannen und Packen von diversen Paketen auch viel Zeit investiert, mich aber mit meiner Lösung wohlgefühlt. Ich bin jedoch froh, dass ich das nicht noch einmal machen muss. Leider ist es so, dass Dinge, die für einen persönlich viel wert waren, in der heutigen Zeit kaum noch wertgeschätzt werden oder es vergleichsweise günstig andere Produkte gibt, die denselben Zweck erfüllen, nur in anderer Form. Das ist nicht zu verurteilen, sondern einfach der Lauf der Zeit und der gesellschaftlichen wie wirtschaftlichen Entwicklung.

Falls Sie bereits jetzt, allein von der Beschreibung des Ablaufes und in Anbetracht des immensen Aufwandes, davor zurückschrecken, sich überhaupt an die Aussortierung des Bücherbestandes zu machen, möchte ich noch einmal wiederholen: Sie *dürfen* Bücher in den Papiermüll werfen, aber ob Sie das können, weil Sie Bücher schätzen und ob Sie sie wegschmeißen möchten, ist eine andere Sache und sehr individuell.

Manchmal bleibt einem tatsächlich nichts anderes übrig, nachdem man sie bereits auf mehreren Flohmärkten, im Internet oder zum Verschenken angeboten hat und sie niemand wollte.

3. Kleidung auf Online-Plattformen einstellen, spenden oder tauschen

Da ich davon ausgehe, dass Sie, wenn Sie sich dieses Buch gekauft haben, eventuell mehr als fünf Kleidungsstücke aussortieren werden, gibt es meiner Erfahrung nach nur eine Antwort: Wenn Sie absolut nicht wissen, was Sie den ganzen Tag machen sollen und viel Zeit und noch mehr Lust und Ausdauer haben, Ihre Klamotten zu fotografieren, Fotos nachzubearbeiten, hochzuladen, die Teile zu beschreiben und auf Dutzende Nachfragen der potenziellen Käuferinnen zu antworten, Hosenlängen nachzumessen, Ihre private Kontonummer anzugeben etc., dann tun Sie das. Ich sage ganz deutlich, dass sich diese Variante nur für ganz wenige, ausgewählte Teile (Designerlabel) lohnt: Der Gegenwert, den Sie für die Kleidung am Ende erhalten, *steht in keinem akzeptablen Verhältnis* zu dem, was Sie an Zeit und Energie hineinstecken werden. Wenn Sie Paypal nutzen, müssen Sie von jedem Geldeingang auch noch etwas abgeben oder Sie müssen jeden Käufer darum bitten, dass er als »Freund« einzahlen soll etc. Zudem müssen Sie jedes noch so kleine Teil verpacken, zur Post bringen, im Voraus das Porto bedenken und – um nicht draufzuzahlen – die Versandkosten vorher richtig angeben, die Käuferin am besten hinterher noch bewerten und im Anschluss noch eine Verkaufsprovision an das Portal abdrücken. Sie ahnen schon, wie lange Sie sich dann noch mit Ihren aussortierten Kleidungsstücken beschäftigen müssen! Ich habe auch das ausprobiert und kann diese Variante nur als reine Zeit- und Energieverschwendung ansehen, vor allem, wenn Sie einen Job, Kinder und Hobbys haben, mit denen Sie sich stattdessen beschäftigen könnten.

Wenn Sie anderer Meinung sind, nur zu! Testen Sie es gegebenenfalls mit ein paar Teilen, dann sehen Sie, wie und ob das funktioniert und wie viel Aufwand dahintersteckt.

Wenn Sie sündhaft teure, seltene Designerklamotten haben, die Sie an die Frau bringen wollen, dann kann man das am ehesten noch über *kleiderkreisel.de, stylight.de* oder *rebelle.com* versuchen. Fast alle Plattformen nehmen Provision pro verkauftem Artikel oder Transaktionsgebühren. Informieren Sie sich dazu in den AGBs, die übrigens kontinuierlich seitens der Betreiber nach deren Gutdünken angepasst werden.

Gebühren entstehen fast überall, meist versteckt deklariert, nicht mehr eindeutig als »Provision pro verkauftem Artikel«, dafür dann aber mit »Gebühr von 0,70 Euro plus 4 Prozent des Verkaufspreises pro Transaktion« umschrieben, die entsteht, wenn man die vom Portal präferierten, als »sicherer« und mit »Käuferschutz« beworbenen Bezahlmethoden verwendet. Möchte man die Gebühr umgehen, geht das nur, indem man jedem Käufer seine Bankverbindung mitteilt, was in der heutigen Zeit nicht zu empfehlen ist.

Lesen Sie deshalb das Kleingedruckte, bevor Sie sich ärgern, wenn von Ihrer für 3,50 Euro verkauften Bluse (zzgl. Versandkosten) am Ende nur noch Peanuts übrigbleiben. Ich empfehle deshalb hier keine Plattform, da ich in Ihrem Interesse denke und das kann nur sein, die aussortierten Dinge in absehbarer (!) Zeit loszuwerden und von einem eventuellen Erlös nicht noch Gebühren abknapsen zu müssen.

Kleidung ist mittlerweile ein Artikel geworden, der schlecht gebraucht zu verkaufen ist. Warum, das ist allgemein bekannt. Von daher finde ich die Vorgehensweise so attraktiv, kurzen Prozess zu machen, nach dem Motto »aus den Augen, aus dem Sinn«, indem man alles Aussortierte unverzüglich weggibt, verschenkt oder in (nicht-)kommerzielle Kleidercontainer wirft. Mittlerweile gibt es auch etliche Geschäfte, wie Oxfam oder andere Läden, die Spenden annehmen, um sie günstig an Bedürftige oder für einen guten Zweck, wie für das SOS-Kinderdorf, zu verkaufen.

Sogenannte Tauschbörsen oder Tauschläden gibt es zwar, aber nicht breitflächig. Und einen Haken hätte die Variante ohnehin: Tauschen würde bedeuten, dass Sie Ihr Zeug nicht nur dorthin bringen, sondern in die Versuchung kommen, auch wieder etwas mitzunehmen und Ihr Bestand wäre nicht wirklich minimiert. Das ist eher etwas für diejenigen, die nicht unbedingt Ballast abwerfen, sondern ökologisch und ressourcenbewusst einkaufen wollen. Wenn Sie unbedingt ein neues Teil *brauchen* und genau das dort finden, kann ein Tauschgeschäft lohnend sein, aber das würde voraussetzen, dass Sie selbst auch gern bereits getragene Sachen anziehen. Das ist nicht jederfrau's Sache.

Vielleicht versuchen Sie es so, wie Marie Kondo vorschlägt: Bedanken Sie sich bei Ihren Sachen, die Sie aussortieren, für die Zeit der Benutzung und verabschieden Sie sich, lassen Sie los! Weg damit! Aber – wenn das immer so einfach wäre ...

Wenn Sie das nicht mit sich und Ihrem Gewissen vereinbaren können, habe ich noch einen Vorschlag – mal sehen, ob sich dabei Zeit, Aufwand und Ertrag noch einigermaßen die Waage halten.

4. Auf dem Trödelmarkt verkaufen

Das Gute am Trödelmarkt ist, dass Sie Dinge sämtlicher Kategorien mitnehmen können: Kleidung, Bücher, CDs, Gesellschaftsspiele, Glas, Deko, Werkzeug und Zubehör, Kleinkram sowie Elektrogeräte (natürlich funktionierende). Die Qualität der Märkte sowie die Bereitschaft der Käufer, einen angemessenen Preis zu zahlen, hat im Laufe der letzten zwanzig Jahre aber stark abgenommen. Ende der 90er Jahre bis circa zur Einführung des Euro war der Verkauf auf Trödelmärkten sehr lohnenswert und allen anderen Entsorgungswegen überlegen. Das hat sich in den letzten Jahren geändert, zum einen wegen der gesellschaftlichen Entwicklung und zum anderen, weil Kleidung und sämtliche Dinge rund um Haushalt und Hobby immer günstiger hergestellt und inzwischen auf allen Kanälen (oft zu Dumpingpreisen) verkauft werden: alles im Überfluss!

Um Ihnen auch den aktuellsten Stand, das heißt, meine brandneueste Sicht dieser Entsorgungsvariante zu geben, habe ich kurz vor der Manuskriptabgabe noch einmal einen Selbstversuch gestartet. Dazu hatte ich eine größere Menge an tadelloser, gepflegter (Marken-)Kleidung, sogar mit Glitzersteinen und Pailletten, was ja derzeit angesagt ist, einige hübsche Accessoires, wie eine unbenutzte Leder-Handtasche, Gürtel, jede Menge makelloser Tischdecken, Schuhe und etwas Kleinkram aufgehoben, die aussahen, als wären sie soeben aus meinem Schrank entnommen worden. Also ohne Flecken, aufgeraute Stellen oder irgendwelche Anzeichen, dass sie jemals getragen oder gewaschen wurden. Das eine oder andere Teil war vielleicht nicht mehr hypermodern, aber das sollte keine Rolle spielen.

Alle äußeren Bedingungen hätten nicht perfekter sein können: Monatsanfang, fantastisches Sommerwetter im Frühling, ein ausgebuchter und in der Vergangenheit (auch für mich) stets finanziell ergiebiger Markt, da die Kaufkraft in der Region bislang gut war. Die Lage meines Platzes war optimal, ich hatte einen ansprechend gestalteten Stand mit Pavillon, drei Meter lang, ordentlich präsentiert und mit Schildern beschriftet, um unnötiges Gewühle zu vermeiden. Der Traum eines jeden Trödlers, der allerdings die Rechnung ohne seine Kunden gemacht hat! Vielleicht ahnen Sie schon, dass mein Resümee nicht gerade zum Positiven ausfällt ...

Zum Glück hatte ich an diesem Tag meine Mutter mit – wir sehen uns viel zu selten und haben den Anlass genutzt, die Zeit gemeinsam zu verbringen und Spaß zu haben. Zunächst waren wir verwundert, um nicht zu sagen, bestürzt, von der gesellschaftlichen Entwicklung und wie eine bestimmte Sorte Kunden so agiert: Erstmal alles zerwühlen und dann, während die Kinder mit tropfendem Eis oder fettigen Pommes danebenstehen, alles, was gefällt, auf den Arm türmen, in der jeweiligen Landessprache untereinander diskutieren und dann erst fragen, was es kostet. Sagte man dann den ohnehin schon niedrigen und von vornherein mit Mengenrabatt versehenen Verkaufspreis mit Handelsspanne, wurde der ganze Haufen angewidert fallen gelassen, mit der Begründung, dass sie nur »Einsfünfzig« pro Teil bezahlen wollen. Völlig egal, ob das Preisschild noch dranhängt, was für eine Qualität das ist oder oder ob der genannte Preis ein Schnäppchen ist, alles nur noch »Einsfünfzig«! Manche wurden geradezu frech ...

Als wir die Standgebühr raushatten, allerdings erst, nachdem die Marktzeit zu dreiviertel um war, wollten wir uns nur noch amüsieren. Zusammen mit unserem Standnachbarn hatten wir »a Mordsgaudi«, aber uns war auch sonnenklar, dass der Drops »Trödelmarkt« gelutscht ist! Um weitere Meinungen einzuholen, ging ich herum und fragte sämtliche private Verkäufer. Das Fazit war unisono dasselbe: Es lohnt sich derzeit nicht mehr. Einige zahlten sogar drauf.

Die Variante Trödelmarkt ist also finanziell ein Flop, kann aber auch ein heilsames Erlebnis sein: Sie müssen richtig schuften, Kisten schleppen, den Stand aufbauen, stundenlang dastehen, Ihre Sachen anpreisen, aktiv verkaufen, hart verhandeln und sich ständig darüber ärgern, dass das, wofür Sie einmal viel Geld bezahlt haben und was Sie Jahre oder Jahrzehnte mit sich herumgeschleppt haben, für andere keinen Cent wert ist und wie Sie um jeden Euro feilschen müssen, um wenigstens die Gebühr für den Stand reinzuholen, geschweige denn, Gewinn rauszuholen. Am Abend sind Sie total geschafft, und haben hoffentlich einige Dinge loswerden können. Glauben Sie mir, Ihnen wird dabei noch bewusster, wie schwer es ist, Geld zu verdienen und wie schnell es für das, was dort liegt, ausgegeben war. Wenn Sie acht bis zehn Stunden hinter Ihrem Stand verbracht haben (am besten im Stehen, da verkaufen sich die Dinge besser – Geheimtipp!), dann überlegen Sie bei der nächsten Shoppingtour vielleicht einmal mehr, ob Sie etwas kaufen sollen oder lieber nicht! Wenn Sie das nächste Mal in Kaufversuchung geraten, denken Sie an Ihre körperliche und geistige Verfassung am letzten Markttag zurück.

Nach jedem Trödelmarkt, den ich früher mitgemacht hatte, war ich danach ein Mega-Geizkragen und hatte – zumindest für eine Weile – eine imaginäre eiserne Kette um meine Geldbörse.

Mir fiel es jedenfalls leichter denn je, am Ende meines letzten Trödelmarktes ALLES, was übrig war, also fast genauso viel wie am Anfang des Trödeltages, noch auf dem Platz direkt endgültig in große Säcke zu verstauen und unserer lieben Nachbarin für ihre Familie mitzugeben, die in einer ländlichen Gegend im Ausland lebt. Und wissen Sie, was erstaunlich war: Es zwickte nur in dem Moment ein bisschen in mir, als ich die Sachen in die Säcke legte, danach war die Wehmut vorbei. Das tat sogar verdammt gut und war ein super Gefühl! Nun ist der ganze Rest auch weg. Keller frei! Ballast ade!

5. Kleidung im Second-Hand-Laden anbieten

Second-Hand-Läden arbeiten überwiegend auf Kommissionsbasis, manche kaufen die Sachen auch nach eingehender Prüfung an. Das heißt: Sie karren Ihr Zeug zu dem Laden hin, die Sachen werden begutachtet und meist nur ein Bruchteil von dem genommen, was Sie mit dabeihaben. Oder aber Sie vereinbaren einen Termin, klären ab, was überhaupt angenommen wird und fahren vielleicht nur für ein bis zwei Designerstücke dorthin. Dann wird für die Teile eine vorher festgelegte Zeit (zum Beispiel acht bis zwölf Wochen o. ä.) vereinbart und Sie bekommen nach Verkauf einen Betrag abzüglich der Provision, die sehr unterschiedlich sein kann: zwischen 30 bis 40 Prozent vom Verkaufserlös, zum Teil auch mehr, je nachdem, wo Sie das verkaufen und ob Sie die Ware bringen oder abholen lassen.

Sie vereinbaren in der Regel vorher, was mit der Kleidung passiert, wenn die Zeit um ist, ob Sie es wieder abholen wollen oder die Dinge anderweitig gespendet werden.

Auch hier ist ausschlaggebend, wie teuer das Teil einmal war bzw. ob es Designerware ist (nur dann lohnt es eigentlich) und in welchem Zustand und ob es modisch ist. In den meisten Fällen sortieren wir Sachen ja aus, weil sie aus der Mode oder aus der Form geraten sind, dann nimmt das ein Second-Hand-Laden oft auch gar nicht an. Dort wird streng ausgewählt, da meist eh mehr im Laden hängt, als am Ende verkauft wird.

Beispiele für Kriterien, nach denen ausgesiebt wird:
- Die Kleidung darf nicht älter als zwei Saisons sein. Es sei denn, es sind besondere oder sogenannte Vintage-Stücke, zum Beispiel von namhaften Designern, wie Chanel oder Louis Vuitton (die ja jeder im Schrank hat, Sie etwa nicht?)
- Die Kleidung muss absolut fehlerfrei sein (quasi wie neu).
- Sie muss frisch gereinigt sein (quasi wie neu).

– Der Zustand sollte sich mit »fast neu« beschreiben lassen.

Auf wie viele Ihrer Kleidungsstücke trifft das zu? Wägen Sie also Aufwand und möglichen Erlös ab und entscheiden Sie dann, ob Sie sich die Mühe machen wollen und gegebenenfalls noch zig Kilometer durch die Gegend gurken.

Es gibt inzwischen zahlreiche Online-Plattformen, die sich bereits ausschließlich auf den Wiederverkauf von gebrauchten Designerklamotten, -taschen etc. spezialisiert haben. Wenn Sie Ihre edlen Schätzchen dort an die Frau bringen wollen, informieren Sie sich im Netz. Viele bieten ebenfalls kostenlose Zusendungen inklusive ausdruckbaren Paketaufkleber an. Ausprobiert habe ich diese Art des Verkaufes nicht, da meine Sucht doch nicht soweit ging, dass ich den Preis komplett ignoriert habe und kann Ihnen daher kein Resümee dazu abgeben. Ich habe damals eher auf Masse gesetzt und trotzdem auf gute Qualität geachtet – das können auch andere Hersteller, die nicht »von und zu« heißen und aufgrund des Labels eine Stelle mehr am Preisschild haben. Mittlerweile kamen ja bereits etliche Reportagen im Fernsehen, dass auch die Designer (vielleicht nicht alle aber sicher einige) in Billig-Lohnländern produzieren. Ich habe lieber Kleidung gekauft, die die Firmen wahrscheinlich auch woanders als in Deutschland herstellen, aber wenigstens preislich in dem Rahmen liegen, den ich akzeptieren möchte und bereit bin zu bezahlen. Ganz ehrlich: Wem es wichtig ist, mit seiner Kleidung und anderen äußeren

Merkmalen einen gewissen Status auszudrücken, der soll dies tun. Nur, wenn man, aus welchen Gründen auch immer, die Sachen aussortieren möchte, fällt einem das Wegschmeißen zehnmal schwerer und man wählt wahrscheinlich eher die Variante, das Nobelteil auf einer der Designer-Second-Hand-Plattformen anzubieten.

6. Einen »Garagentrödel« veranstalten

Das bringt nur etwas, wenn Sie in einer Gegend wohnen, wo viele Nachbarn ringsum sind, die potenzielles Zielpublikum darstellen oder wenn Sie soviel Werbung gemacht haben, dass die Leute auch von weiter her anreisen. Die Frage ist auch, ob Sie Ihre eigene Garage, Carport, Schuppen für die Öffentlichkeit zugänglich machen wollen. Sie müssen vorher Flyer verteilen oder die Leute anderweitig auf den Termin aufmerksam machen, am besten noch in kostenlosen Wochenblättern, die ins Haus flattern oder in Supermärkten an die Pinnwand pappen oder Ihre Community in den sozialen Medien aktivieren etc. Stellen Sie sich in Ihrer Euphorie nicht vor, dass die Leute Ihnen, wie Sie das immer beim »Trödeltrupp« sehen, die Bude einrennen, das ist nicht die Realität!

Mit ordentlich Vorarbeit, indem Sie kräftig die Werbetrommel rühren, kann das aber recht erfolgversprechend sein, vor allem vor Umzügen, Wohnungs- und Haushaltsauflösungen sind zuweilen ganz gute Erlöse zu erzielen. Am meisten lohnt sich das, wenn

Sie Geräte, Werkzeug, Gegenstände wie Porzellan, besondere, teils antike Dekorationsartikel, gut erhaltene Kleinmöbel etc. zu verkaufen haben. Nur für Kleidung lohnt sich ein Garagentrödel eher nicht.

Wenn Sie vermuten oder wissen, dass sich unter Ihren aussortierten Dingen wertvolle Schätzchen befinden oder gar seltene Sammlungen oder Raritäten, sollten Sie sich vorher genau bei einem Fachmann/Gutachter erkundigen, was das wert sein könnte, bevor Sie es irgendwo mit hinschleppen und gegebenenfalls übers Ohr gehauen werden. Im Internet können Sie mit ein paar Klicks herausfinden, was Sie da eventuell für eine Goldgrube (oder auch nicht) aufgetan haben. Es gibt vielerorts Sachverständige, die man um eine Schätzung bitten kann. Wenn in der Umgebung niemand ansässig ist, schickt man einfach ein Foto per Mail, oft genügt das bereits für eine erste, unverbindliche Einschätzung. Auch anhand der Internetrecherche kann man einen guten Überblick bekommen, in welcher Preisspanne das Objekt angeboten wird. Der Fachmann gibt Ihnen vielleicht auch Tipps, wo Sie das Teil anbieten könnten – vielleicht ja sogar bei ihm.

Wenn Sie nicht gerade eine Wohnung mit lauter antiken Spezialitäten und wertvollen Unikaten auflösen, gibt es realistisch gesehen nur zwei Möglichkeiten, die in Anbetracht der Tatsache, dass wir das Zeug ja nicht weitere Monate – nur gesammelt und woanders – stehen haben wollen, sinnvoll sind: Sofortlösungen oder kurzfristige Lösungen mit Deadline.

- Augen zu und Wegwerfen (Müll)
- Spenden: Kleidercontainer oder kommerzielle Läden (zum Wiederverkauf)
- Verschenken – nur über eBay-Kleinanzeigen oder kostenlose Wochenblätter zum Abholen anbieten (nicht an die enge Familie verschenken, wenn man sich nicht gegebenenfalls irgendwann wieder damit beschäftigen will!)

Kurzfristige Lösungen mit gesetzter Deadline

- Verkäufe über Online-Portale
- Inserate in kostenlose regionale Anzeigenblätter
- eventuell Trödelmarkt

Achtung: Der Trödelmarkt als Dauer-Baustelle!

Wenn Sie sich tatsächlich für den Trödelmarkt als Lösung entschieden haben, sollten Sie sich unbedingt vor dem Aussortieren danach erkundigen, wo in Ihrer Nähe einer zeitnah stattfindet, der bestenfalls überregional bekannt ist und sich besuchertechnisch lohnt. Am besten auch gleich alle Details in Erfahrung bringen, wann der Trödelmarkt veranstaltet wird, was das kostet und ob Sie an dem Termin Zeit haben. Sowie Sie geklärt haben, ob Tische dort vorhanden sind, überlegen Sie, ob Sie einen (oder mehrere) haben oder bei wem Sie sich einen ausleihen könnten.

Wenn Sie nur vor sich hindenken: »Ich mach dann mal einen Trödelmarkt mit ...«, ohne gezielt zu wissen, wann und wo – das gibt nichts, glauben Sie mir! Dann haben Sie den Krempel noch ewig daheim stehen. Das ist so, wie »würde«, »hätte«, »könnte« und alle anderen Vorsätze im Konjunktiv, da wissen wir alle, wie das mit der Umsetzung aussieht.

Und ein Trödelmarkt braucht schon einen gewissen »Angang« und Motivation, zumal man dazu organisatorische Vorbereitungen treffen und meistens in aller Herrgottsfrühe aufstehen und zuvor die ganze »Ware« vom Keller oder Dachboden ins Auto buckeln muss. Und dann kann es immer noch passieren, dass es an dem Tag regnet ...

Wenn Sie die Beschreibung meines letzten Flohmarktbesuches weiter oben gelesen haben, wissen Sie, dass ich Ihnen diesen Entsorgungsweg nicht wirklich empfehlen kann. Auch wenn Sie ein Glückskind sind, werden Sie am Ende des Markttages nicht alles verkauft haben. Die Gefahr lauert nun darin, die Reste weitere Monate (oder Jahre) im Keller stehen zu haben. Konsequent wäre es, alles was übriggeblieben ist, in Müllsäcke zu verfrachten, so wie ich es gemacht habe. Augen zu und weg! Oder Sie suchen sich eben wieder sofort den nächsten, zeitnahen Termin heraus etc. Das kann eine Never-ending-Story werden und sich über Jahre ziehen – ich kenne auch das! Natürlich möchte ich Ihnen nicht die Motivation nehmen, aber die Illusion, dass das eine schnelle Entsorgungslösung wäre.

Ich habe Freundinnen, die jedes Mal, wenn wir uns sehen und klönen, irgendwann den Satz fallen lassen: »Ich habe so viel aussortierte Klamotten und Zeug im Keller, wir müssen unbedingt mal auf den Trödelmarkt gehen«. Bisher habe ich das entweder überhört oder geantwortet: »Suche doch einen Termin aus, wenn ich Zeit habe, komme ich mit.« Danach passierte natürlich nichts. Wenn meine Mädels das Buch und meine aktuellsten Trödelerfahrungen gelesen haben, hat sich die Frage – zumindest für diejenigen, die gut Loslassen können – wahrscheinlich ohnehin erübrigt.

Warum ich das so ausführlich geschrieben habe, hat einen guten Grund: Ratgeber zu dem Thema schlagen zwar Möglichkeiten der Entsorgung vor und geben Tipps, wie man das Aussortierte vielleicht loswerden könnte, aber gehen kaum näher darauf ein und machen die Reihenfolge nicht deutlich, wie ich finde. Die Entsorgungsmöglichkeiten werden als ein Schritt »danach« dargestellt, also *nachdem* wir den ganzen Wust bereits mühevoll aussortiert und in Kisten oder Säcken zusammengetragen haben. Die Gegenstände wurden nur verlagert, sind aber weiterhin in unserem Besitz, belasten uns nach wie vor.

Deshalb war es mir wichtig, Ihnen zu verdeutlichen, wie die einzelnen Varianten in der Konsequenz und Umsetzung aussehen und ich gehe sogar soweit zu sagen, dass Sie gar nicht erst mit dem Aussortieren anfangen sollten, wenn Sie – außer Keller oder Dachboden – keine zeitlich greifbare Außer-Haus-Lösung haben. Sie werden sonst noch frustrierter sein als vorher.

Aus jahrzehntelanger Erfahrung kann ich sagen: Aussortieren und Entrümpeln ist der einfachste Teil, aber die Entsorgung ist das Schwierigste, wenn Sie eine andere Lösung außer die Mülltonne möchten.

Was macht wirklich Sinn und womit blockieren Sie sich sonst erneut, nur auf andere Weise? Das Gehirn spielt uns nämlich hierbei einen Streich: Wenn wir denken, wir machen das schon irgendwie und werden das Zeug auf diesem oder jenem Weg aus dem Haus schaffen, dann ist der Teil für das Gehirn bereits erledigt, wenn Sie die Dinge in die Kiste oder in den Müllsack getan haben. Sobald Sie sich von dem Teil verabschiedet und es »freigegeben« haben, ist es für unser Gehirn ad acta gelegt und der Druck nach Veränderung lässt alsbald nach. Auch wenn es für unser Auge vielleicht nicht mehr täglich sichtbar ist (weil die Sachen im Keller oder außerhalb des Blickfeldes stehen), wissen wir natürlich unterschwellig, dass das Zeug noch da ist. Und das ist genau der Punkt, an dem die Energie weiterhin blockiert und von uns abgezogen wird, solange die Dinge nicht endgültig unseren Einflussbereich für immer verlassen haben. Das sollten Sie auf jeden Fall den gesamten Prozess über im Hinterkopf behalten.

Sie müssen bereits vor dem Entrümpeln eine Entscheidung treffen, was danach mit dem Krempel passieren soll. Wenn Sie das nicht tun, werden Sie vom Ergebnis Ihrer Aktion bald enttäuscht sein.

Schritt 3: Einen Zeitplan aufstellen

Es soll hier nicht die Illusion entstehen, Sie könnten im Nullkommanichts ein dauerhaft zufriedenstellendes Endergebnis erzielen und auf Jahre das Thema hinter sich lassen. Das ist nur in seltenen Fällen möglich. Natürlich kommt es hier darauf an, *wie viel* Sie *wovon* haben und *wie leicht* Sie sich entscheiden können und worum es bei Ihnen dabei geht (auch in Bezug auf die Fragen). Es kann ja sein, dass Sie gezielt vorgehen können, flugs vorwärtskommen und ruckzuck alles aus dem Haus geschafft haben, ohne mit der Wimper zu zucken. Ich wünsche es Ihnen!

Oft wird es jedoch so sein, dass Sie nur begrenzte Zeit zur Verfügung haben. Dann ist eine etappenweise Vorgehensweise zu vorher festgelegten Zeiten besser. Wahrscheinlich werden Sie Raum für Raum oder Abschnitt für Abschnitt vorgehen. Dabei benötigen Sie für unterschiedliche Bereiche und Kategorien verschieden lange. Damit Sie nicht denken, Sie können erst überhaupt mit irgendetwas starten, wenn Sie mal mehrere Stunden am Stück Zeit haben, gebe ich den Rat, zimmerweise vorzugehen. Wenn Sie vorher grob abschätzen können, wie lange ein gewisser Entrümpelungsabschnitt oder eine chaotische Ecke voraussichtlich dauern würde, können Sie diese Teilabschnitte einschieben, wann immer ein paar Minuten Zeit ist.

Unordnung auf dem Schreibtisch oder in Schubläden kann man in einem absehbaren Zeitrahmen »mal zwischendurch« angehen. Manches ist vielleicht auch nur einmal auszuräumen und kurz zu wischen. Dabei lässt sich vielleicht ein wenig Kleinkram wegschmeißen. Danach wieder einräumen und schon hat man etwas Ordnung geschafften.

Papierkram auf dem Schreibtisch oder in Fluren lässt sich auch zielgerichtet in konzentrierten 15- bis 30-Minuten-Abschnitten bewältigen, wenn auch nicht mit einem Mal. Damit meine ich: Um nicht ohnmächtig vor einem schier unbezwingbaren Haufen Arbeit zu stehen, nehmen Sie sich lieber zunächst kleine Etappen vor. Springen Sie zum Beispiel auch beim Papierkram nicht von hier nach dort, sondern entscheiden Sie sofort, wohin mit den Unterlagen: Abheften, in eine der »Kategorie-Schubladen« legen (Erklärung folgt noch) oder in den Müll. Mehr Alternativen gibt es bei Papierkram nicht.

Für alles, was intensiv in den Bereich Entrümpeln und Aussortieren geht, mit teils schwierig zu treffenden Entscheidungen, sollten Sie einen zusammenhängenden großzügig angesetzten Zeitrahmen einplanen, indem Sie sich dem Vorgang völlig und vor allem ohne Störung widmen können. Allerdings ist es dabei wichtig, sich eine Zeit zu setzen, wann Sie fertig sein wollen. Das ist nötig, weil sonst selbst überschaubare Bereiche enorm viel Zeit brauchen können. Wenn Sie sich darin verlieren, in Erinnerungen schwelgen, hin und her schwanken, entscheiden, die Dinge wieder in die Hand nehmen und wieder umentscheiden etc. Je mehr Zeit Sie sich geben, umso mehr brauchen Sie auch! Von daher setzen Sie sich ein zeitliches Limit für den jeweiligen Abschnitt, Tag oder Schrank und bemühen Sie sich ernsthaft, in der Zeit durch zu sein!

Ein bisschen Druck, um gezielt vorzugehen, aber gerade noch so viel Freiheit, dass Sie die Entscheidung von sich aus treffen und sich nicht von der Uhr unter Druck setzen lassen!

Wie bereits mehrfach durchgeklungen ist, kann der Prozess des Aussortierens, Minimierens, Sich-Loslösens und Entscheidens längere Zeit in Anspruch nehmen. Erwarten Sie nicht zu viel auf einmal von sich und Ihrer Entscheidungsfähigkeit, vor allem nicht, wenn Sie größere Mengen zu beackern haben.

Rechnen Sie nicht damit, an einem Wochenende, geschweige denn, in ein paar Stunden mit dem Ausmisten »durch« zu sein. Es sei denn, Sie haben nur ein Apartment oder eine Einzimmerwohnung, dann kann das reichen. Selbst für einen kompletten Keller mit ca. 10 Quadratmetern, der bis oben vollgestopft ist, brauchen Sie mehr Zeit als Sie denken.

Ich will Sie nicht entmutigen, sondern ich möchte Ihnen die Frustration ersparen, die Sie überkommen würde, wenn Sie sich zuerst hochmotiviert in die Aktion gestürzt haben und dann schon bald entscheidungsmüde und geschafft vor einem ausgeräumten Keller oder einem Schrank oder in einer noch stärker verwüsteten Wohnung stehen und am Ende doch nur wieder alles reinstellen, weil es spät ist und die Kinder abzuholen sind oder zu Abend essen müssen oder wie auch immer.

Bei nicht wenigen Frauen dauert der Vorgang auch mehrere Jahre, da sie sich vorher eben nicht die vorangegangenen Fragen zu den Ursachen und dem Warum gestellt haben. Da wird zwar stetig am Bestand herumgewerkelt und auch aussortiert, aber so richtig zufrieden werden sie mit dem Zustand nie. Zudem kommen in Kürze aufgrund der unbearbeiteten Verhaltensmuster wieder genauso viele Teile hinzu.

Die reine Lust am Aussortieren kann auch zum Selbstzweck werden, um sich von anderen Dingen abzulenken und auf gewisse Art selbst am Vorankommen bei viel wichtigeren Entscheidungen und Projekten zu hindern.

Vorsicht vor dem Dauergefühl, ständig ausmisten zu wollen!

Beobachten Sie hierbei Ihr Verhalten aufmerksam. Kommt es häufiger vor, dass Sie sich stundenlang mit dem Sezieren einer Schublade oder einem Schrankteil aufhalten und nur ein Teil oder gar nichts zum Weggeben gefunden haben, sollten Sie genauer hinschauen, was der Grund dafür ist. Ich weiß, wovon ich rede. Seien Sie auf der Hut, wenn Ihr Blick oder Ihre Gedanken nur noch darum kreisen, was kann noch weg und das jeden Tag, obwohl Sie eigentlich »fertig« waren.

Dass Sie in regelmäßigen Abständen immer mal schauen, ob sich Ihre Meinung zu dem einen oder anderen Teil in Richtung »Brauche ich nicht mehr« verändert hat, ist normal und ein gutes Zeichen, dass Sie am Ball bleiben. Aber wenn Sie nur noch von dem Gedanken getrieben sind, wieder und wieder etwas zum Entsorgen finden zu wollen, dann hapert es garantiert noch in einem persönlichen Bereich außerhalb von Krempel und Co. Schauen Sie sich dann noch einmal Ihre Antworten auf die Fragen und Ihre Werte sowie Ihre grundsätzliche Lebenszufriedenheit an.

Wer im Außen ständig krampfhaft Ordnung machen will, hat im Inneren noch einiges in Unordnung!

Ziel muss nun sein, nachdem Sie am Anfang mithilfe der **QF-Methode** den Fragenkatalog bearbeitet haben, Ihren Bestand soweit anzupassen, dass Sie idealerweise nur noch Dinge und Kleidung besitzen, die Sie mögen, aber vor allem eines: *benutzen!* Denn vieles ist uns eigentlich gleichgültig – wir *mögen* keine Frühstückstüten und den Locher auch nicht, aber wir benutzen beides regelmäßig, genauso wie den Staublappen! Auf einer einsamen Insel würden wir diese Dinge nicht vermissen und auch nicht benutzen, aber im aktuellen Alltag sind sie eben nützlich. Deshalb behalten wir diese *Gebrauchsgegenstände*.

Kunstgestecke, Deko-Kugeln am Stil für den Garten oder am Band vorm Fenster baumelnd, Eier- oder Apfelscheibenschneider braucht dagegen kein Mensch. Es sei denn, Sie haben einen Ausleihdienst für Catering- oder Einrichtungsfirmen! Und nützlicher als ein stinknormales Messer sind diese Küchenschrankblockierer eh nicht! Aber manch einer muss das wohl mögen, sonst gäbe es das nicht. Die Gewichtung Ihrer Dinge nehmen ganz allein *Sie* vor.

Schritt 4: Jetzt wird entrümpelt!

Wir haben vorher bereits besprochen, was Ordnung und Sauberkeit *für mich* ist und *für Sie* in den Grundzügen so oder ähnlich sein könnte. Mit dem, was Sie für sich als erstrebenswert definiert haben, gehen wir jetzt an die Sache ran.

Was für Behälter, Kisten oder Tüten Sie für die Phase des Aussortierens und Aufräumens benötigen, hängt vom Stadium und Zustand der Dinge ab, vom Grad der Verstopfung und Vermüllung Ihrer Wohnung, oder auch davon, was Sie sich zum Ziel gesetzt haben (dafür ja die Vorarbeit). Des Weiteren richtet sich die Anzahl und Art der Behältnisse danach, was mit den aussortierten Dingen im Anschluss passieren soll (siehe »Entrümpeln mit der QF-Methode«, Schritt 2). Wenn Sie konsequent entsorgen wollen, genügen stabile Müllsäcke. Wollen Sie die Dinge auf dem Trödelmarkt verkaufen (Sie haben sich natürlich schon einen festen Termin ausgeguckt), empfehle ich geschlossene, durchsichtige Plastikkisten.

Mein Favorit ist »Samla«, die Kiste eines schwedischen Möbelhauses, für die Sie natürlich nicht extra viel Geld ausgeben sollten, es gibt auch andere gute Boxen. Das Gute an Plastikkisten ist, dass die Dinge darin weder müffeln, noch vergammeln oder verschimmeln. Ist der Termin für den Verkauf etwas weiter weg (weil gerade Winter ist) eignen sich durchsichtige Kisten mit Deckel insofern gut, weil die Sachen geschützt sind und man direkt sieht, was drin ist. Die Teile sind prima stapel- und transportierbar und lassen sich sogar – wenn alles leer ist – gut weiterverkaufen. Oder man verstaut hinterher die Andenken der Kategorie »auf jeden Fall behalten« oder eben die gute Weihnachtsdeko darin, so wie ich das mache.

Ob Sie also nun Dutzende 90- oder 120-Liter-Müllsäcke oder nur eine Kiste benötigen werden, müssen Sie selbst einschätzen. Ich schlage vor, Sie sollten vorher erst einmal kurz mit dem »Entrümpelungsblick« durch die (in Ihrer verfügbaren Zeitspanne geplanten) Räume gehen und – zumindest von den Gegenständen her – grob abschätzen, was Sie aussortieren möchten. Bei der Kleidung ist es meiner Erfahrung nach nicht im Voraus absehbar, das ergibt sich oft erst beim Tun.

Bewaffnen Sie sich jetzt mit einem kleinen Putzeimerchen, einem Lappen und einem Trockenwischtuch. Ob Sie nun laut Ihre Lieblingsmusik anstellen oder sich einen Piccolo oder ein Pils zum Start aufmachen oder absolute Ruhe genießen wollen – jeder Jeck ist anders! Aber in jedem Fall sollten Sie allein sein und nicht nur eine halbe Stunde! Schalten Sie das Internet Ihres Handys ab, damit Sie nicht bei jeder WhatsApp- oder Facebook-Nachricht draufgucken, sondern sich ungestört auf Ihr Entrümpelungsprojekt konzentrieren können.

Sie haben also die Gründe und Ursachen zumindest ansatzweise herauskristallisiert und notiert. Sie haben eine Entscheidung getroffen, was mit dem Zeug passiert, das Sie gleich zusammentragen werden und Sie haben für sich ein Ziel definiert, das Sie erreichen wollen ...

✓ Sie sind Ihrem WARUM (es zu der Menge oder dem Zustand kam) auf der Spur oder haben es für sich bereits dingfest gemacht.

✓ Ihre gewählte(n) Entsorgungsvariante(n) stehen fest.

✓ Alle Vorbereitungen dafür sind getroffen (Termine, Fristen) und die Behältnisse, die Sie brauchen, sind bereitgelegt, ebenso das Putzzeug.

✓ Sie haben sich einen ersten Plan von den zur Verfügung stehenden Zeiten gemacht, die Sie für die Entrümpelung und Entscheidungsfindung haben.

Da wir ja zunächst vorwärtskommen und schnell Ergebnisse sehen wollen, um länger motiviert zu sein, nehmen wir uns als Erstes das Zimmer oder den Teil des Hauses vor, der wahrscheinlich relativ schnell zu bewältigen ist.

Beachten Sie, dass das Gehirn schon nach kurzer Zeit entscheidungsmüde wird. Wenn Sie hintereinander viele schwierige, weil emotionale, Entscheidungen treffen müssen, was wegkann und was nicht, nimmt mit jedem Teil die »Lust« und Energie des Gehirns ab und Sie stehen möglicherweise morgen schon nicht mehr dazu, was Sie heute entschieden haben. Deshalb: Überfordern Sie sich nicht!

Ich halte, wie erwähnt, nichts davon, uneingeschränkt sämtliche Dinge der gleichen Kategorie Ihres kompletten Besitzstandes auf einen Haufen zu versammeln, um sie zu sortieren. Ebenso wenig bin ich dafür, an einer einzigen Stelle ausschließlich alle Gegenstände einer Kategorie aufzubewahren. Das macht erst recht keinen Sinn bei Häusern, vor allem Reihenhäusern, wo es auf einer Etage nur ein oder maximal zwei Zimmer gibt. Wenn Sie im Dachgeschoss einen Stift oder eine Schere brauchen, weil dort oben Ihr Bügelzimmer ist und Sie einen Faden abschneiden wollen, dann rennen Sie vier Etagen hinunter, weil Sie die Scheren in der Küchenschublade lagern, da Sie sie dort eigentlich am häufigsten brauchen? So ein Unsinn!

Also, das einzige Kriterium beim Neusortieren und Unterbringen *nach* der Entrümpelung ist zunächst: Praktikabilität! Wie es *für Sie* im Alltag am einfachsten ist und wo *Sie* die Dinge brauchen. Um beim Beispiel zu bleiben: Bei bestimmten häuslichen, baulichen Gegebenheiten ist es ausnahmsweise sinnvoll, von einem Gegenstand mehrere Exemplare zu haben. Während meiner »Reihenhauszeit« hatte ich die Küche im Hanggeschoss, das Arbeitszimmer vier Etagen höher und das Kinderzimmer in der Mitte. Da ist Organisationstalent und Einfallsreichtum gefragt, wie man sich hier sortiert: mindestens eine Schere im untersten und obersten Geschoss, plus im Kinderzimmer eine. Putzzeug sowie einen Eimer im obersten Bad und unten ebenfalls ... Eine Flasche Allzweckreiniger und einen

Eimer gibt es für unter drei Euro. Das habe ich gern zweimal ausgegeben, das tat nicht weh! So viel dazu. So wie die Schere und das Putzzeug als Beispiel könnten Sie etliche Gegenstände nehmen, die man oft an unterschiedlichen Orten des Hauses braucht.

Ich habe auch heute noch in fast jedem Zimmer eine Taschentuchbox. Und diese Strategie macht nicht nur meinen Alltag leichter, nein, sie macht mich auch irgendwie glücklich, da ich mich weniger aufrege, weil ich nicht dauernd Treppen hoch- und runterrennen muss. Es geht nicht darum, *alles* doppelt zu haben oder Dinge aufzuheben, die man vielleicht *irgendwann* gebrauchen kann, sondern darum, sich alltägliche Tätigkeiten im Hier und Jetzt zu erleichtern. Und Dinge, die man dazu braucht und regelmäßig nutzt, sind kein Ballast! Wenn es um die Aufbewahrung der Dinge geht, ist es eben etwas gänzlich anderes, ob ich eine verhältnismäßig überschaubare Wohnungsgröße oder ein Haus und Familie habe!

Noch ein Tipp zur Ordnungsorganisation bei Häusern, die das Treppen-Gerenne eindämmen:
- Deponieren Sie im unteren Eingangs- und gleichzeitigen Treppenbereich, der nach oben führt und den längsten Weg darstellt, eine ansehnliche Box oder eine dekorative kleine Kiste (je nachdem, welchen Platz Sie haben) und legen Sie immer alles, was in eine der oberen Etagen gehört, hinein.
- Kein Gang ohne die Kiste oder ohne ein Teil, das nach oben gehört, auch mitzunehmen und wegzuräumen.

- Gewöhnen Sie Ihre Kinder oder Mitbewohner ebenfalls daran.
- Das Gleiche gilt, wenn Sie oben sind – nehmen Sie Dinge, die in den Müll sollen oder die woanders hingehören, bei jedem Gang zum Zielpunkt mit, irgendwann haben Sie das intus und es wird zur Selbstverständlichkeit.

Und noch eines: Wann immer Sie etwas an der aktuellen Ordnung oder Organisation nervt, sollten Sie überlegen, wie Sie das durch welche Maßnahmen verbessern können. Glauben Sie mir: Das, was Sie heute bereits im Arbeitsablauf auf die Palme bringt, wächst sich nur noch weiter aus. Häuser und vor allem Reihenhäuser verlangen nach einer ganz eigenen Lösung. Was natürlich umso leichter wird, desto weniger Sie an Krempel haben.

Der Prozess und
die Reihenfolge

Flur

Am leichtesten und am sinnvollsten ist es in den meisten Fällen, im Flur bzw. im Eingangsbereich zu beginnen. Hier sieht man die Erfolge am schnellsten. Und wenn man das Heim betritt, freut man sich sofort, wenn es hier ordentlich, sauber und luftig ist. In diesem Bereich können Sie Ihren Entscheidungsmuskel allmählich trainieren und da im Flur selten Dinge emotional aufgeladen sind (gewöhnlich handelt es sich um Schuhe, Jacken, Werbeprospekte, Post etc.), geht der Sortiervorgang auch flüssig voran.

Sollten Sie – wie vorhin erwähnt – eine überquellende, offene Garderobe haben, an der sich die Jacken Tag für Tag wie von Zauberhand vermehren, können Sie überlegen, ob eine andere Lösung innerhalb kurzer Zeit machbar ist, indem Sie zum Beispiel einen geschlossenen Garderobenschrank mit geringer Tiefe kaufen. Diese laufen in Einrichtungshäusern unter »Mitnahmemöbel« und sind meist sofort erhältlich. Falls das bei Ihnen nicht hinpasst oder im Monatsbudget nicht mehr drin ist, hängen Sie Jacken nach dem Tragen immer sofort zurück in den Kleiderschrank. Dasselbe gilt für die Schuhsammlung: einfach beim Heimkommen die Schuhe an den richtigen Platz räumen. Bei zwei oder mehr Kindern muss man sich bei schmalen Fluren und wenig Stauraum logistisch in der Tat etwas einfallen lassen, um das Bataillon an Haus-, Straßen-, Turnschuhen und Gummistiefeln im Zaum zu halten. Aber möglich ist es, zumindest eine drastische Reduktion im Sichtbereich dadurch zu erreichen, dass matschige Schuhe zeitnah geputzt und *hinter* statt vor Schränken abgestellt werden. So stört der Anblick beim Eintritt nicht allzu sehr. Das hinzubekommen hat nichts mit Zeit, sondern mit Wollen und Überwindung zu tun. Wem macht schon Schuheputzen oder Wegräumen Spaß?

Tipp zur Übersicht in Schuhschränken

Die Schuhe im Karton aufzuheben ist eine sehr gute Idee, wenn der Platz dafür da ist. Für noch mehr Überblick habe ich hier einen Tipp für Sie: Machen Sie mit dem Handy ein Foto von jedem Schuh(paar) und drucken Sie die Fotos im Drogeriemarkt am Sofortdrucker aus. Dann kleben Sie die Fotos auf die Schuhkartonfront auf. So sehen Sie beim Öffnen des Schuhschrankes mit einem Blick, welches Paar in welchem Karton drin ist.

Für Haustürschlüssel und Handtascheninhalt eignet sich, wie vorgeschlagen, direkt in der Nähe des Eingangs zum Beispiel eine Kommode mit Schublade, in die man den Inhalt der Tasche geordnet hineinlegt: Geldbörse, Sonnenbrille, Taschentücher, Kaugummis. Die Kosmetiktasche kommt dorthin, wo man sich am Morgen wieder schminkt und das Handy bleibt am besten draußen liegen. Für mich reicht da eine kleine Schublade – ich weiß ja nicht, was Sie so alles in Ihrer Handtasche mit sich herumschleppen. Bezüglich des Handykabels und der Aufbewahrung von Kabeln diverser Geräte allgemein, habe ich kürzlich auf YouTube ein Video gesehen, indem die Kabel in leere Toilettenpapierrollen gesteckt und aufrecht nebeneinander in die Schublade gestellt wurden. Mein Fall ist das nicht, da die Dinger auch wieder Platz wegnehmen und ich keine Toilettenpapierrollen dafür benutzen möchte. Ich bin mit meiner Variante, nämlich einen einfachen, stabilen Gummi zwei- bis dreimal darum zu zwirbeln, sehr zufrieden und habe seitdem keinen Kabelsalat in Schubladen mehr. Das mache ich seit etlichen Jahren so und es ist noch nie ein Kabel geknickt oder kaputtgegangen.

Wenn Sie keinen Platz für eine Kommode oder ein Sideboard auf dem Boden haben, eignet sich vielleicht eine Schubladenkonsole, die man an der Wand anbohrt. Das ist dann ein Wandregal mit geringer Tiefe, das eine oder bis zu acht kleine Schublädchen nebeneinander bietet. Das ist superpraktisch und für den Zweck absolut geeignet. (Gesehen zum Beispiel bei Online-Versandhäusern, die sich auf (Klein-)Möbel spezialisiert haben.)

Mit so einer einfachen Lösung haben wir den nächsten Tag wieder alles griffbereit und können nichts vergessen. Wie gesagt, wenn Sie täglich dieselbe Tasche nehmen, vereinfacht das die Räumerei und Sie brauchen nicht immer den gesamten Inhalt Ihrer Handtasche auszupacken. Ich praktiziere das bereits seit drei Jahrzehnten so, weit bevor der Entrümpelungshype aufkam und so lange, wie ich Taschen benutze (ich wechsele auch gelegentlich, je nach Kleidung und Vorhaben) und ich habe noch nie vergessen, etwas Wichtiges, weder Geldbörse, noch Handy, noch Schlüssel, mitzunehmen.

Männer legen nur ihr Portemonnaie, Handy und Autoschlüssel ab, dann sind sie fertig. Den meisten genügt also eine einzige Schale oder Mini-Schublade.

Schlüsselkästen finden hier insofern keine besondere Erwähnung, da es im Bereich Flur darum geht, den Alltag zu organisieren und dazu benötigt man normalerweise nur sein eigenes Schlüsselbund und gegebenenfalls den separaten Autoschlüssel (außer Sie sind Portier, Schließer einer Firma oder Schlossbesitzer, dann brauchen Sie wohl mehr und größere Schlüssel). Wenn Sie Ihr Haustürschlüsselbund jedes Mal in den Kasten friemeln und Ihre anderen täglich benötigten Dinge woanders hin, haben Sie ja wieder zwei Stellen, wo Sie die Dinge griffbereit haben und daran denken müssen, nichts zu vergessen. Von daher bevorzuge ich es, meinen Schlüsselbund dort zu deponieren, wo auch die übrigen Sachen sind, die ich beim Verlassen der Wohnung mitnehme.

Für alle anderen Schlüssel des Hauses (Mülltonnenbox, Schuppen, Hobbykeller, Dritt-Auto, Wohnwagen ...), die Sie nicht täglich brauchen, können Sie selbstverständlich einen Schlüsselkasten benutzen, wenn Sie dies mögen. Haben Sie bereits einen, dann gut – wenn nicht, kommen Sie auch gut ohne aus.

Saugen, Fegen und Wischen Sie den Flur wesentlich öfter als andere Räume, das macht viel aus. Staub-
saugen tue ich so gut wie täglich, gewischt wird alle
zwei, drei Tage und wenn der Hund haart jeden Tag, in
akuten Phasen bis zu zweimal am Tag, zumindest Saugen. So verteilt man den Dreck nicht durch die ganze
Bude.

Apropos Staubsauger ...

Falls Sie der Ansicht sind, dass Ihr derzeitiges Staub-
saugermodell es nicht mehr bringt, weil er zu schwach
auf der Brust ist und das Saugergebnis zu wünschen
übriglässt, sparen Sie sich tagelange Recherche nach
der »eierlegenden Wollmilchsau«. Und widerstehen
Sie der Versuchung, sich einen Akkusauger, Staubsau-
ger-Roboter oder ein beutelloses Modell zu kaufen.
Nachdem ich die Möglichkeit hatte, privat über ein
Dutzend Staubsaugertypen zu testen, bin ich zu dem
Ergebnis gelangt, dass es derzeit für mich nur eine
Antwort geben kann, und alles andere rausgeschmisse-
nes Geld ist. Die Antwort ist: Mit Kabel! Mit Beutel!
Wer schon einmal den Dreck aus den Kanistern über
dem Mülleimer ausgeleert hat, mit Tierhaaren und
allem, was sich darin befindet, der weiß, was er nicht
mehr möchte! Selbst wenn man dies äußerst vorsichtig
macht, es entsteht immer eine Staubwolke, und der
Kanister sieht einfach ekelhaft aus. Die Beutel gibt es
bereits auch von No-Name-Anbietern passend für fast
alle Marken. Auch wenn es mit dem Kabel in mehrstöckigen Häusern etwas mühsam ist, gewöhnt man sich

daran, das Stromkabel auf jeder Etage neu einzu-
stecken.

Kaufen Sie einen der drei bekanntesten Marken –
meine Favoriten sind die Fabrikate von Miele oder
AEG, und zwar die *mit* Beutel, für einen Preis unter
200 Euro und fertig ist der Fisch! Nach der seit 2017
eingeführten Regelung dürfen in der EU nur noch
Staubsauger mit höchstens 900 Watt verkauft werden,
früher waren das mit bis zu 2000 Watt noch wahre
Strom-Sauger! Wenn Sie den angestellt haben, hat das
Licht geflackert und der Stromzähler überschlug sich
... Aber lassen Sie sich heutzutage nicht vom Energie-
label einlullen – Sie saugen ja nicht 24 Stunden am
Tag, aber *wenn* Sie saugen, soll es effektiv und wir-
kungsvoll sein! Und dazu brauchen Sie schon einen
Sauger mit ordentlich Power, um nicht x-mal über dieselbe Stelle zu schrubbeln! Also: Sparen Sie nicht an
der Wattzahl, aber an Ihrer Zeit, indem Sie nicht lange
im Netz herumsuchen, Bewertungen lesen etc. Ein
höherer Gerätepreis hat keinen Einfluss auf ein besseres Saugergebnis, das wird ständig in diversen Markt-
checks oder Tests bewiesen.

So, und schon fliegt im Flur nichts oder nicht mehr
viel herum. Falls Sie »gefühlsneutrale« Deko auf
Kommode oder Fußboden (generell zu vermeiden)
stehen haben, überprüfen Sie diese auf Nützlichkeit
oder Notwendigkeit: Erfüllt sie dort irgendeinen
Zweck, unterstützt sie bei der Organisation? Wenn die
Deko eher stört, man sie ständig umstößt und Sie am
Schnell-mal-Durchwischen hindert, dann entfernen Sie
die instabile Vase, das Holzfigürchen, das Hirschge-

weih oder den Zweig mit den Glastropfen oder was auch immer und Sie haben einen Eingangsbereich, der hell und luftig aussieht, in den man sich freut, einzutreten.

Badezimmer

Gehen Sie im Bad strukturiert Ablage für Ablage oder schrankweise vor. Nehmen Sie *nacheinander* (auf keinen Fall alles auf einmal – es sei denn, Sie haben nur ein Mini-Schränkchen) regalweise oder je Schrankseite die Kosmetikutensilien heraus, wischen Sie das Fach aus und stellen Sie nur die Dinge wieder rein, die bleiben sollen. Kritisch aussortieren und wegwerfen sollten Sie folgende Dinge:

- ✓ Parfüm- und andere Probierpröbchen, wenn Sie aus der Kategorie einen Monat lang kein einziges benutzt haben oder sich nicht trauen, da Sie befürchten, die Creme o. ä. nicht zu vertragen oder es vom Geruch her nicht mögen: weg damit!
- ✓ Aufgebrauchte Schminkutensilien, wie zum Beispiel am Plastik angekommene Lippenstifte, wo Sie den Rest nur noch mit einem Q-Tipp rauspolken können und danach Wattefussel am Mund haben
- ✓ Reste von Kosmetika, für die Sie bereits Neues nachgekauft haben, die Sie nur noch behalten, bis sie »zu Ende« sind
- ✓ Nagellacke, die eingetrocknet sind oder nicht mehr Ihrem Geschmack entsprechen

✓ Gespreizte Zahnbürsten, die aussehen, als hätte man damit ... nein, ich spreche es an dieser Stelle nicht aus (vorher neue Zahnbürsten kaufen)

Beim Thema Zahnbürsten macht sich eine angebrachte Pingeligkeit auch gesundheitlich bemerkbar: Haben Sie ausnahmsweise von diesen Hygieneartikeln stets für jedes Familienmitglied Ersatz im Haus! Wechseln Sie die Zahnbürsten einmal im Monat aus und nach jeder Erkältung, Herpes oder anderen Infekten! Sonst schieben Sie sich die Viren bei jedem Zähneputzen wieder durch den Mund. Und dass die Zahnbürste eines anderen zu benutzen ein absolutes No-Go ist, sollte jedem klar sein.

✓ Alles, was Sie schon länger nicht verwendet haben, auch wenn es noch nicht leer ist. Wenn Sie es halt nicht mögen, ist das als Argument genug, es wegzuwerfen.

✓ Haarbänder, Haargummis, die ausgeleiert sind

✓ Gefährlich rötlich oder schwarz verfärbte Anti-Rutsch-Badewannen-/Duscheinlagen, Wannenkopfkissen oder andere Saugnapfdinger, die schon seit einer Ewigkeit drankleben.

Nicht nur Badewanneneinlagen müssen nach jeder Wässerung zum Trocknen aufgehängt werden, etwa über dem Wannenrand: Alles, was an Badematten, Vorlegern oder Bade-/Duschutensilien nass geworden ist, muss richtig abgetrocknet werden oder an der Luft von selbst trocknen und nicht in feuchtem Klima vor sich hin keimen ...

Wenn Sie jetzt alles in der Hand hatten und das, was wegkann, direkt in den Müllsack befördert haben und das, was gebraucht und auch benutzt wird, ordentlich auf vorher gesäuberte Flächen zurückgestellt wurde, dann sind Sie mit dem Bad im Großen und Ganzen schon fertig. Gut, bei den Damen, die mehrere Etagen von Glasregalen voller Flakons und Tiegelchen auf der drei Meter langen Konsole über dem Doppelwaschbecken haben, dauert das wohl etwas länger. Aber jetzt sollte sich ja – wenn Sie das entscheidungsfreudig bewältigt haben – nur noch ein Bruchteil des Zeugs außerhalb der Schränke befinden. Wir erinnern uns: Vermeiden Sie, vor allem in Bad und Küche, viel Kleinkram herumstehen zu haben! Diese Bereiche verschmutzen am schnellsten und offensichtlichsten, da viel Staub und Fettpartikel freigesetzt werden.

Ein bis zwei hübsche, ins Ambiente passende Dekorationsstücke sind natürlich – da, wo sie nicht behindern – immer »erlaubt«, um eine wohnliche Atmosphäre zu schaffen. Aber so, dass man das Badfenster jederzeit schnell und vollständig öffnen kann, ohne erst die Bade-Enten-Sammlung, die Aroma-Duftstäbchen und das Duschgelkonvolut anpacken zu müssen.

Küche

Wenn Sie dem Ort hinter den Türen Ihrer Küchenfronten und den Vorratsschränken länger keines intensiven, kritischen Blickes gewürdigt haben, sollten Sie für den Bereich etwas mehr Zeit einplanen. Als Erstes werden die gesamte Arbeitsfläche und das Ceranfeld/die Herdplatten gesäubert (bitte jetzt nicht den Ofen von innen sauber machen, das heben Sie sich für später auf). So können Sie die Dinge, die Sie aus den Hänge- oder Vorratsschränken herausnehmen, auf einer sauberen Fläche abstellen.

Arbeiten Sie sich nun vom äußeren Schrankteil systematisch durch die Hängeschränke und werfen Sie rigoros alles an Glas und Porzellan weg, was einen Sprung hat, angeschlagen oder auf andere Weise kaputt ist. Tipp für Minimalisten oder solche, die es werden wollen: Sofern es Ihre einzige Tasse, Schüssel oder Glas ist, kaufen Sie erst ein neues Exemplar nach.

Sind Sie stolze Besitzerin einer 200 Jahre alten Teekanne aus dem Hause einer weltberühmten Porzellanmanufaktur, sollten Sie einen Verkauf ins Auge fassen. Vor allem, wenn Sie das Teil eh nie benutzt haben, aus Angst, es könnte zu Bruch gehen.

Für alles, was Sie nun aussortieren, haben Sie ja das Ihrer Entsorgungsvariante entsprechende Behältnis parat (also Müll – für sofort, Verschenken – unverzüglich oder Verkaufen – fester Termin!).

Etwas schwieriger gestaltet sich das beim Sammeltassen-Ensemble von der lieben Oma oder Mutter. Diese Tässchen sind oft noch nach mehreren Jahrzehnten in einwandfreiem Zustand, da sie ja nur im Schrank herumstanden. Wunderschön gestaltet sind sie, doch jede Form ist anders. Daher ist selbst das Übereinanderstellen dieser filigranen Tässchen im Geschirrschrank bereits ein Problem. Abgesehen davon, dass man sie wegen der Goldränder und Perlmuttoptik nicht in die Spülmaschine stellen möchte, da sie sonst schnell unschön werden.

Also was nun?

Einerseits soll man nur das behalten, was man auch benutzt und andererseits *will* man behalten, was man schön findet und einem etwas bedeutet oder weil man weiß, dass es der Oma etwas bedeutet hat. Hier sollten Sie rational denken und sich emotional lösen, wenn Sie wissen, dass Sie das Geschirr ohnehin nicht verwenden und eine der Entsorgungsvarianten wählen, mit der Sie sich gut fühlen. Das gilt für alles an Porzellan, Glas, auch für die opulenten Cognac-Schwenker, die Sie zu einem besonderen Anlass geschenkt bekamen und die Sie noch nie benutzt haben.

Idealerweise bieten Sie die betreffenden Gegenstände bei eBay-Kleinanzeigen oder in kostenlosen Wochenblättern an und vereinbaren Selbstabholung! Dann packen Sie das Geschirr gut ein und für alles Weitere sind Sie die Verantwortung los!

Die Vorratsschränke und Gewürzregal(e) auszusortieren und auszuwischen geht fix von der Hand. Was Sie an Gewürzen eh nicht mögen, wissen Sie – Sie haben es ewig nicht benutzt, das kann weg. Gewürze/Vorräte, die abgelaufen oder vergammelt sind oder für die Sie keine Verwendung mehr haben: weg damit.

Für in Gewürzschränken aufbewahrte Tütchen wie Vanillin, Tortenguss-, Back- und Puddingpulver etc. eignen sich kleine, durchsichtige Kunststoffbehälter von Lebensmitteln, die Sie verspeist haben, zum Beispiel Eis-Schachteln. Darin können Sie Backzubehör und auch angefangene Gewürzbeutel (die Sie mit einer Büroklammer schließen, denn das Klebeding, welches »mitgeliefert« wird, hält eh nie) aufrecht hinstellen und die Behältnisse dann ohne Deckel in den Schrank stellen. So nehmen Sie, wenn Sie etwas nicht direkt beim Hineingucken sehen, die jeweilige Schachtel einfach schnell heraus und haben alles griffbereit und es krümelt nicht den ganzen Schrank voll.

Sortierung von Lebensmittelvorräten

Ein Vorschlag für die sinnvolle Aufbewahrung von Lebensmitteln in Auszugsschränken ist, Vorräte nach Kategorien zusammenzustellen:

1. Müslizutaten (Körner, Haferflocken, Leinsamen, Flakes, Energieriegel etc.) zu Kakao, Zucker, Knäcke, Mandeln, Trockenfrüchten, Kokosraspeln
2. Dosentomaten, Tetra-Packs Passata, vakuumierter Rot-/Weißkohl, vakuumeingeschweißte Teigwaren, Nudeln, Reis, Mehl, Trocken-Hülsenfrüchte ...
3. ...

Ich denke, das Prinzip ist klar. Zutaten, die man zum Genießen kochen oder erwärmen muss (Mittagessen) werden in einem Fach aufbewahrt und Zutaten, die man »kalt« essen kann, in einem weiteren.

Der Lebensmittelvorrat sollte, unter der Annahme, dass man in nächster Zeit weder einschneien, zum Supermarkt paddeln, noch anderen Versorgungsengpässen trotzen muss, überschaubar gehalten werden. Das verschafft eine bessere Übersicht, braucht weniger Platz und man muss am Ende kaum etwas wegwerfen. Auch das spart wieder Zeit, Energie und Geld. Wenn Sie etwas aufbrauchen, werden Sie sehen, dass sich die Vorratsecke leert und das ist ein sehr befreiendes Gefühl, des Öfteren mehr Luft in den Schränken zu haben! Man muss nicht immer zig Vorratspackungen von allem Möglichen im Schrank haben (außer Zahnbürsten). Probieren Sie es doch einfach aus! Vielleicht ist das ja eine ganz neue Erfahrung für Sie.

Natürlich ist das individuell unterschiedlich, eine Familie mit Kindern benötigt andere Vorratshaltung als ein Zwei-Personen-Haushalt. Das Prinzip ist, das Verhältnis zwischen dem, was eingekauft wird und dem, was aufgebraucht wird, in der Waage zu halten.

Wenn das Thema Vorratshaltung jedoch Ihre Schwachstelle ist und Sie nicht ruhig schlafen können, ja geradezu in Panik verfallen, wenn Sie nicht von jeder Sorte mehrfach Nachschub im Haus haben, dann sind speziell für Sie die Vorarbeitskapitel mit der **QF-Methode** wichtig. Insbesondere die Nachforschung mithilfe richtiger Fragen, um das WARUM zu klären!

Arbeiten Sie sich so durch Ihre Küche, beäugen Sie kritisch sämtliche – noch so angeblich praktische – Küchenhelfer. Überlegen Sie, wie oft Sie diese tatsächlich benutzen oder ob Sie sich nicht mehr daran erinnern können, wann Sie sie zuletzt verwendet haben. Wenn die Verwendung Ihres Smoothie-Makers, Dampfgarers, Thermo-Mixers oder Gärtopfes im gleichen Verhältnis abgenommen hat, wie Sie seit der letzten Diät zugenommen haben, dann gibt es nur eine Antwort: Aussortieren!

Geräte, die Sie regelmäßig nutzen, machen Sie gründlich sauber (schlierige, pappige Oberflächen von Fett und Essensresten befreien Sie, indem Sie sie mit einem feuchten, nicht nassen Tuch behandeln, das mit Spüli oder etwas Scheuermilch betupft ist), Toaster umdrehen, entkrümeln und auch außen abwischen etc. Mit einem Mikrofasertuch bekommt man hartnäckige Flecken leicht ab. Man muss natürlich stellenweise mit Kraft und Schmackes schrubben! Keiner hat behauptet, Sauberkeit entstehe durch fluffiges Rüberhuschen mit dem Wedel.

Das Projekt »Kühlschrank abtauen und auswischen« empfehle ich für den nächsten Tag oder wann Sie mindestens zwei Stunden am Stück Zeit haben (Abtauen machen die meisten Geräte ja alleine) – das wird sonst zu viel auf einmal. Jedoch können Sie im Zuge der Lebensmittel-Aussortierung das Innenleben des Kühlschrankes mit einbeziehen und das, was offensichtlich nicht mehr gebraucht wird, gleich mit wegwerfen. Den Kühlschrank sollten Sie in regelmäßigen Abständen lebensmitteltechnisch durchchecken und von innen putzen, um der Vermehrung von Keimen und Bakterien entgegenzuwirken.

Wie bereits erwähnt, sind auch besonders in der Küche offene Regalelemente zu vermeiden. Durch die Koch- und Fettdämpfe, in Verbindung mit herumwirbelnden Staub- und Schmutzpartikeln ist der dadurch entstehende Belag auf den Oberflächen von anderer Konsistenz als in den übrigen Räumen. Er lässt sich schwerer entfernen und alles, was offen herumsteht und nicht ständig abgewischt wird, ist damit behaftet: sämtliche Geräte und Kochbücher, die draußen stehen, Deko, Töpfe, Kellen etc., die an Haken hängen oder was auch immer. Sofern es alternative Abstellmöglichkeiten *hinter* den Schranktüren gibt, sind diese immer zu bevorzugen.

Fahren Sie mit der bloßen Hand einmal nach einer Woche oder spätestens vierzehn Tagen über das Fensterbrett oder ein Regal (falls da noch freie Stellen sind) oder schauen Sie sich die Blätter Ihrer Topfpflanze auf der Küchenfensterbank genauer an, dann wissen Sie, was ich meine. Sofern Sie das nicht so toll finden, was Sie da sehen oder spüren, verbannen Sie Dinge, die aufwändig sauber zu halten sind, in die Schränke. Vermeiden können Sie diesen Belag nicht, nur verhindern, dass Sie sich »den Wolf« putzen.

Bei Lappen und Schwamm ist falsche Sparsamkeit absolut nicht angebracht, sondern ein regelmäßiger Austausch hygienisch notwendig.

Ein Zehnerpack Spüllappen, sogenannte Allzweck- oder Wischtücher, kostet ca. 0,79 Euro in jedem Discounter oder Drogeriemarkt. Topfschwämme gibt es ebenfalls im Mehrfachpack für kleines Geld. Da heutzutage ja beinahe alles in die Spülmaschine kommt, können Sie den Lappen ebenfalls in die Spülmaschine packen. Nach jeder Benutzung sollte er komplett trocknen, so beginnt er nicht zu müffeln. Sobald er es doch tut, ab in den Müll damit und einen neuen nehmen. Das Gleiche gilt für den Topfschwamm. Nur ob der in der Spülmaschine heil bleibt, kann ich nicht sagen. Ich benutze den am Ende nur noch einmal zum Putzen und werfe ihn dann weg.

In welchem Abstand Lappen und Schwamm ausgetauscht werden müssen, kommt auf die Nutzungshäufigkeit an. Dafür müssen Sie ein Gefühl entwickeln, aber das geht ganz schnell. Sobald einmal die Sensibilität für bestimmte Dinge entdeckt ist, bekommt man auch ein Auge dafür. Dasselbe trifft auf Geschirrtücher zu, nur eben nicht wegwerfen, sondern gegen ein frisches austauschen und bei sechzig Grad oder Kochwäsche waschen. Versiffte Geschirrtücher sind mit das ekligste, was die Küche so zu bieten hat! Dagegen ist ein verschimmelter Käse ein Klacks. Ab in den Müll damit und gut. Wenn Geschirrtücher dagegen ein paar kleine Löcher haben (die kommen schnell durch das Abtrocknen von Messern) ist das kein Problem, solange die Tücher nur sauber sind!

Zu einer Ihrer regelmäßigen Putztätigkeiten sollte ebenfalls gehören, Ihre Küchenoberschränke oben feucht zu wischen – sofern sie nicht mit der Zimmerdecke abschließen und man mit der Hand zum feuchten Wischen dazwischenkommt. Das Gleiche gilt für den Schlafzimmerschrank. Denn gerade der auf den Hängeschränken jahrelang gezüchtete Belag verbreitet einen miefigen Geruch und trägt nicht gerade zum Wohlfühlklima im Raum bei. Deshalb: Regelmäßig Leiter schnappen, überwinden und wenn der Abstand nicht so lang ist, geht jedes weitere Wischen leichter von der Hand.

Wohnzimmer

Zum Thema Wohnzimmer wurde im Kapitel »Wie sieht Ordnung und Sauberkeit *für mich* aus« einiges aufgeführt, was Sie als Orientierung dafür nehmen können, wo Sie vielleicht auch hinwollen. Es ist gut möglich, dass beim Entrümpeln Ihrer »guten Stube« mehr ausrangierter Krempel zusammenkommt, als bei der Kleidung. Oft sind diese Räume, auch weil sie Familienmittelpunkt sind, der Parkplatz für Zeug von jedem, der sich da aufhält und das Zimmer verlässt, ohne seine Utensilien wieder mitzunehmen und an den eigentlichen Ort zu räumen. Von daher wächst sich der Kram, der das Gesamtbild erheblich beeinträchtigt, oft in einer immensen Geschwindigkeit aus. Wenn Sie sich diesen Raum vornehmen und Ihnen der erste Eindruck vermittelt, es könnte in Arbeit ausarten, ist es ratsam, hier auch scheibchenweise vorzugehen: also nicht das komplette Zimmer in einem Rutsch zu sanieren, sondern abschnittsweise. Das heißt: Schublade für

Schublade, dann den Inhalt hinter den Schranktüren, dann das Bücherregal etc. Und das auch nicht von einer Ecke zur anderen springend, sondern das Zimmer in imaginäre Scheiben geschnitten vornehmen. Wenn Sie hier unkoordiniert vorgehen, birgt das die Gefahr, dass Sie zu viele Nebenschauplätze eröffnen und sich in der Vielfalt Ihres Krames oder in Erinnerungen verheddern und nicht vorankommen.

Nehmen Sie den Inhalt der einzelnen Schubladen, Schränke, Regale jeweils nacheinander heraus (also den nächsten erst, wenn Sie mit einem Element fertig sind), sehen Sie sich die Dinge genau an und entscheiden Sie, was damit geschehen soll. Und zwar nach Ihrer Meinung und Ihren Gefühlen, die Sie dazu haben. Ganz konkret und ohne jeglichen spirituellen Touch ...

Das kann sofort weg:

- ✓ Alles, was defekt, angeschlagen, unbrauchbar, ungeliebt und ewig unbenutzt ist (mit Gegenständen verhält es sich etwas anders als mit Kleidung)
- ✓ Alles, was Sie nur behalten haben, weil es Aussteuer oder an Sie vererbt ist, Ihnen aber absolut nicht gefällt und bei dem Sie spüren, dass es Sie *belastet* (bei Erbstücken bitte immer prüfen, ob es sich nicht eventuell um Raritäten oder wertvolle Dinge handelt, die Sie gegebenenfalls verkaufen können)
- ✓ Alles, auch an Büchern, was nicht mehr Ihrem jetzigen Geschmack oder Ihrer aktuellen Lebensphilosophie entspricht, mit dem Sie nichts mehr anfangen können, wie Bücher übers Töpfern oder Quilten, das Sie einst begeisterte, aber das Sie schon während des Kurses nicht wirklich mochten

✓ Dinge/Gegenstände, die traurige, schmerzliche (vergangene Liebe oder Verluste) oder negative Erinnerungen wachrufen

Speziell von negativ besetzten Gegenständen sollten Sie sich ganz bewusst verabschieden. Dazu gehört aber, dass Sie die Ereignisse, die sie hervorrufen, bearbeitet haben. Da das eventuell Zeit braucht, können Sie die Gegenstände fotografieren bzw. flache Erinnerungsstücke oder Dokumente einscannen, das spart Platz und Sie kommen schneller vorwärts. Wenn Sie die Dinge in anderer Form aufheben, fällt es oft viel leichter und wenn Sie darüber hinweg sind, können Sie die Datei getrost löschen.

Sammelobjekte, gleich ob es Plüschtiere, Keramik- oder Holzobjekte, Frösche, Katzen oder anderes Getier in hundertfacher Ausführung ist, sind Dinge, die unter dem Aspekt der *richtigen Fragen* nach der **QF-Methode** zu betrachten sind. Finden Sie Antworten darauf, warum Sie diese Dinge im Rudel sammeln und was das Sammeln für Lücken in Ihrem Herzen schließen soll. Sonst kaufen Sie sich eine echte Katze oder einen Frosch im Terrarium, möglicherweise hilft das. Und, wenn doch alles bei Ihnen bleiben muss, dann bringen Sie es vielleicht übers Herz, nicht alles was bleibt, auch in Ihrer Wohnung oder gar nur im Wohnzimmer auszustellen. Das gilt natürlich nur, wenn Sie das Zuviel davon auch belastet. Wenn Sie jedes einzelne Modell sowas von fröhlich macht und Sie das Katzenohr schon dreimal angeklebt haben, die Figur aber Ihr Lieblingsstück ist, dann muss es bleiben! Und

Sie arbeiten noch ein wenig an sich und Ihrem WARUM.

Wenn Sie so verfahren, wie eben und in den vorigen Kapiteln beschrieben, und sich Ihre geeigneten Entsorgungsvarianten überlegt haben, dürften Sie schnell Fortschritte machen. Bei Dingen, über die Sie sich über den finanziellen Wert nicht sicher sind, erhalten Sie durch kurze Recherche im Internet recht flächendeckend Informationen, zum Beispiel bei Porzellan, das gestempelt oder Bilder, die signiert sind. Für antik anmutende Gegenstände gilt ebenfalls: Bei Unsicherheit lieber nachprüfen und wenn das Teil für Sie keinen ideellen Wert hat und auch keinen materiellen für andere, dann bereuen Sie hinterher auch nichts.

Denken Sie beim finalen Grundputz im Wohnzimmer daran, dass die Fensterbank oftmals anfällig für Tinnef ist, der sich zwischen nicht immer ganz gesund aussehenden Grünpflanzen tummelt. Ich will damit sagen: Schauen Sie sich im Rahmen des Entrümpelungsprozesses auch Ihre Topfpflanzen an.

Frischen Sie Blumenerde auf und waschen Sie die Blätter und die Außentöpfe, sofern möglich, vom gröbsten Staub ab. Die Freiräume zwischen den einzelnen Töpfen dürfen ruhig frei bleiben. Zumindest einige davon, wenn sich für die Figuren und Glas-Kerzen-Monumente in Sandgestein oder mit Kunststoffgranulat andere Plätze finden lassen.

Um das Staubwischen und den Putzaufwand im Allgemeinen gering zu halten, hilft es enorm, so wenig wie möglich, aber so viel, dass es für Sie wohnlich bleibt, draußen stehen, hängen oder liegen zu haben.

Lampenschirme, die keine glatte, abwischbare, sondern eine leicht beschichtete, strukturierte Oberfläche haben, bekommt man prima entstaubt, wenn Sie eine Klebe-Fusselrolle darüber rollen (vorsichtig, damit der Schirm nicht knickt). Der Staub bleibt daran kleben, das klappt super. Die Klebe-Fusselrolle kann man auch gut für das Entstauben anderer stumpfer, angerauter Oberflächen verwenden, bei denen ein Lappen den Staub nicht richtig »greift«.

Kinderzimmer

Spielerische Ordnung ohne Stress

Im Kapitel »Wie sieht Ordnung und Sauberkeit *für mich* aus« habe ich beschrieben, mit welcher Einstellung man an das Aufräumen des Kinderzimmers gehen kann. Jetzt gebe ich Ihnen ein paar ganz konkrete Tipps, wie Sie den vorhandenen (Spiel-)Sachen und deren Aufbewahrung mehr Struktur geben können und unter welchen Kriterien Entrümpeln funktionieren kann.

Das Wort »entrümpeln« trifft meiner Erfahrung nach im Kinderzimmer nicht richtig zu. Meistens handelt es sich hier eher um Unordnung verschiedener »Härtegrade«: Es ist – je nach Alter – nicht selten eine Mixtur aus herumliegenden Dingen, wie: Spielzeug, auf dem Boden liegende schmutzige und saubere Wäsche, leere Bonbon- und Schokoladenpapiere, CDs und DVDs mit oder ohne Hüllen, Schulsachen, dreckiges Geschirr und eventuell noch eine Sporttasche mit nassen Sachen vom letzten Fußballtraining. Auf das Ganze hat sich eine stabile Schicht aus Dreck und Staub gesetzt, womöglich noch gespickt mit Tierhaaren von Hansi, Pfiffi und Co.

Vielleicht ist das ein wenig überspitzt, aber sowas gibt es. Bei Ihnen ist es sicher nicht ganz so doll ...

Der Einfachheit halber gehen wir hier mal davon aus, dass das Kind oder die Kinder schon in einem Alter sind, in dem sie zumindest etwas mithelfen können. Doch auch bevor dies der Fall ist, lernt das Kind durch Zusehen und Nachahmen. Wenn Sie nach dem Spielen mit ihm gemeinsam in einer entspannten, spielerischen Art die Dinge wieder an den dafür vorgesehenen Platz legen, wird das Kind das mitbekommen, ohne dass Sie groß was dazu sagen. Dinge, die das Kind mutwillig kaputtmacht, und die nicht mehr zu reparieren sind, werfen Sie mit ihm weg, sodass es versteht, warum (wenn es zu Recherche- oder Entdeckungszwecken Teile auseinandernimmt, ist das etwas anderes).

Ist das Kind in einem Alter, in dem es versteht, was es tut, kommt es darauf an, zwischendurch oder abends vor dem Zubettgehen *gemeinsam* herumliegende Dinge wegzuräumen. Hierauf detailliert einzugehen, ist kaum möglich, da die Massen an schrillem, blinkendem Plastikspielzeug und sperrigen Modellen, wie Burgen, Fantasiegebilden und Rosa-Monster-Objekten jegliche Kapazität von Unterbringungsmöglichkeiten in durchschnittlichen Kinderzimmern, vor allem innerhalb der Möbel, meistens heillos überschreitet.

Die bessere Alternative ist es natürlich, es gar nicht erst so weit kommen zu lassen, dass man nicht mehr weiß, wohin mit dem Kram und seinen Millionen von Kleinteilen. Aber dies zu propagieren ist nicht meine Aufgabe. Das kleinere Übel ist noch, sich für eine Firma zu entscheiden, die eine etwas leichtere Verstauung oder Ordnung ermöglicht. Die dänische Firma mit den tollen Noppensteinen und dem großen »L« habe ich stets favorisiert und dies von Anfang an aktiv beeinflusst. Die Steine ließen sich nämlich hervorragend in Boxen mit abtrennbaren Fächern nach Kategorie sortieren und sämtliche Formen somit einwandfrei systematisieren. So hat das Aufräumen sogar den Kids Spaß gemacht, da sie beim Bauen so viel schneller gefunden haben, was sie brauchten. Egal ob Fenster, Dachteile, Männchen, Steine mit zwei, drei oder mehr Noppen, Eckteile oder sonstige Formen oder Farben – alles war mit einem Griff oder nach kurzem Wühlen zu finden. Die Spezialmodelle, die nicht mit anderen vermischt werden sollten, wurden jeweils komplett in eine Kiste gelegt, sodass alles, was zusammengehörte, auch zusammen verstaut war (alle Steine, die zu dem Exponat gehörten, kamen in die gleiche Kiste, egal ob auseinandergepflückt oder am Stück). Alle Anleitungen wurden in einer Klarsichtfolie in einen Ordner geheftet. Nie haben wir auch nur eine Bauanleitung gesucht und auch nie ein Bauteil, welches zu dem Sondermodell gehörte.

Diese Art der Aufbewahrung erleichtert – wenn gewünscht – den späteren Verkauf ungemein. Komplette Sets mit Bauanleitungen erzielen andere Preise als das ungeordnete Konvolut. Hier stimmt der Satz: Ordnung zahlt sich aus.

Genauso verfährt man mit Holzeisenbahnen oder Hartgummitieren für den Zoo. Wenn es für jedes System oder für jede Kategorie eine eigene Kiste oder Fach gibt und für einzelne Spielzeuge ebenfalls eine separate Box, entsteht kein wildes Durcheinander – es bricht nichts ab und man kann direkt losbauen, ohne mühsam erst alle Schienen oder sonstigen Zubehörteile suchen zu müssen. Idealerweise sind auch alle Kisten/Boxen oder anderweitige Aufbewahrungsutensilien aus *einer* Farbe und demselben Material, dann ergibt das auch im Zimmer ein ruhigeres Bild für das Auge. Haben die Boxen Deckel, kann man sie auch gut übereinanderstapeln.

Aber, wie ich bereits sagte, dass das so war, geschah nicht von selbst! Ich habe mit den Kids meist – zumindest einen Teil – gemeinsam gebaut, mit ihnen gespielt und im Anschluss beim Aufräumen geholfen. *Kein Kind* schafft es, ohne Hilfe und motivierende Unterstützung eine Ordnung herzustellen, die unserem Verständnis davon entspricht.

Hier geht es auch nicht darum, Perfektion anzustreben oder strengsten selbsternannten Vorstellungen von Akkuratesse zu entsprechen, sondern um eine liebevolle, spielerische Hinführung zu einem gewissen Ordnungs- und Sauberkeitsempfinden. Und um die Selbstverständlichkeit, die Dinge, die man hat, zu pflegen und wertzuschätzen.

Wenn es bei uns Zeit war, mal wieder das Zimmer gründlich zu putzen oder die offenen Regale (die sich im Kinderzimmer nicht ganz vermeiden lassen und ausnahmsweise gut eignen, um Autos und Bücher reinzustellen) abzustauben, habe ich das ebenfalls gemeinsam mit den Kindern gemacht. In einem zeitlich überschaubaren Rahmen und nicht stundenlang, um sie und mich nicht zu überfordern, am besten bei Musik oder Hörbüchern, die sie gern gehört haben. Und im Anschluss wurde gespielt oder rausgegangen und etwas unternommen, was wir *vorher* schon vereinbart hatten, sodass sie motiviert waren. Auf diese Weise wussten sie genau: Erst putzen, dann gemeinsam was unternehmen!

Wie gut das Thema Ordnung im Kinderzimmer umsetzbar ist, kommt natürlich auch auf die Zimmergröße an. Und der Kleiderschrank steht ja dort auch noch drin ... Wenn jedoch gerade die Kinder, die zur kreativen Entfaltung Freiraum brauchen, meist in den kleinsten Zimmern hausen müssen, dann ist es vielleicht angebracht, über eine Umgestaltung nachzudenken. Oder mit dem Elternschlafzimmer zu tauschen, welches oft doppelt so groß wie das Kinderzimmer ist, obwohl man das nur zum Schlafen braucht. Aber für Muttis Riesenschrank gibts nur die eine und längste Wandseite im Haus. Dabei wäre es für die Entwicklung des Kindes förderlich, wenn es mehr Platz bekäme, nicht, um noch mehr Zeugs anzuhäufen, sondern um das, was sie haben und womit sie gern spielen auch ausleben zu können.

Meine Kinder haben jeweils über 20 Quadratmeter große Zimmer und das ist genau die richtige Größe, um auch mal eine coole Bahnstrecke zu bauen und einen super Zoo, ohne dass man beim Aufstehen alles umschmeißt oder kaputttritt!

Wenn Sie jetzt einwenden, dass Sie den Raum nicht haben, weil Sie zum Beispiel alleinerziehend sind und in einer nicht mal 50-Quadratmeter-Wohnung mit Kind leben, dann verstehe ich, was Sie damit meinen. Aber wenn Sie dann erstens dem Kind vielleicht das Zimmer so vollgepfropft haben, dass es sich kaum bewegen kann, geschweige denn, das Zeug sinnvoll und einfach verstauen kann und Sie vielleicht zweitens selbst ein Zuviel an eigenem Kram besitzen und es womöglich überall verteilen, dann dürfen Sie auch niemals dem Kind die Schuld geben, wenn es nicht weiß, wie es seinen Spiel- und Entdeckungstrieb mit seinem Raum und Ihrem Wunsch nach Ordnung erfüllen soll. Wenn schon wir Erwachsene oft überfordert sind, das Zeug, ob nützliches oder unnützes, im Zaum zu halten, was verlangen wir dann von unseren Kindern?

Prioritäten müssen Sie für sich und Ihre Kinder so setzen, dass Sie guten Gewissens damit leben können.

Betonen möchte ich noch einmal, dass es sinnlos ist, drohend im Türrahmen zu stehen und das Kind anzumeckern und herumzukommandieren: »Räum endlich dein Zimmer auf, sonst ...«, wenn Sie es ihm nie gezeigt haben, wie das geht. Sie dürfen von Ihrem Kind nur Handlungen verlangen, die Sie ihm vorleben, das ist eigentlich das A und O bei der ganzen Geschichte und gilt für absolut jeden Lebensbereich! Es ist gut, sich das immer wieder ins Gedächtnis zurückzurufen, vor allem im stressigen Alltag geht das Bewusstsein dafür zeitweise verloren.

Wenn der Entrümpelungsprozess beim Kinderzimmer angekommen ist, dann gehen Sie am besten so vor: Zuerst kündigen Sie dem Kind Ihr Vorhaben rechtzeitig an (natürlich in einem Alter, in dem es das versteht) und vereinbaren einen Termin und eine »Belohnung« in Form gemeinsamer Zeit. Wichtig ist, dass die Belohnung nicht materieller Art ist. Es soll kein Geschenk sein, sondern eine Motivation, schließlich müssen wir uns nicht bei dem Kind dafür bedanken, dass es aufräumt. Bitte loben Sie Ihr Kind auch nicht überschwänglich. Warum? Weil es selbstverständlich und alltäglich sein muss, dass es sein Zimmer aufräumt und Ordnung hält. Die Aktion anzukündigen ist wichtig, auch, damit Sie klarstellen, dass Sie nicht ohne seine Zustimmung etwas wegwerfen, was ihm am Herzen liegt.

Entsorgen Sie niemals Dinge Ihres Kindes heimlich!

Wenn Sie hinter dem Rücken Ihres Kindes ein Spielzeug, ein Bild oder ein Lieblingskleidungsstück beiseitegeschafft haben und Ihr Kind das merkt oder hinterher mit Schrecken feststellt, dass ihm was fehlt, kann das große Panik und Ängste in ihm auslösen. Kinder hängen genauso an ihrem Zeug, wie Sie an Ihrem! Und zu einer Krakelei oder einem Bastelexponat zu sagen: »Ach, das ist doch nix geworden, das kann weg!«, kann Ihr Kind tief verletzen. Besser: Lassen Sie das Kind selbst entscheiden, wie es das findet! Wenn Sie denken, dass Kinder immer alle ihre Ergebnisse kreativer Beschäftigungen behalten wollen, liegen Sie falsch. Kinder sind sehr kritisch mit ihren eigenen Dingen und wissen genau, wann ihnen etwas erfolgreich gelungen ist und wann nicht. Sind sie damit nicht zufrieden, werfen sie es weg. Bei gekauftem Spielzeug ist es nicht immer so eindeutig. Es hängt davon ab, wie gut die Kinder bisher gelernt haben, mit Trennung und Verlustangst umzugehen. Ein wichtiger Schritt ist, wenn Kinder lernen, sich zunächst einmal von Dingen zu trennen, die nicht mehr funktionieren und unbrauchbar sind. Außerdem sollte es lernen, gewohnheitsmäßig dreckige Wäsche in den Wäschekorb zu legen und benutztes Geschirr in die Küche zu bringen! (Vorzugsweise isst es auch nicht allein im Kinderzimmer, sondern gemeinsam mit der Familie am Tisch.)

Das regelmäßige Aufräumen wird es dann genauso selbstverständlich in seinen Alltag integrieren. Wenn Sie diese Aufgaben aber immer für das Kind tun und ihm ständig alles nachräumen, schneiden Sie sich ins eigene Fleisch, da helfen dann weder Drohungen und Verbalattacken noch wattiges Dauergesäusel!

Am vereinbarten Tag steht nun also der Wecker bereit, höchstens auf eine Stunde gestellt (bei kleineren Kindern, je nach Ausdauer, noch kürzer, dann sind mehrere Termine nötig) und los gehts! Alles was rumliegt, wird unter Ihrer Anleitung vom Kind oder gemeinsam, wenn das Kind noch nicht viel tragen kann, dahin gelegt oder gebracht, wo es hingehört: Wäsche in den Wäschekorb legen, den Trinkbecher in die Küche bringen, die Tiere in die Tierkiste, die Fahrzeuge auf das Regal oder in die Kiste, wohin sie eben gehören. Es wird nicht zwischendurch gespielt, sondern aufgeräumt und Sie dirigieren nicht nur, sondern helfen mit ...

Hier ist etwas Fingerspitzengefühl gefragt, um eine ausgewogene Vorgehensweise zu finden, die nicht bevormundend oder drangsalierend ist, sondern ruhig, anleitend und, wenn möglich, spielerisch entspannt. Nun sind wir Mütter natürlich auch »nur« Menschen mit all unseren Stärken, aber eben auch Schwächen, zu denen oft aufgrund der vielen Belastungen und Pflichten innere Unruhe und Ungeduld, aber vor allem oft Gereiztheit zählt. Wir wollen die Aktion am liebsten schnell hinter uns bringen, noch lieber natürlich allein, wenn das Kind nicht da ist, fix Tabula rasa im Kinderzimmer machen, kräftig was wegschmeißen und innerhalb der kürzest möglichen Zeit alles so haben, wie *wir* es gern hätten. Aber wenn wir das so machen, trägt es langfristig keine Früchte!

Wenn außen herum alles paletti ist und Ihrer beider Motivation noch so ist, dass entspannte Stimmung herrscht, dann kann man sich abschnittweise vorarbeiten und Regale, Kisten, Schubladen und Schrankinhalte durchgehen. Ist ein Spielzeug sichtlich kaputt, und hat es vielleicht abgebrochene Stellen, an denen man sich verletzen könnte, machen Sie dem Kind das ruhig klar und es soll das selbst in den Müllsack befördern. Ebenso weg können elektrische Teile, bei denen die Batterien ausgelaufen sind, genauso Autos ohne Räder, Bücher mit zerfetzten Seiten, billige Werbegeschenke oder Gimmicks aus Fastfood-Tüten ...

Wichtig ist bei allem, was weggeschmissen wird, dass das Kind jedes Teil aktiv selbst »verabschiedet«.

Das wird ihm später enorm dabei helfen, auch als Erwachsener leichter materielle Dinge loslassen zu können und dem Zeug nicht nachzutrauern.

Kleidung interessiert viele Kinder bis zu einem gewissen Alter noch nicht, da entscheiden Sie, ob es an einem bestimmten Stück »hängt« oder ob ihm alle egal sind. Das ist sehr unterschiedlich. Der Kleiderschrank kann jedoch bei der Räumaktion größtenteils von Ihnen aufgeräumt werden. Das Zusammenlegen und sinnvolle Sortieren stellt selbst für viele Frauen eine Herausforderung dar, da muss man im Gefühl haben, wann man die Kinder an das Projekt heranführen und intensiv mit einbeziehen kann. Der Zeitpunkt ist spätestens dann gekommen, wenn Kinder motorisch dazu in der Lage sind, Sachen zusammenzufalten und sich selbst morgens Kleidung herauszuholen und auch wieder einigermaßen geschickt zurückzulegen.

Im Kinderzimmer ist es nicht das Ziel klinische Sauberkeit anzustreben oder dass *jedes* Spielzeug am Abend wieder an Ort und Stelle verstaut ist, sondern dass eine gewisse Grundordnung herrscht, die man mühelos in Kürze jederzeit wiederherstellen könnte, ohne eine Woche Urlaub nehmen zu müssen.

Wohin mit den Spielsachen, wenn die Kinder größer sind?

Was macht man mit den Dingen, wenn die Kinder aus dem Spielzeugalter raus und Teenager sind? Wohin mit dem vielen Plastikkram oder den tollen Büchern, wenn die Kinder zwar aus dem Haus sind, aber kein Interesse daran haben? Wohin mit den überaus fantasievollen, aber interpretationsintensiven Zeichnungen, die man doch in keinem Fall wegwerfen kann, weil das Prinzesschen eventuell mal eine berühmte Modedesignerin wird und die Gemälde dann meistbietend versteigert werden können?

Das sind gute Fragen! Selbst wenn Sie die Reaktion Ihrer Kinder gesehen haben, als Sie ihnen beim Auszug den ersten Strampler oder das einst heiß geliebte Sabbertuch mit Namensstickerei schmackhaft machen wollten, wird die Antwort darauf nicht leichter sein. Als meine Mutter mir vor Rührung mit Tränen in den Augen den von ihr selbstgestrickten Zweiteiler aus schriller grasgrüner Wolle zeigte und ihn mir feierlich zusammen mit meinen Kindergartenzeichnungen überreichen wollte, lehnte ich dankend ab. Nachdem ich ihren schockierten Blick sah, wurde mir sofort klar, was ich da gemacht hatte! Über zwanzig Jahre lang hat sie das Strickding, was aus Gold nicht besser behandelt worden wäre, in Papier geschützt und in einer Tüte aufbewahrt. Die Fotos, auf denen ich das Ensemble anhabe, zeugen nicht gerade davon, dass mich weder die Farbe noch der Schnitt vorteilhaft kleideten, auch wenn ich keine zwei Jahre war. Zum Glück sind die meisten Fotos in Schwarzweiß!

Aber warum hebt eine Mutter solche Dinge auf? Warum habe *ich* ein paar gar putzige Sachen und den Musikteddy meiner Kinder aufgehoben? Warum heben *auch Sie* das Namenskettchen auf, das Ihr Kind nach der Geburt im Krankenhaus ums Ärmchen bekommen hat? Wir heben sowas auf, weil man das als Mutter einfach so macht! Weil uns solche Dinge so tief emotional berühren, weil die Geburt des Kindes ein so besonderer Moment ist, der sich in unser Herz und unser Hirn einbrennt und der Schmerz, den das Wegschmeißen dessen verursachen würde, ist so intensiv, als wolle man uns zerreißen. Wenn wir solche Dinge behalten wollen, weil *wir* das wollen – nicht, weil es das Kind so will – dann müssen wir das tun! Diese Dinge nehmen keinen großen Platz weg. Aber wenn Sie das irgendwann dem Kind aufs Auge drücken wollen und es das nicht möchte, dann dürfen Sie nicht enttäuscht sein und nicht drängen! Ihr Kind verbindet ja nichts damit, das sind nur Sie!

Und das geht so weiter, mit dem ersten Büchlein, den Bausteinen, den Rennbahnen, mit denen man gemeinsam spielte und schöne Zeiten verbracht hat und, etwas abgeschwächt, mit weiterem Spielzeug, was einfach viel Geld gekostet hat und zu schade zum Weggeben ist.

Vielleicht hilft Ihnen das bei Ihrer Entscheidung, wenn ich beschreibe, wie ich das gehandhabt habe und aus perspektivischen wie finanziellen Aspekten sehe.

Anmerkung: Wenn Sie es unrealistisch finden, dass Sie einmal Enkel haben werden oder sich sicher sind, niemals wieder etwas zum Spielen im Haus haben zu müssen, dann verscheuern Sie alles, geben Ihren Kindern was ab und machen beim nächsten Kapitel weiter.

Mein Aufbewahrungsprinzip für ausgediente Spielsachen

– Spielsachen einiger bestimmter Marken (siehe Aufzählung unten) sind langlebig, teils unkaputtbar und qualitativ so hochwertig, dass ein Verkauf – egal wo – nur zu Schleuderpreisen möglich wäre und in keinem akzeptablen Verhältnis zum Anschaffungspreis steht! Deshalb hebe ich eine gezielte Auswahl bewusst auf.

– Bestimmte Markenspielsachen habe ich ordentlich, so kompakt wie möglich, staub- und geruchsfrei, in verschließbare durchsichtige Kisten gepackt, in denen die Dinge weder schimmeln, noch nass werden, noch irgendein Ungeziefer eindringen kann.

– Auf die gleiche Art habe ich ebenso einige der schönsten Kinder- und Jugendbücher aufbewahrt. (Vielleicht habe ich diese auch eher aufgehoben, weil ich die so toll finde und in meiner Kindheit selbst gern gehabt hätte!). Bücher lieben es kühl und trocken – eine Aufbewahrung im Keller ist nur unter diesen Bedingungen angebracht.

– Die Kisten stehen platzsparend übereinandergestellt, was aufgrund gleicher Größe prima funktioniert, im trockenen Keller. Dadurch, dass sie durchsichtig sind, sehe ich sofort, was drin ist. Da die größte Kiste gerade einmal 56 × 39 × 42 cm misst, nehmen die Boxen wenig Platz weg, weil sie in die Höhe gestapelt sind.

Ich habe die ersten zwei Kisten davon, die mit den großen Duplo-Steinen, schon wieder gebraucht, auch einige der Pappkinderbücher – die nächste Generation hat bereits wieder ihren Spaß damit. Ich muss nichts kaufen, und es ist alles wie neu. Allen voran gilt mein Prinzip für Steine, Modelle und Systeme von Lego (inklusive Duplo), Eisenbahnen, etwa wie die von Brio, Gummitiere zum Beispiel Tiere von Schleich, ein paar Spielzeugautos aus Metall von Siku oder Matchbox und einige ausgewählte Teile an Holzspielzeug (HABA). Sollten Sie das doch irgendwann nicht mehr aufbewahren wollen, lassen sich einige Exemplare davon ganz gut verkaufen.

Bei Töchtern sind die Marken eventuell andere als bei Söhnen. Da wissen Sie vielleicht besser, welche Spielsachen gut aufbewahrt werden können.

Diese Spielsachen aufzubewahren ist für mich keine Belastung. Ich weiß ja, warum ich sie aufhebe – auch wenn den Kindern das erst einmal eine Weile egal ist, solange sie noch am Anfang ihres Erwachsenenlebens stehen. Wenn sie irgendwann danach fragen, freuen sie sich, wenn ich ihnen für ihren Nachwuchs etwas geben kann, auch, weil die Sachen immer teurer werden und weil die Qualität bei vielen Dingen extrem nachlässt. Außerdem hebe ich sie nicht ausschließlich in Hinblick darauf auf, dass die Kinder sie zurückbekommen. In erster Linie freue ich mich insgeheim darauf, wenn ich selbst wieder damit spielen kann! Natürlich könnte es sein, dass die Kinder (Enkel) unser Zeug »von früher« überhaupt nicht benutzen wollen – man erinnert sich vielleicht daran, wie es war, als die Eltern ihre Lieblingsspielzeuge voller Stolz und freudiger Erwartung hervorgeholt haben – wir mochten es nie, wollten lieber das neue, moderne, was wir im Spielzeuggeschäft sahen, das, was auch die anderen Kinder hatten. Die alten Püppchen und Autos waren immer B-Ware und die Loser. Das Bunte, Neue war die Nummer Eins.

Aber hierbei kommt es eben auf die Qualität und Wertigkeit an und welche Materialien verwendet wurden. Und, was noch wichtiger ist, auf den Zustand der Teile und die Art der Aufbewahrung. Darin liegt der Unterschied. Deshalb hebe ich ganz bestimmte Dinge bewusst auf und vieles eben nicht. Bausteine, egal ob Holz oder Plastik, die fast luftdicht verschlossen, dunkel und bei vorteilhaften Bedingungen lagern, sehen nach etlichen Jahren noch aus wie neu.

Alles andere, was nicht unter die Kriterien meines Prinzips fällt, wurde in Übereinstimmung mit den Kindern verkauft oder verschenkt.

Wenn Sie Ihr WARUM geklärt haben, ist es eigentlich ganz einfach! Stört Sie das Zeug, sehen Sie keinen Grund, das aufzuheben, und fühlen Sie sich dadurch blockiert, suchen Sie sich eine Entsorgungsvariante!

Sie werden in der Meinung über die Dinge nicht immer mit der Ihrer Kinder übereinstimmen. Finden Sie einen Mittelweg, mit dem beide Seiten zufrieden sind.

Alles, was nicht Spielzeuge oder Bücher sind, wie Zeichnungen, Basteleien, Kastanienketten, Scherenschnitte und solche Arbeiten, die in Massenproduktion angefertigt werden, die dem Kind dazu dienen, seine Fähigkeiten zu testen und zu entwickeln, wird eine Weile an die Wand gepinnt oder aufgestellt und wertgeschätzt. Sie können dann aber in der Regel nach einer gewissen Zeit getrost in den Müll. Besonders gut gelungene Stücke und Malereien habe ich eingescannt oder fotografiert. Andere, die mich besonders berühren oder die, die ich geschenkt bekommen habe, sind in meinem »Nostalgie-Ordner« aufbewahrt. (Dazu später mehr.)

Ehrlich gesagt hat mich aber bisher nie ein Kind gefragt, wo seine Zeichnung mit dem Polizeiauto oder dem Monster ist, das es im Alter von vier Jahren gemalt hat. Auch ein bestimmtes Spielzeug wurde nicht vermisst. (Später wohlgemerkt, nicht in dem Alter, wo sie noch damit spielen!)

Jetzt wissen Sie, wie ich das gehandhabt habe. Mich störte ehrlich gesagt auch eher immer mein eigener Krempel, mein eigenes Zuviel, welches mir zum Ballast wurde und nicht vorrangig die Dinge der Kinder. Wenn Ordnung im Kinderzimmer herrscht, wenn man beim Spielzeugkauf den Kopf einschaltet und sich bei den Geschenkewünschen innerhalb der Familie abspricht, schiebt man dem Ausufern einen Riegel vor. Wer denkt, dass er gegen die vermeintlichen Bedürfnisse des Kindes, die durch geschickte Marketingstrategien der Firmen angestachelt werden, nichts ausrichten kann, der irrt! (Siehe dazu auch das Kapitel: »Drei Sätze, die alles sagen«). Eltern können vieles steuern, wenn sie ihre Ansichten zum Thema Konsum vehement verteidigen. Und wenn Sie dem Kind dann noch frühzeitig und regelmäßig, wie geschildert, zeigen, wie Ordnung und Aufräumen geht, steht der Harmonie zwischen Ihnen und dem Kind samt Kinderzimmer nichts mehr entgegen.

Arbeitszimmer, Papierkram, Dokumente

Das ist ein Thema, bei dem nicht nur bei mir die Motivation ein wenig schwerfällt ... Gerade weil ich das Aufräumen im Arbeitszimmer extrem lästig finde, bemühe ich mich, den Papierberg gar nicht erst so weit anwachsen zu lassen, dass ich keinen Anfang mehr finde. Die Betonung liegt auf *bemühen,* das ist kein Selbstläufer für mich! Hier ist leider etwas Eigendisziplin gefordert. Folgende Punkte können dabei helfen:

Schaffen Sie sich ein kleines geschlossenes Ablageelement mit vier bis fünf schmalen Schubladen an.

Das ist in der Breite und Tiefe so groß wie ein einzelnes Ablagekörbchen, nur in der Höhe eben vier- bis fünfmal höher. Aufgrund der geschlossenen Art staubt es nicht zu und es sieht immer ordentlich aus. Dort sammeln Sie die eingehenden oder noch zu erledigenden Papierkategorien, zum Beispiel mit folgender Deklarierung:

✓ Laufende Rechnungen, die Sie einmalig oder regelmäßig überweisen müssen

✓ Kassenzettel, die Sie in Ihr Excel- oder Papierhaushaltsbuch eintragen

✓ Briefe, anderweitige Dokumente, erledigte Rechnungen, für die Ablage (Erkundigen Sie sich gegebenenfalls beim Steuerberater, wie lange Sie bestimmte Rechnungen für die Steuer aufbewahren müssen)

✓ Wichtige Infos, Termine, Veranstaltungen rund um Schule oder Hobby, Freizeit, Sportverein, die nur temporär wichtig sind und nach Abschluss in den Müll können

✓ Offene Vorgänge, das heißt, hier kämen Schreiben hinein, auf die Sie antworten müssen oder bei denen Sie auf Antworten/Ergebnisse warten

Die letzte Kategorie ist wahrscheinlich oft mit Fristen verbunden, weshalb Sie zur Wahrung der Zeiten die Schreiben mit Termin vielleicht eher mit in die erste Kategorie (Rechnungsschublade) tun. So mache ich das, weil ich nicht viele Schreiben bekomme, auf die ich antworten muss. Oder Sie üben hierbei besondere Disziplin und zwingen sich zur zeitnahen Erledigung oder Durchsicht, um nichts zu versäumen. Sie können auch im Handy-Terminkalender eintragen, wann Sie dies erledigen werden.

Schubladen- oder Ablagefächer können Sie zum Beispiel mit einem der folgenden Schlagworte beschriften:

1. Rechnungen bzw. Überweisungen oder Zahlungsverkehr
2. Haushaltsbuch oder Quittungen bzw. Kassenbons
3. Ablage/Steuer
4. Termine Schule/Freizeit
5. Aktuell/zu erledigen/offene Vorgänge

Wie viele Unterteilungen Sie benötigen, um damit noch den Überblick zu behalten, hängt mit Ihrem individuellen Papieraufkommen zusammen. Und davon, ob Sie Mieter oder Eigentümer sind, selbstständig oder angestellt, mit Kindern oder ohne.

Folgende Handlungsgewohnheiten können helfen, den Papierkram zu beherrschen:

✓ Eingehende Post wird sofort bzw. noch am gleichen Tag geöffnet und entschieden, was damit passieren soll, bzw. in welche Kategorie sie gehört: Infopost, Werbung, Prospekte, Rabatt-Gutscheine für Dinge, die Sie nicht aktuell oder in absehbarer Zeit benötigen (Hundefutter, Windeln – wenn Sie weder Hund noch Kind haben) – sofort in den Müll!

Infopost, Werbung und Prospekte nicht für irgendwann einmal aufheben! Siehe »Strategien und Sofortmaßnahmen zum Stoppen von Maximierung«. Lassen Sie sich nicht mehr von Rabattcoupons zum Kauf animieren!

✓ Rechnungen, die Sie aktiv überweisen müssen, kommen sofort in das entsprechende Ablagefach, Schublade, Mappe etc.

✓ Rechnungen, die als Lastschrift abgebucht werden, kommen zur Kontrolle in die Schublade mit den Kassenzetteln (falls Sie diese idealerweise in Ihrem digitalen Haushaltsbuch eintragen) oder in die Ablagen-Schublade.

✓ Papiere, die Sie aufbewahren müssen, werden idealerweise sofort abgelegt oder kommen in das Ablagefach, in dem Sie die Dokumente dann »im Block« auf einmal in den Ordner heften (ich mache das mal sofort und mal im Block, je nach Zeit und Disziplinlage).

Ordner sind nötig und am idealsten geeignet, um Dokumente (egal ob für die Steuer oder die eigene Ablage) am übersichtlichsten aufzubewahren.

Ich empfehle schmale sowie breite, ganz normale Ordner in ein- und derselben Farbe. Die gibt es jedes Jahr zur gleichen Zeit bei bekannten Discountern für unter einem Euro das Stück, die völlig ausreichen, wenn Sie nicht gerade ein Unternehmen zur Dauerbenutzung damit ausstatten wollen. Widerstehen Sie dem Drang, diese hübschen, sauteuren Deko-Ordner zu kaufen – mit einem oder zweien kommen Sie in der Regel nicht aus und dann gehen die richtig ins Geld, außerdem wird das Ganze wieder viel zu unruhig für Zimmer und Auge!

Kaufen Sie schmale, vorgelochte Trennblätter (wenn Sie mögen in zwei bis drei Farben, die gibt es à 100 Stück im Set) dazu – *kein* alphabetisches Register oder sonst welche komplizierten Differenzierungsideen. Das brauchen Sie alles nicht.

Mit einem gut lesbaren Marker schreiben Sie auf die Trennblätter die gewünschten Untergliederungen, zum Beispiel »Mietvertrag«, »Strom«, »Hausratversicherung«, »Kfz-Steuer«, »Telefon bzw. Internet«, »Krankenkasse« oder »Behörden«, und heften die Verträge und Schreiben dahinter. Wenn Sie mehrere Autos haben, bitte hier innerhalb noch einmal unterteilen, also die jeweilige Kfz-Versicherung (Haftpflicht/Kasko) zu dem entsprechenden Auto sortieren (dazu eignet sich auch gut, eine andere Trennblattfarbe zu nehmen), ebenso bei den verschiedenen Versicherungsarten (jede Police einzeln eingliedern, sonst wird es unübersichtlich). Auf den Ordnerrücken kommen die gleichen Bezeichnungen (Oberbegriffe), wie die der Unterteilungen innen und wir sind fertig! Das ist das ganze Geheimnis.

Aussehen könnte das dann zum Beispiel so wie im folgenden Abschnitt vorgeschlagen. Die Schlagworte in Großbuchstaben sind die Bezeichnungen, die auf das Etikett des jeweiligen Ordnerrückens kommen, die

Etiketten kleben jeweils auf breiten oder schmalen Ordnern, je nach Menge der anfallenden Unterlagen. Die Begriffe darunter bezeichnen die Rubriken, die nicht auf das Etikett des Ordners, aber unter die jeweilige Kategorie gehören und durch Trennblätter unterteilt werden. Die Reihenfolge innerhalb des Ordners kann variieren, das bestimmen Sie.

Ordner 1:

WOHNUNG (oder HAUS, dann werden Sie mehr Unterpunkte haben)
– Mietvertrag
– BK-Abrechnungen (Betriebs-/Nebenkosten-abrechnungen)
– Schriftverkehr

STROM (oder den Namen des Versorgers)
– Vertrag (oder Bestätigungs-Mail vom Vertragsabschluss, mit Konditionen und Kündigungsfristen)
– Rechnungen oder Jahresabrechnungen
– Schriftverkehr

HAUSRAT (Versicherungsart oder Namen der Versicherung draufschreiben)
– Vertrag/Police
– Beitragsrechnungen
– Schriftverkehr

AUTO 1 (Anna oder Bernd oder Kfz-Zeichen ...)
– Fahrzeugbrief

- gegebenenfalls Finanzierungsunterlagen
- Kfz-Versicherung (Haftpflicht und Kasko etc.)
- Kfz-Steuer (Jahresbeitragsrechnungen)
- TÜV-Berichte
- Reparaturrechnungen

AUTO 2 (wie bei Auto 1)

GEZ (Gebühreneinzugszentrale)

Ordner 2:

(Falls Sie nicht alles online abwickeln und noch Bankunterlagen und Kontoauszüge abheften.)

BANK & KONTEN

Bank 1 (Name der Bank/Name des Familienmitgliedes, dessen Konto das ist)
- Vertrag + Freistellungsauftrag
- Schriftverkehr (heutzutage eher selten, und wenn, dann ist es Werbung und kann weg!)

Bank 2 ... (Unterteilungen wie bei *Bank 1*)

GELDANLAGE
Falls Sie in Aktien oder anderen Anlageformen investieren, legen Sie hier Kontoauszüge und Abrechnungen dazu ab oder machen einen extra Ordner auf.

Ordner 3:

ARZT
- Kopien von Befunden (MRT, Labor etc.)
- für Ihre Unterlagen bestimmte Kopien, wie Atteste und Arbeitsunfähigkeitsbescheinigungen

KRANKENKASSE (oder Name der Krankenkasse)
- Vertrag bzw. Meldebestätigung
- Schriftverkehr, wie Anträge auf Kostenübernahme, Bescheide etc.

ÄMTER & BEHÖRDEN
- Meldebescheinigungen (Einwohnermeldeamt)
- Führungszeugnis
- Geburtsurkunde (und sämtliche amtlichen Urkunden: Eheschließung etc.)

KINDERGELD
- Kindergeld-Antrag
- Schriftverkehr

VORSORGE (-VERSICHERUNGEN)

Versicherung A (Name der Versicherungsgesellschaft oder »LV« oder »DV« für Direktversicherung, so, wie Sie am leichtesten von außen erkennen, was drin ist)
- Police
- Schriftverkehr bzw. Beitragsübersichten

Versicherung B ... (Unterteilungen wie bei Versicherung A)

VOLLMACHTEN
- Vorsorgevollmacht
- Patientenverfügung
- Ggf. Testament

Ordner 4:

NOSTALGIE
Hier kommen Dinge rein, die der Entrümpelung ent-
kommen sind: Erinnerungen bzw. Andenken in Papier-
form, wie Karten, Liebesbriefe, Gedichte, die die
Kinder Ihnen geschrieben haben, Theaterkarten, die
Speisekarte der Hochzeit ...

*Wichtig: Richten Sie nur einen Ordner mit
Erinnerungen ein, nicht mehrere!*

· Ich denke, das Prinzip ist erkenntlich geworden. Einen
Ordner benötigen Sie noch für die Steuerunterlagen
des jeweils aktuellen Jahres (die abgeschlossenen
Steuerjahre können ja im Keller aufbewahrt werden).
Am besten machen Sie immer, wenn ein Dokument
oder eine Rechnung kommt, die steuerrelevant ist, sofort eine Kopie davon und heften diese im jahresaktu-
ellen Steuerordner ab. Machen Sie sich einen Vermerk
mit Bleistift auf das Original, dass Sie das bereits
kopiert haben und auf die Kopie ebenfalls (ein durch-

gestrichener Kreis ist das gebräuchliche Zeichen dafür). Ich mache das seit Jahren so und muss dann, wenn der Termin für die Steuererklärung naht, nicht mehr lange Unterlagen zusammensuchen und bin schnell fertig.

Einmal Ordnung in den vorhandenen Wust gebracht, indem man alles kritisch durchsieht, wegwirft, was man nicht aufbewahren *muss*, die jeweiligen Kategorien zunächst auf einen Zettel schreibt, bevor man sinnige Bezeichnungen für die Trennungen und Ordnerrückenbeschriftung findet, und schon hat man ein solides System, welches unkompliziert und leicht handhabbar ist. Da schafft es selbst der ungeübteste Ablage-Laie, den richtigen Ort für die Unterlagen zu finden.

Bei jedem Papier, das neu hereinflattert, fragt meine innere Stimme »Kann ich das sofort erledigen?«, wenn ja, zwinge ich mich dazu, es auch zu tun.

Doch so konsequent man auch in der Handhabung und Abarbeitung von Papier jeder Art ist, es wird immer ein Balanceakt zwischen »gut im Griff« und »wächst mir über den Kopf« sein. Leichter ist das Erstere, wenn man sich feste Termine dafür setzt, sich zum Beispiel jeden Samstag oder Sonntag mit gesetztem Zeitlimit den Schubladeninhalten widmet und nicht erst, wenn man sie nicht mehr zubekommt. Aber hat man ein Wochenende was vor, ein Fußballspiel der Kids oder die Radtour mit dem Partner – schon gerät das System ins Wanken ... Da können noch so viele Ratgeber und elektronische Hilfsmittel erscheinen – am Ende liegt es doch immer am Menschen selbst, mit all seinen organisatorischen und persönlichen Stärken und Schwächen.

Ich kann Ihnen hier nur ein Angebot machen und Handhabungen vorstellen, mit denen ich seit etlichen Jahren in den unterschiedlichsten Lebensphasen gut zurechtkomme und vielleicht hilft es ja auch Ihnen, Ihren Alltag zu erleichtern.

Fotos und Bilderalben

Das ist für viele eine Kategorie, die zwar oft im Zusammenhang mit dem Entrümpeln ins Auge gefasst wird, aber nicht selten komplett unangetastet oder auf gleichem Bestandsniveau bleibt. Das kann ich absolut verstehen und Sie werden von mir auch nicht hören, dass Sie hier mit Eifer und starkem Willen zur Reduzierung ausdünnen sollen.

Ich werde Ihnen sagen warum: Wenn Sie in einem Alter sind, in dem Sie bereits einiges erlebt haben, genauso wie ich es im ersten Kapitel schrieb, mit Kind und Kegel, Reisen, Hochzeit(en), Trennung(en), Hausbau oder dergleichen, dann haben Sie die Erinnerungen zwar im Herzen, aber kaum noch bildlich vor Augen. Die verblassen im Laufe der Zeit und kommen erst in einem späteren Alter allmählich wieder hoch. Und Sie haben auch mehr als nur digitale Bilder. Es geht um die entwickelten Fotos. Und wenn Sie diese jetzt durchgucken, entscheiden Sie mal, welche Sie wegwerfen! Fotos von sich selbst, zu Zeiten der 80er oder 90er in den lustigen Klamotten, dem schultergepolsterten Blazer und mit Dauerwelle? Fotos von Urlauben mit der ganzen Familie oder mit Ihren Schulfreunden drauf? Oder die Fotos von der Oma, die nicht mehr lebt, die Sie aber so gernhatten? Klar, da gibt es mehrere, aber die sind alle gut gelungen und nicht unscharf. Welches Bild kann weg? Das, wo die Oma nach links oder das, wo die Oma nach rechts guckt?

Meine Generation hat noch dicke Schubkästen voll entwickelter Fotos. Ich habe sie zu Hunderten, in diesen Klappalben, die recht schmal und gut aufzubewahren sind. Aber oft ist es einfach ein Platzproblem oder es stört einen, weil die Fotos vielleicht nicht geordnet oder überall verteilt sind.

In manch einer Phase des Entrümpelungswahns müssen Sie wachsam sein, um nicht in einem Überschwang alle Ihre bildlichen Beweise einer früheren Existenz zu vernichten! Vielleicht bereuen Sie erst einmal nichts. Aber der Tag wird kommen, an dem Sie mit Ihren Kindern oder Freunden oder mit der Familie zusammensitzen und von früher erzählen und Sie witzige Fotos zeigen wollen, wie bescheuert wir einmal aussahen und wie Sie damals beim Fasching die Biene Maja sein mussten, nur weil die Mutter kein Willi-Kostüm auf die Kette gekriegt hat – aber Sie haben die Fotos allesamt entsorgt, weil Sie sich in der Zeit grad nicht mochten oder weil Sie sich auf dem Minimalismus-Trip befanden!

Stellen Sie sich eine Frage: Wenn Sie aus irgendwelchen Gründen oder im Alter, ohne Vorkehrungen treffen zu dürfen, sofort in ein einziges Zimmer umziehen müssten, was würden Sie mitnehmen bzw. nicht wegschmeißen, wenn für den Basis-Lebensunterhalt und für Kleidung gesorgt wäre? Oder: Was würden Sie sich bei Feueralarm noch schnell unter den Arm klemmen, wenn Ihre Kinder in Sicherheit sind? Wohl kaum die Designer-Highheels – oder etwa doch?

Wenn Leute nach einem Brand ihrer Wohnung oder des Hauses interviewt werden, dann hört man unisono die Aussage, dass sie zwar am Rande des finanziellen Ruins stehen, aber am allermeisten bedauern, dass die Fotos und damit die bildlichen Erinnerungen verbrannt sind.

Ich sage nicht, dass man – wenn viele Papierfotos existieren – alles aufheben muss. Dass man die verschwommenen oder nichtssagenden Bilder von irgendeiner Schwarzweißlandschaft mit unkenntlichen Punkten drauf, die heute keine emotionale Bedeutung mehr für uns haben, aussortieren soll, ist ja klar. Und die, die einem beim Anschauen weh tun oder Wunden aufreißen, kann man ebenfalls wegwerfen. Es geht um die, die uns berühren und erfreuen, die uns zum Lachen bringen und die auch nach einer Qualitäts- und Gefühlsprüfung noch übrigbleiben.

Wägen Sie für sich ab, wann es zeitlich überschaubar Sinn macht, an das Projekt »Fotos und Alben« zu gehen und disziplinieren Sie sich, nicht zu verweilen, sondern zügig durchzukommen.

Dann gibt es zwei Möglichkeiten, die übriggebliebenen Fotos aufzubewahren. Die eine: Sie kaufen sich im

Drogeriemarkt oder online diese schmalen Fotoein-steckalben, am besten alle in einer dezenten, neutralen Farbe und hochkant, die es in verschiedenen Fotogrößen (9×13, 10×15 oder 13×18) und von achtzig bis dreihundert Fotos gibt. Umso mehr Fotos hineingesteckt werden, desto breiter wird der Rücken. Ich habe die schmalen, die kann man dann jeweils immer entgegengesetzt nebeneinander in die Schublade oder aufrecht in den Schrank stellen, das spart enorm Platz.

Die zweite Möglichkeit: Sie nehmen einen sauberen Schuhkarton, kleiden ihn mit vorhandenem Geschenkpapier oder anderem Material aus und legen die Fotos, die Sie als behaltenswert betrachten, ohne Sortierung dort hinein. Sie können natürlich auch eine hübsche Kiste kaufen, aber wir bemühen uns ja, nicht mehr Geld auszugeben als sein muss.

Was ich ansonsten dazu raten würde, kostet Zeit, aber die habe ich mir vor Jahren schon genommen, weil es mir wichtig war: Sie können Fotos bzw. die Negative in der höchsten Auflösung, die Ihr Gerät hergibt, einscannen. Das funktioniert bei Negativen mit einem dafür vorgesehenen Negativscanner, den es für unter zwanzig Euro gibt, hervorragend und dauert nicht lange.

Wenn es Ihnen genügt, Fotos in digitaler Form zu haben, könnten theoretisch die Papierfotos viel stärker aussortiert werden. Nur, wenn Sie die eingescannten Bilder dann einmal spontan anschauen wollen, fährt man meist dafür den PC nicht hoch und schließt die externe Festplatte an. Der Griff zum Album mit ausgewählten Schnappschüssen geht da schneller. Daher ist es möglicherweise auch eine gute Idee, ein Foto-buch zu gestalten und sich in Papierform zuschicken zu lassen. Daran hat auch die ältere Generation ihre Freude.

Für digitale Bilder möchte ich Ihnen Folgendes empfehlen: Wenn Sie es sich nicht bereits angewöhnt haben, sollten Sie alle Ihre Fotos und wichtigen Datei-en auf dem Handy und im PC in regelmäßigen, *kurzen* Abständen durchsehen und extern sichern, da es durchaus vorkommt, dass ein Defekt auf der Speicher-karte oder auch ein Einbruch oder Diebstahl dazu führt, dass Fotos verschwinden.

Wer nur in der Cloud speichert oder auf dem loka-len PC, der läuft Gefahr, bei einem Crash oder Spei-cherfehler (sei es durch Sie oder technisch bedingt) alle Fotos zu verlieren! Meiner Freundin ist das kürz-lich passiert, dass sämtliche Fotos in der Cloud aus Versehen durch sie selbst gelöscht wurden, und sie hatte keine Sicherungen gemacht. Über dreihundert Fotos waren futsch!

Löschen Sie, so häufig es geht, zwischendurch al-les, was überflüssig ist oder die Massen an unnützen Videos und Scherzbildchen. Alle Fotos, die bleiben sollen, empfehle ich, zeitnah auf einer externen Fest-platte (mit vorausschauend großer Speicherkapazität) zu sichern. Am besten mit »Spiegelung« auf einer zweiten Festplatte, falls die eine kaputtgeht, was selten ist, aber vorkommen kann.

Ich gehe dabei sogar noch tiefer: Da *mich persön-lich* im Falle eines Brandes ein Komplettverlust meiner Erinnerungen, vor allem aber der Fotos meiner Kinder und der gemeinsamen Urlaube, am allermeisten schmerzen würde, bin ich bei dem Thema eine absolute Sicherheitsfanatikerin. Wenn der gesamte Hausstand abfackeln würde, selbst meine Lieblingsklamotten, wäre mir das alles egal. Hauptsache meine ganz privaten Dinge, wie Fotos und mir wichtige, eingescannte Dokumente, sind noch da. Aus diesem Grund habe ich eine Sicherungskopie, die ich regelmäßig gegen die neueste austausche, nicht bei mir selbst zu Hause, sondern an einem anderen sicheren Ort. Das ist das Einzige, wofür ich ein wenig Aufwand betreibe, aber da ich meine angewandte Technik im Ablauf perfektioniert habe, ist das zeitlich kein Thema. Ich bin beruhigt und das ist das Wichtigste für mich.

Noch ein Hinweis: Meist lässt man sich Fotos von gemeinsamen Unternehmungen oder Ereignissen dutzendfach per WhatsApp zusenden. Jedoch sind Fotos, die Sie von anderen per WhatsApp geschickt bekommen, qualitativ nicht zur Entwicklung geeignet, da sie in der Größe unter zwanzig Kilobyte sind. Wenn Sie damit mehr machen wollen, als es sich nur auf dem Handydisplay anzusehen, dann benötigen Sie das Original von dem, der das Foto geschossen hat. Nur dann lohnt es sich, es aufzubewahren oder zu entwickeln.

Keller, Dachboden, Schuppen

Dieser Abschnitt kann nur allgemein behandelt werden, ohne allzu sehr in die Details zu gehen, da der Gerümpelbefall hier von »gut sortiert« bis hin zu »kein Platz mehr, um einen Fuß vor den anderen zu setzen« reicht.

Die Überschreitung der Grenze zum Messie-Syndrom einmal außen vorgelassen, sehen die Keller und Dachböden auch bei auf den ersten Blick aufgeräumten Menschen und ihren Behausungen oft aus, als wären sie für jede Eventualität gerüstet: Plötzlich eintretenden Weihnachtsdeko-Notstand bei sechs Wohnungsparteien können sie spielend auffangen oder bei Schließung des ortsansässigen Baumarktes der ganzen Nachbarschaft mit Bohrmaschine, Elektrosäge, Laubbläser und Eisenwaren, wie Schrauben, Schellen etc. aushelfen. Als Mann braucht man sowas wohl genauso wie man als Frau scheinbar Frühjahrs-, Oster-, Karnevals-, Herbst-, Halloween-, Weihnachts- und Zwischendurch-Dekoration braucht. (Außer mir.)

Ach so, und natürlich all die aussortierten Kleidungsstücke, die es nur bis in den Keller geschafft haben und bei denen der Weg *aus dem Haus* nicht konsequent umgesetzt wurde oder in die man wieder reinhungern will.

Oder das Hochzeitskleid, welches seit zwanzig Jahren als Andenken im Schrank verrottet, weil man es doch auf keinen Fall direkt wieder zu Geld machen konnte. Warum eigentlich nicht? Wozu heben Sie das auf? Werden Sie das noch einmal tragen? Eher nicht, oder? Ist der Mann dazu überhaupt noch unter Ihrer Adresse gemeldet? Nein? Aber das Kleid. Und gerade Hochzeitskleider sind nicht besonders platzsparend!

Wer in Nostalgie schwelgt und sich an Vergangenem festklammert, für den ist das wie ein Stich ins Herz, Dinge, die mit einem emotionalen Ereignis verbunden sind, loszulassen. Obwohl ja die Dinge nicht das Ereignis sind, sondern nur ein Vehikel, in das man etwas hineininterpretiert, was eigentlich tief in einem selbst wohnen sollte. Schöne Erlebnisse, glückliche Tage und was man währenddessen fühlte, bleibt auch im Herzen erhalten, wenn man die materiellen Dinge außen herum freigibt. Aber wir können das schlecht voneinander trennen. Nur mithilfe des Verstandes geht das.

Es kann leichter fallen, wenn Sie das jeweilige Teil, egal ob Kleidungsstück oder Gegenstand, fotografieren und es so doch irgendwie bewahren.

Diese Methode, Fotos von geliebten Dingen zu machen, eignet sich auch prima für Erinnerungsstücke, Basteleien und Exponate, die die Kinder kreiert haben.

Ein paar besonders gelungene Stücke oder geschriebene Geschichten, Gedichte, Malereien, tolle Bilder – also keine sperrigen Dinge – habe ich selbstverständlich aufbewahrt, eingescannt und in Klarsichtfolie in den Nostalgie-Ordner geheftet. Aber immergleiche Kritzeleien, aus Pappschachteln gebaute Ungetüme, Knetmännchen, Schlangen aus diesem aufquellenden Maiszeugs, selbst gebastelte Laternen für den Martinszug vor mehr als einem Dutzend Jahren ... für das alles genügen Fotos, am besten von den Ereignissen oder Bastelorgien selbst!

Schaffen Sie das absolut nicht? Zieht sich Ihr Magen krampfartig zusammen, bei dem Gedanken, diese Dinge oder das Hochzeitskleid oder Ihre erste Babywiege wegzugeben? Dann sollten Sie in dem Augenblick nichts erzwingen, wobei Sie sich nicht wohlfühlen, sondern sich – wie beim Thema Kleidung erwähnt – noch einmal mit den richtigen Fragen der **QF-Methode** beschäftigen. Finden Sie heraus, warum Sie derart festhalten, warum Sie so an vergangenen Dingen haften, denn das herauszufinden, ist eminent wichtig, um sich nicht noch länger zu blockieren. Vorwärtskommen und im Leben Neues entdecken geht nur, wenn Sie Platz für neue Energien schaffen und nicht, wenn Energien in Altlasten gebunden sind!

In dem Kapitel »Leichter und ohne Reue loslassen« gibt es zusammengefasst einige Hilfestellungen und entsprechende Fragen dazu, wie Sie es schaffen, leichter loszulassen.

Und – natürlich ist Weihnachtsdeko schön und wichtig, jedoch nicht tonnenweise! Ja, ich habe natürlich auch Weihnachtsdeko, aber keine Zwischenjahreszeit-Deko, weil ich das einfach nicht brauche und nicht meine Zeit mit Hin- und Herräumen von Kränzen und Figürchen verbringen will. Das ist sehr befreiend, denn ich merke an Weihnachten, wie anstrengend das ganze Raus- und Reinverfrachten ist und ich bin so viel schneller fertig mit Staubwischen. Doch jedem so, wie er mag!

Meine Empfehlung, im Keller übersichtliche Stauräume zu schaffen, basiert einzig auf der Aussage: Das Ei des Kolumbus sind durchsichtige Plastikkisten! Sollen von mir aus die Bastkörbchen- oder Pappkartonvertreter oder Anti-Plastik-Demonstranten aufschreien – es gibt ja auch schon PET-freie Modelle.

Jedenfalls sind die durchsichtigen Plastikboxen aus dem schwedischen Einrichtungshaus mit der weltbekannten Hackbällchenspezialität in einer angebrachten Größe ideal, um direkt von außen zu sehen, was sich darin verbirgt! Ein günstiges Metallregal aus dem Baumarkt an die Wand gestellt (oder auch zwei), die Kisten hineingeschoben und Kleinkram, wie Gardinenzeugs, Ersatzlampen, kleines Werkzeug eben in niedrigere Kisten gepackt: fertig.

Wer die Möglichkeit und Kellerhöhe hat, Schränke im Keller aufzustellen, muss aufpassen, denn geschlossene Schränke im Keller sind *nicht* dasselbe wie geschlossene Schränke in der Wohnung! Einfach deshalb, weil man im Keller mehr Dinge hat, die man nicht täglich braucht, manchmal Monate oder sogar Jahre nicht, und man sie einfach vergisst. Daher machen sich hier durchsichtige Kisten besonders gut. Sie müssen nicht mehr jede herauszerren, wenn Sie etwas benötigen, sondern Sie sehen es auf einen Blick! Vorausgesetzt natürlich, Sie haben es vorher dementsprechend geordnet.

Erforderlich dafür ist, dass man den Inhalt seines Kellers oder Dachbodens erst kritisch aussortiert und sich ernsthaft fragt: »Brauche ich das wirklich?«, »Benutze ich es regelmäßig?«, oder »Hebe ich es nur auf, für den Fall, dass ...?«

Die Frage »Macht mich das glücklich?«, hilft hier übrigens genauso wenig wie in anderen Bereichen. Glücklich macht mich weder die Bohrmaschine, noch der Fahrradhelm, aber beides ist nützlich bis lebenswichtig. Die Bohrmaschine unter anderem, um im Kinderzimmer die Schränke festzumachen, damit sie nicht umkippen und keine Gefahrenquelle darstellen. Und Ersatzgardinenhalterungen (Plastikrollen) machen mich auch nicht glücklich, sind aber nützlich, wenn mir wieder einmal eine beim Waschen abhandengekommen und im Nirwana meiner Waschmaschine verschwunden ist. Mit Socken ist mir das noch nie passiert. Die machen mich aber zuweilen glücklich, da ich ständig Eisfüße habe.

Königsdisziplin Kleiderschrank

Wie Sie das richtige Maß finden und eine Ordnung, die einfach umzusetzen ist

Kleidung ist in meinen Augen gerade *nicht* die leichteste Kategorie! Es mag für andere einfach sein, schnell und anhand der folgenden Fragen zu entscheiden, ob etwas wegkann oder nicht:

»Löst das Teil Freude in mir aus? Macht es mich glücklich?« *(Hatten wir ja bereits.)*

Diese Fragen stellen sich bei vielen Frauen einfach beim Thema Kleidung nicht!

»Was empfinde ich, wenn ich das Teil sehe, anfasse, trage?«

Ob Sie ein Teil mögen oder nicht mögen, das wissen Sie in der Regel schon, wenn Sie es vor Ihrem geistigen Auge sehen, dazu müssen Sie es noch nicht einmal anfassen.

Sich nur diese Fragen zu stellen ist zu oberflächlich, nicht zielführend und birgt ein enormes Potenzial, eilig getroffene Entscheidungen alsbald zu bereuen. Gerade Bekleidung nimmt bei vielen Frauen einen hohen, auch emotionalen Wert ein und stellt oft die größte Schwachstelle im Konsumverhalten dar.

Deshalb halte ich das Thema Kleidung auch nicht für die Kategorie, mit der Sie beginnen sollten, ganz einfach, weil sie erfahrungsgemäß am längsten dauert (mit Ausnahme des Kellers vielleicht), falls Sie einen annähernd so prall gefüllten Schrank haben, wie ich ihn hatte.

Wenn ich in manchen Videos sehe, dass Damen, die einen Aufräum-Coach gebucht haben, am Ende so verblüfft sind, wie einfach und wie befreiend das Entrümpeln doch war, fällt mir immer auf, dass ihre Kleiderschränke gerade einmal so groß sind wie bei anderen Frauen der Garderobenschrank. Oder wie bei mir ein einziges Schrankelement. Ich frage mich dann, ob da tatsächlich ein »Kernproblem« vorlag. Und wenn dann die ganze Wohnung im Vorher-Nachher-Schnitt bereits kurz nach der Ausmistaktion top aufgeräumt aussieht, sollten Sie sich das lieber nicht zum Maßstab und als Motivationsgrundlage nehmen!

Das A und O ist sowieso – Sie wissen es –, sich vorher mit der **QF-Methode** klargemacht zu haben, wo der eigene Casus knacksus liegt und warum man den Kauf als Ersatzbefriedigung praktiziert.

Wenn Sie andererseits *einfach nur so* aufräumen und entrümpeln wollen und glauben von *keiner* Kategorie stets zu viel zu kaufen, um irgendetwas zu kompensieren, dann Glückwunsch! Da fällt Ihnen das Folgende ja nicht allzu schwer.

Zwei Aufräummöglichkeiten im Vergleich

Ich beanspruche für mich nicht, das Rad neu erfunden zu haben, sondern ich vergleiche für Sie verschiedene Vorschläge und biete Ihnen meine bevorzugten an, aus denen Sie sich das für Sie am besten Geeignetste herausuchen können. Im Folgenden stelle ich zwei unterschiedliche Herangehensweisen vor.

1. Pro Kategorie aufräumen?

Diese Vorgehensweise ist meiner Meinung nach bei Kleidung kaum angebracht. Warum?

Unter einer gewissen Schrank- und Volumengröße an Kleidung (so bis maximal 2 m × 2 m), können Sie die »Alles-raus-aus-dem-Schrank-und-auf-einen-Haufen-sammeln-Methode« probieren. Bis zu welcher Wohnungsgröße das funktioniert, lässt sich nicht sagen, denn es ist ja möglich, dass Sie zwar auf vierzig Quadratmeter wohnen, aber Ihr Schrank ein Zimmer füllt.

Alle Dinge einer Kategorie, also die gesamte Kleidung, die Sie haben, zusammenzutragen, ist nur sinnvoll, wenn Sie dann noch durchblicken und ein Ende absehbar ist. Das ist je nach Einzelfall zu entscheiden.

Nehmen wir an, Sie wählen diese Variante: Wenn nun alle Kleidung ausgeräumt ist und auf einer Stelle liegt, sollten Sie zunächst den Schrank auswischen. Wenn Sie keine größere Ablagefläche haben, die in etwa auf Bauchhöhe ist, wie ein Sideboard oder eine breitere Kommode, dann stellen Sie sich zum Beispiel Ihr Bügelbrett in Reichweite auf, damit Sie die Teile, die wieder in den Schrank wandern, glatt zusammenlegen können. (Das Bett liegt ja bei dieser Variante voll mit Klamotten).

Nun wühlen Sie unter dem gesamten Stapel jeweils alle Kleidungsstücke, die derselben Kategorie angehören hervor, Top zu Top, Shirt zu Shirt etc. und entscheiden: Behalten? Ja oder Nein. Oder Sie nehmen von oben nacheinander die Teile in die Hand, entscheiden und verteilen sie nun auf die freien Flächen im Schrank. Hm, nur wohin? Wie viel kommt noch, von der jeweiligen Kategorie? Tja, das ist auch ein Grund, warum das »Haufen-Prinzip« nicht funktionieren *kann!*

Verfechter der »KonMari-Methode« könnten jetzt einwenden, dass sie ja sagt, man solle deshalb einen zweiten Haufen, nämlich den »Behalten-Berg«, machen und erst, wenn alles entrümpelt ist, die Kommoden und Schränke mit dem, was bleibt, befüllen. In der Praxis hieße das: Je nachdem, wie lange der Entrümpelungsprozess bei Ihnen dauert, haben Sie dann währenddessen *zwei* Riesenberge im Schlafzimmer herumliegen, auf die Sie womöglich treten oder über die Sie klettern müssen. Und, wie erwähnt, bei den großen Mengen, die viele Frauen besitzen, dürfte die Version absolut nicht durchführbar sein!

Ich muss doch vorher erst einmal insgesamt wissen, wie viel am Ende wovon wieder eingeräumt werden muss. Sonst bin ich ununterbrochen dabei, die bereits in den Schrank gelegten Teile wieder umzuräumen, weil der ursprünglich angenommene Platz nicht der geeignete war. Hinzu kommt, dass die meisten von Ihnen aufgrund von räumlichen Gegebenheiten nicht alle Kleidungsstücke im selben Zimmer unterbringen können.

Dann verlangt diese Methode viel Vorstellungskraft, wie die Dinge umverteilt werden könnten ... Zur Erinnerung: Ich habe das Buch von Marie Kondo gelesen und bin zu der Meinung gelangt, dass es einfach nicht für diejenigen geschrieben ist, die ein *wirkliches* Problem mit dem Übermaß an Dingen haben, nicht nur ein *gefühltes*.

Fazit: Ich konnte mich mit der Variante »Alles ausräumen« nie anfreunden. Erstens, weil ich wie gesagt so viel hatte, dass ich kein Land hinter dem Meer von Klamotten gesehen hätte und zweitens, weil ich es besser finde, zuerst zu wissen, was wieder eingeräumt werden soll, um den Platz abzuschätzen ... und das gelingt mir mit einer anderen Vorgehensweise viel eher:

2. Abschnittweise vorgehen!

Abschnittweise vorzugehen ist sehr praktisch! Wie ich anfangs betonte, richte ich mich vor allem auch an diejenigen, die wirklich einen Grund zum Aussortieren und Reduzieren haben. Die nicht nur *gefühlt* mehr als nötig, sondern auch *tatsächlich* so viel Auswahl haben, dass sie wochen- oder gar monatelang jeden Tag etwas »zum ersten Mal« anziehen können.

Ich habe das schon gesehen – im Büro hatte ich Kolleginnen, die ein ganzes Jahr lang vielleicht mal eine einzige Hose oder das eine oder andere Oberteil öfter anhatten, aber in konstanter Regelmäßigkeit sah ich ständig Teile an ihnen, die ich vorher noch nicht gesehen hatte. Meistens waren das auch neue Errungenschaften, wie sie gern zugaben. In einem gewissen Stadium der Bedürfnisbefriedigung durch Konsum ist man ja noch stolz auf das, was man sich am laufenden Band neu kauft. Es muss, wie bei allem, was süchtig gemacht hat, erst im Kopf ankommen und – da sind wir wieder – bei der Ursache der Ersatzbefriedigung geforscht werden.

Bei einer Menge, die nicht kategorienweise zu bewältigen ist, hat sich meiner Erfahrung nach bewährt, sich jedes Schrankelement oder eine Schrankseite oder das Zimmer etappenweise vorzunehmen. Wenn Sie mehr Schrankböden (meistens sind sie 80 oder 100 cm breit) als Schubladen haben, sind Ihre Shirts und Pullover wohl eher gestapelt (es sei denn, Sie sind dem Mantra von Marie Kondo erlegen und haben nur noch gerollte Kleidungswürste im Schrank).

Bei dieser Vorgehensweise würde der Prozess so aussehen: Nehmen Sie Stapel für Stapel nacheinander oder auch mal zwei Fächer gleichzeitig heraus und beginnen Sie damit, jedes Teil in die Hand zu nehmen und beispielsweise nach folgenden Punkten zu untersuchen:

✓ Mag ich das Teil generell? (Stoff, Farbe, Schnitt)
✓ Passt es mir? Fühle ich mich darin wohl? (Wenn Sie das ad hoc nicht wissen, ziehen Sie es an, dann spüren Sie es.)
✓ Wenn ich es länger nicht anhatte: Ziehe ich es ab heute an, wenn es zum Anlass passt (Job, Freizeit, Lümmeln, Ausgehen)?

✓ Wenn ich das Teil megaschön finde, es im Prinzip sofort gern anziehen würde, es nur noch niemals anhatte, weil ... Dann stellen Sie sich bohrende Fragen nach der **QF-Methode**:
- Warum hatte ich es nicht an?
- Ist es mir zu schade? Will ich es schonen? Habe ich Angst, dass es kaputtgeht?
- Vielleicht weil es so teuer war und ich nur eins davon habe?
- Ist es nur für einen bestimmten Anlass und nicht für den Alltag geeignet?
- War der Anlass noch nicht da?
- Welcher Anlass könnte es sein? (Tanzen, Ausgehen, Sport machen etc.)
- Warum war er nicht da?
- Wäre ich überglücklich, wenn der Anlass sofort eintreten würde?

Wenn Sie alles verneinen, dann gibt es keinen Grund dafür, das Teil wieder zurück in den Schrank zu legen. Wenn Sie dennoch daran festhalten (etwa weil es so teuer war), dann dauert es halt noch eine Weile und ein paar Weiterentwicklungsschritte des Loslassen-Könnens. Akzeptieren Sie es! Oder zwingen Sie sich zur Überwindung (klappt meist eh nicht). Besser ist es, Sie nehmen es zur Kenntnis, dass Sie das Teil stellvertretend für irgendetwas anderes in Ihrem Leben festhalten wollen. Finden Sie allmählich heraus, was es ist! Mehr Möglichkeiten gibt es nicht.

Ob Sie das Kleidungsstück *glücklich* macht oder nicht, steht dagegen nicht zur Debatte. Wen macht eine

Hose, auch wenn sie gut passt oder einen tollen Hintern macht, glücklich? Wenn Sie unzufrieden oder unglücklich sind, kann daran auch kein Kleidungsstück etwas ändern! Stellen Sie die *sinnvollen, zielführenden* und *zweckentsprechenden* Fragen. Das bringt Sie weiter und wirkt langfristig.

Von mir aus bedanken Sie sich bei den Stücken, von denen Sie sich trennen, wenn Ihnen das beim Loslassen hilft. Und dann ab damit in die vorgesehene Entsorgungskategorie.

Mit jeder Entscheidung gegen ein Teil fällt das weitere Loslassen zunehmend leichter!

Irgendwann sind Sie richtig stolz auf sich selbst, das kann zu einem regelrechten Rausch werden. Aber Achtung – wenn Sie wieder zu sich kommen und das Zeug noch in Reichweite steht, werden Sie mitunter rückfällig und das eine oder andere landet wieder im Schrank.

Vorsicht falsche Frage – und die verzwickte Sache mit dem Kleidungsstil

Nehmen Sie nun Teil für Teil in die Hand ... und jetzt wird's individuell ... Meiner Erfahrung nach ist das falscheste Kriterium das folgende: »Was ich ein halbes oder ein ganzes Jahr nicht getragen habe, kann weg!« Das ist für viele Frauen nicht der richtige Weg! Es sei denn, Sie fanden das Teil schon immer scheußlich.

Aber dann hätten Sie ja auch keine Schwierigkeiten, es wegzutun. Die meisten Frauen haben jedoch ein Problem damit, sich von Kleidung zu trennen und ich garantiere Ihnen: Wenn Sie bis dahin Ihre Kleidung stets gehegt und gepflegt haben – egal wie viel sie hatten –, und wenn gerade der ständige Kleidungskauf und eine unterschwellige Unzufriedenheit mit Ihrem Leben Ihre Hauptschwachstelle ist, dann sollten Sie tunlichst nicht nach dem Kriterium vorgehen »alles weg, was Sie seit einem halben oder einem Jahr nicht getragen haben«.

Warum? Ich kann Ihnen das anhand einer Geschichte zeigen, die so oder so ähnlich auf einige von Ihnen zutreffen könnte.

In meiner Teeniezeit zog ich früher viel mit meiner Sandkastenfreundin Ramona um die Häuser, doch als sie damals mit ihrer Familie über Ungarn versuchte, »in den Westen« zu kommen, hörte ich nichts mehr von ihr und sämtliche Recherchen blieben erfolglos. Erst über mehrere Ecken fanden wir uns vor sieben Jahren wieder und sind seitdem in regem Kontakt. Irgendwann unterhielten wir uns auch über das Thema Entrümpeln und Ballast. Nach einer Weile berichtete sie mir dann zögerlich von ihrer Leidensgeschichte, die sich während der Zeit unserer Funkstille ereignet hatte. Ihr war es unangenehm, darüber zu erzählen, aber sie wollte auch, dass ich ihr Beispiel in diesem Buch erwähne, weil es vielleicht anderen helfen könnte.

Ramona war schon früher das, was man einen »heißen Feger« nennt und ist mit ihren 46 Jahren eine hübsche, intelligente Frau und – mit einer gut proportionierten Figur – eine attraktive Erscheinung. Wie die meisten Frauen war auch sie nicht ganz mit ihrem Äußeren zufrieden, aber das war nicht das entscheidende Problem. Sie kleidete sich ordentlich und sah immer gepflegt aus. Aber was ist dann der Grund, warum ich das hier erzähle? Auch wenn Ramona mit nur einem Koffer voller Kleidung an ihrem ersten Zielort in der neuen Heimat ankam, wuchs ihr Kleidungsbestand innerhalb kurzer Zeit auf Monstergröße an.

Als sie knapp zwanzig war, ließ sie sich von einem Schreiner einen Schrank anfertigen, der 3,60 Meter breit und 2,50 Meter hoch war. Darin befanden sich dann fast ausschließlich Klamotten, an denen man nur noch hätte ein Preisschild anbringen müssen, um sie direkt wieder zu verkaufen. Es gab einfach so viel von allem, dass nichts verwaschen oder ausgeleiert war. Selbst die Jogginghosen waren ohne jegliche Gebrauchsspuren.

Unnötig zu erwähnen, dass meine Freundin nicht einmal zehn Prozent davon trug. Die Frage ist: Warum? Nicht, weil es zu klein, zu groß, lang, kurz oder gar hässlich oder unmodisch gewesen wäre – nein, im Gegenteil! Sie mochte gerade die Teile am liebsten, die sie nie oder nur ganz, ganz selten trug. Wenn sie zum Beispiel mit Freunden zum Tanzen ausging oder zu einem Anlass, auf den sie sich freute, dann zog sie Klamotten an, die man oft monate- oder jahrelang nicht an ihr gesehen hatte und in denen sie so verändert wirkte, dass keiner, der sie nicht kannte, die beiden Personen in Verbindung gebracht hätte. Sie war dann wie ein Schmetterling, der sich aus seinem Kokon befreit hatte, es war nicht nur, dass sie wie ein anderer Mensch aussah, sie *fühlte* und *benahm* sich auch anders. Im Arbeitsalltag sah sie dagegen *grau* aus. Sie trug zwar gepflegte und ordentliche Kleidung, aber es waren alles Stücke, die sie eigentlich überhaupt nicht mochte, ja von denen sie sogar wusste, dass sie unvorteilhaft an ihr wirkten. Die Kleidung unterstrich ihre depressive Stimmung und sie wusste das auch insgeheim. Warum machte sie das? Warum zog sie sich für ihren Job extra hässlich an?

Weil sie kreuzunglücklich war. Die Kleidung, die sie im Job trug, war nicht an sich hässlich, aber für Ramona war sie falsch. Sie musste sich nicht nur jeden Tag überwinden und zwingen, eine Arbeit zu tun, die sie anödete und unterforderte, sondern sie fühlte sich gefangen in einer Tretmühle, aus der sie keinen Ausweg fand. Auch im Privatleben gab es Bereiche, die verbesserungswürdig waren. Oft fühlte sie sich einsam und verloren.

Ramonas Stimmung sank mit der Energie der Kleidung in den Keller und umgekehrt. Um sich vermeintlich glücklicher zu fühlen, kaufte sie und kaufte, ein zwanghafter Vorgang, der ihr das Gefühl suggerieren sollte, dass sie sich etwas Gutes tat. Die Sachen wurden dann aber nicht oder äußerst selten angezogen, weil das Leben halt zum größten Teil aus Alltag besteht und der Alltag war der Job, der sie deprimierte: ein Kreislauf.

Immer wieder wollte sie aussortieren, es gab Phasen, in denen der Drang zum Fokussieren auf das Wesentliche – zumindest an Kleidung – ganz stark wurde.

Bei anderen Gegenständen funktionierte das einigermaßen, aber bei der Kleidung kam der Vorgang immer wieder ins Stocken. Der Kleiderschrank wurde oft sogar mehrmals im Monat stundenlang aus- und wieder eingeräumt. Aber die aussortierten Teile füllten nicht einmal eine Kiste, geschweige denn Säcke. Alles war wie neu, alles passte, es gab für sie schlicht und einfach nichts wegzuschmeißen!

Was trägt mein neues Ich?

Warum habe ich die Geschichte erzählt? Weil sie vielleicht auch ein bisschen *Ihre* sein könnte? Möglicherweise. Aber auch weil sie zeigt: Wenn man nicht weiß, was man will, wenn man nicht weiß, wer man ist oder sein will, wenn man nicht weiß, was man mit seinem Leben anfangen und in welche Richtung ändern will und was man selbst ändern kann, dann weiß man oft auch nicht, welcher Kleidungsstil zu einem passt. Wie soll man das wissen, wenn man keine Ahnung hat, was man »darstellen« oder »ausdrücken« will? Und wenn man ratlos ist, worin der eigene Lebenssinn bestehen könnte ...

Wenn man einsam ist und sich für nichts richtig begeistern kann, dann hat man oft auch keine klare Meinung, was seine materiellen Dinge betrifft.

Da die Kleidung nicht nur eine enorme Außenwirkung hat, sondern auch die eigene Identität, die Persönlichkeit ausdrückt und unterstreicht, ist man wie ein Fähnchen im Wind, wenn es darum geht, sich zu entscheiden oder herauszufinden, was der eigene Stil nun sein soll. Indirekt spüren wir, wenn sich jemand verkleidet, so tut, als wäre er das, was er trägt oder als würde er sich andererseits verstecken.

Warum ist das so?

Einen persönlichen Stil, der echt und nicht aufgesetzt ist, der mit dem, was ich bin und sein will, im Einklang ist, den kann ich erst finden, wenn ich mit mir, so weit es geht, im Reinen bin. Wenn ich weiß, wo ich im Leben stehe, wo es hingehen soll und was das Wichtigste ist: Ich muss es in der Hand haben! Das heißt, ich muss das Gefühl haben, dass ich etwas bewirken kann, dass ich das tue, was ich bewusst so und nicht anders entscheide, weil ich es tun will, nicht weil jemand anderes es von mir verlangt.

Wenn ich wie ein Spielball von meiner Umgebung hin- und hergeschubst werde, weil ich selbst zu (entscheidungs-)schwach oder schwankend bin, wenn ich mit mir und meinem Leben dermaßen unzufrieden bin, dass ich den unbändigen Drang habe, alles was mich ablenkt oder meinen Fokus stören könnte, zu entsorgen oder wenn sogar militanter Minimalismus dermaßen anziehend auf mich wirkt, obwohl ich immer einen gewissen Komfort (nicht Luxus) geschätzt habe, dann sollten die Alarmglocken schrillen.

Das pure Verlangen, nur dem »Zuviel« um einen herum entkommen zu wollen, ohne zu hinterfragen WARUM und was mir das langfristig bringen soll, kann gefährlich ins Gegenteil umschlagen, in eine andere Ersatzbefriedigung münden oder ins Leere laufen.

Aussortieren, Besitz minimieren, Konsumdiät, Konzentration auf die wirklich wichtigen Dinge im Leben ist absolut empfehlenswert, förderlich und erdet. Aber der Übergang in ein anderes Extrem ist mitunter fließend. Darauf sollten Sie ein Auge haben.

Also Vorsicht bei diesem Phänomen: Der Schrank ist voller schicker Kleidung, die nicht getragen wird, weil man sie zu schön und zu schade findet, um sie anzuziehen. Im Alltag dagegen läuft man wie eine graue Maus herum, man macht sich geradezu unattraktiv. Weil man sich selbst, den Job oder sein Leben im Moment nicht leiden kann. Dieses leicht schizophren anmutende Phänomen ist weiter verbreitet, als viele denken. Die Kleidungsstücke an sich sind nicht die Ursache. Man sucht nur den Grund darin, da man eben im Außen ausdrückt, was man im Inneren mit sich herumträgt. Nun stellen Sie sich die Vorgehensweise nach dem Prinzip vor: Alles wegschmeißen, was Sie – auch wenn es drei oder fünf Jahre sind – nicht getragen haben! Mit dieser Geschichte im Kopf wird der Unsinn des Kriteriums »Zeit« ganz offensichtlich.

Wenn man nach der Strategie vorgeht »alles, was ich in den letzten sechs Monaten nicht getragen habe, kommt weg«, hieße das in der letzten Konsequenz, dass auch die warmen Winterstiefel, die Mütze, die Daunenjacke daran glauben müssen. Und zwar, wenn ich im Sommer die Aktion mache. Entrümpele ich hingegen im Winter, müssten die Sommerkleider, Sandaletten und Shorts weg. In einem YouTube-Video schildert eine junge Minimalistin genau dieses Problem: Sie hatte ihre Winterstiefel aussortiert und musste im Herbst wieder neue kaufen, da sie sonst kalte Füße gehabt hätte.

Das macht deutlich, wie leicht bestimmte Ratschläge verunsichern können und dass viele Frauen nicht genau wissen, wie sie ihre Prioritäten bei der Kleidungsreduktion richtig setzen sollen.

Gerade dieses Streben nach der kleinsten Menge oder gar dem Willen, Minimalismus zu erreichen – was auch immer das genau bedeutet – birgt die Schwierigkeit, einem Trend nachzujagen, der für die meisten überhaupt nicht mit der eigenen Lebensart übereinstimmt. Unterschiedliche Kleidung erfüllt unterschiedliche Funktionen und Zwecke. Die Spannbreite der Falschinterpretationen bei der Entrümpelung ist groß.

Womöglich sind es bei Ihnen gerade die Dinge, die sie fünf Jahre nicht angezogen haben, die sich am Ende als genau die richtigen für die Zukunft darstellen! Für das Leben, das Sie eigentlich führen wollen. So war es zumindest bei Ramona. Vielleicht ist es auch bei Ihnen gerade das Teil, was dieser Empfehlung nach ohne mit der Wimper zu zucken in den Müll sollte, das aber Ihre gewünschte Persönlichkeit (an der Sie ja arbeiten) unterstreichen würde.

Alles auszusortieren, was maximal ein Jahr nicht getragen wurde, ist meiner Meinung nach die falsche Strategie.

Die Lösung ist demnach, dass Sie zuerst eine Ahnung davon haben müssen, wer Sie sein wollen und was Sie an Ihrer Persönlichkeit mit Ihrer Kleidung *hervorheben* möchten, erst dann ergibt sich sowas wie ein »Stil«. Dann kann Ihnen keine Verkäuferin oder Freundin empfehlen, was Ihnen steht, sondern nur Sie entscheiden das für sich selbst. Und es kann sein, dass Sie den Kleiderschrank fürs Erste wieder schließen und das Projekt vertagen, weil Sie (noch) keine Antworten darauf haben.

Genauso ging es Ramona: Irgendwann hörte sie auf mit dem ständigen Durchgucken ihrer Klamotten, da es zu keinem Ergebnis führte. An Ordnung mangelte es bei ihr ohnehin nicht, in ihrem Schrank lag nicht einmal innerhalb eines Stapels ein Teil außerhalb des Lotes. Wenn Sie gesehen hätten, wie akkurat die T-Shirts und Pullover zusammengefaltet und übereinandergeschichtet waren – Sie hätten eine Wasserwaage anlegen können. Als sie mir ein Foto davon zeigte, konnte ich kaum fassen, wie man ohne Schablone und Lineal die Sachen in einer derartigen Perfektion zusammenlegen kann. Unordnung war also nie ihr Thema. Was ihr Thema war, wissen Sie jetzt. Und irgendwann wurde Ramona das auch klar. Um die Sache abzukürzen: Nach einer langen Phase der Innenschau, mithilfe von einigen Kreativseminaren und den richtigen Fragestellungen, einer Zeit des Herausfindens, Ausprobierens und mehreren wichtigen privaten wie beruflichen Entscheidungen, hat sie es geschafft, ihr Leben zu ändern. Und parallel dazu wandelte sich Schritt für Schritt auch der Kleiderschrank mit. Der richtige Weg offenbarte sich ihr nicht als Geistesblitz, sondern er kristallisierte sich ganz langsam nach intensiver Selbstreflexion heraus.

Das war Ramonas Weg, der nicht beim Aussortieren von Zeugs, sondern beim Aussortieren und Loslassen von überflüssigem, blockierenden *mentalen* Ballast ansetzte.

Als wir uns nach über zwanzig Jahren das erste Mal wiedersahen – ich besuchte sie in ihrem Haus in Freiburg, wo sie seit zehn Jahren wohnt, da begegnete mir eine äußerlich wie innerlich *geordnete* und, wie ich deutlich merkte, mit sich und ihrem Leben zufriedene Frau. Das Haus war eine Mischung aus zweckhafter, schnörkelfreier Einrichtung, durchaus mit Atmosphäre schaffendem Drumherum (also etwas Deko). Eine Symbiose aus Nützlichkeit mit Gemütlichkeit.

Es *muss* bei Ihnen nicht Jahre dauern, aber es ist möglich. Heute hat meine Freundin ihren Stil gefunden. Shoppen gehen wir nicht zusammen, sondern nur noch »in die Stadt«, um gemeinsam Spaß zu haben. Fehlkäufe kommen (bei uns beiden) überhaupt nicht mehr vor.

An dieser Stelle spätestens sollten Sie wissen, welche Fragen Sie sich stellen müssen, an welchem Punkt in Ihrem Leben Sie die Ursache herausfinden und bearbeiten sollten, um zu wissen, was Sie sich im tiefsten

Inneren wünschen und was Sie behalten wollen oder eben nicht.

Dass wir uns richtig verstehen: Sie müssen jetzt keinen Termin beim Psychoanalytiker machen (es sei denn, Sie wollen das), um Ihren Kleiderschrank oder Ihr Kaufproblem in den Griff zu bekommen. Nur kann es förderlich sein, dass Sie nicht zu viel von sich verlangen und glauben, mit einer einmaligen Aktion sei ein Zustand erreicht, der Sie rundum zufrieden machen wird. Wahrscheinlicher ist, dass Sie in regelmäßigen Intervallen die Durchforstung Ihrer Dinge wiederholen, je nachdem, wie Sie sich *persönlich* weiterentwickelt haben.

Ich habe nicht umsonst gesagt, dass so ein Aufräumprozess Jahre dauern kann. Und damit meinte ich nicht ausschließlich, sich von Andenken, Erinnerungen und Fotos zu trennen.

Aber jetzt wissen Sie ja, wie Sie vorgehen sollten.

Wie bewahren Sie Ihre Kleidung auf? Rollen? Falten? Aufstellen? Legen?

Jeder hat vorgegebene örtliche, möbeltechnische sowie finanzielle Gegebenheiten. Deshalb sage ich Ihnen einfach, was ich für meine Kleidung und Accessoires, wie Tücher und Taschen, als praktisch empfinde und dann gucken Sie, was bei Ihnen geht. Wichtig: Rollen Sie Kleidung nicht! (Bis auf zwei kleine Ausnahmen).

Kleidung, die nicht hängen muss, sollten Sie falten!

Versuchen Sie das mit dem Rollen einmal mit einer zarten Tunika oder einer Viskosebluse. Wie lange müssen Sie daran fummeln, bis das zu einer Rolle wird, die stehen bleibt? Wenn Sie das geschafft haben, müssen Sie allerdings das Bügelbrett rausholen, wenn Sie sie wieder anziehen wollen. Da lobe ich mir mein Schrankteil, indem ich einige gebügelte Blusen, die ich unter dem Blazer oder der Strickjacke anziehe, auf schmale Bügel hängen kann und in Sekunden anhabe.

Und falls Sie die Möglichkeiten haben, Blusen oder Shirts direkt nach dem Waschen ohne zu festes Schleudern aufzuhängen, müssen Sie weniger bügeln oder sparen es sich gänzlich: Sie können alles gleich in den Schrank hängen und sofort anziehen.

Hier kommt die Ausnahme, wo sich dreimal »gefaltet«, also am Ende wie gerollt, als praktisch erweist: Wenn Sie Schubladen zur Verfügung und mehrere Longtops oder Unterhemden aus fester Baumwolle haben. Oder auch zur Sockenaufbewahrung. Baumwolltops oder Unterhemden und Socken sind die einzigen Kleidungsstücke, die sich vertikal gefaltet und in einer Schublade untergebracht gut machen. Vor allem Longtops oder die meist verschiedenfarbigen Damenunterhemden gefaltet und zweimal zusammengerollt, nebeneinandergestellt in einer flachen Schublade, mit der glatten Kante oben – super! Wenn Sie sie dagegen in der Schublade nur als liegendes Päckchen gefaltet übereinanderstapeln, sehen Sie nur das oberste Teil und alle darunter nicht. Darin liegt der einzige Unterschied!

Nach Farben sortieren: ja oder nein?

Warum das Farbsortieren für gestapelte Sachen Unfug ist

Wenn Sie Kleidung nach Farben sortieren und übereinandergelegt aufbewahren würden, hieße das, dass Sie schwarze Sommer-/Kurzarmshirts auf schwarze Basic-Baumwoll-Shirts legen, auf Viskoseblusen, auf schwarze Ausgehshirts mit Glitzeraufdruck oberhalb der Knickfalte, auf schwarze Strick-Cardigans, auf Winterpullis etc. Und jetzt greifen Sie mal zielgerichtet das Teil heraus, welches Sie brauchen ... Wer das öfter als bei einem einzigen Glücksgriff schafft, Hut ab!

Sie unterscheiden nach einer Weile gar nichts mehr, da Sie sich nicht mehr daran erinnern können, welches Teil an welcher Stelle liegt und können anhand der Bruchkante, die Sie beim Draufgucken sehen, ein Baumwoll-Kurzarmshirt weder von einem Poloshirt, noch von einem Langarm-Shirt unterscheiden.

Warum das Farbsortieren für auf Bügel gehängte Sachen unübersichtlich ist

Wenn Sie Kleidung farbweise nebeneinander hängen, haben Sie zum einen teils dasselbe Problem wie bei gestapelten, gleichfarbigen Sachen. Sie schauen ja auch nicht immer bei allerbester Beleuchtung in den Schrank und sehen nur eine Seite des Teiles, und zwar nicht von vorn. Sie können also den Ausschnitt oder die Knöpfe nicht sehen. Und auch hier hängen wieder dicke Stoffe neben dünnen, Alltags- neben Ausgehkleidung, und was noch unhygienischer ist, womöglich Jacken neben zarten Blüschen, nur weil alles die gleiche Farbe hat.

Wenden Sie das Prinzip an, Kleidung nach Art, Form und nach Anlass, zu dem Sie sie tragen, zu sortieren.

Innerhalb der Art können Sie – wenn's dann noch übersichtlich ist – auch nach Farbe ordnen. So sieht das dann zum Beispiel aus:

- ✓ Alle Basic-Langarmshirts (meist Baumwolle) liegen gefaltet übereinander, von unten (dunkel) nach oben (hell) sortiert.
- ✓ Die so sortierten Teile besitzen (annähernd) den gleichen Schnitt, sodass Sie bereits beim Ansehen der Bruchkante wissen: »Das dritte von unten ist das graue Shirt ohne Aufdruck mit dem Rundhalsausschnitt und den langen Ärmeln«.
- ✓ Dasselbe gilt für die Kurz- und Langarm-Shirts: unifarbene, eng geschnittene T-Shirts bilden einen Stapel, andere Schnittformen werden ebenfalls je nach Ähnlichkeit zusammen eingeordnet. Das müssen natürlich nicht zig kleine Stapel werden. Wie viele Stapel sinnvoll sind, hängt davon ab, wie viel

Sie von einer Sorte und wie viel Platz Sie haben. Aber jede nach diesem Prinzip zusammengestellte Kategorie ist in einer Einheit zu gruppieren.

✓ Das Gleiche machen Sie bei T-Shirts mit Glitzer- oder Print-Aufdrucken und (auch jeweils eine Einheit) mit Pullovern je nach Dicke, Strick- und Sommer-Cardigans, die nicht aufgehängt werden müssen oder Sportsachen, Wohlfühl- und Jogging- kleidung.

Alles wird je nach Kategorie zusammengelegt. Jedes Teil wird gleichmäßig gefaltet (und nicht gerollt, bis auf die genannten Ausnahmen). Sie werden so gefaltet, dass am Ende Türme in einheitlicher Breite entstehen (das bedarf eventuell einiger Übung – Anleitungen dazu gibt es auch auf YouTube). Meist haut das aber hin, wenn man das Teil flach auf die Vorderseite, etwa auf das bereitgestellte Bügelbrett legt, es glattstreicht, eine Seite am Ausschnitt einklappt, die Ärmel (egal ob kurz oder lang) annähernd knickfrei einschlägt, dann die andere Seite vom Ausschnitt, dann einmal in der Länge und fertig ist das Rechteck!

Mit den Hosen verfahren Sie genauso. Sie werden je nach Art (Jeans, Chino, Baumwollhose) oder Anlass (Job, Freizeit, Sommer, Winter) zusammen gruppiert. Idealerweise können sie am Bündchen an spezielle Klemmbügel (wie sie in Kleiderläden oft genutzt werden) nebeneinander hängen. Ungünstig ist, wenn die Hosen halbiert über den Bügel gehängt werden oder gar mehrere übereinander. Das sollte, wo immer es geht, vermieden werden. Wenn der Platz nicht da ist, lieber die Hosen in einem Fach übereinanderlegen, da erkennen Sie leichter, welche es sind. Aber lang, nur am Bündchen festgeklemmt, auch zwei an einem Bügel – kein Problem! Das hat sich bei mir als am vorteilhaftesten herausgestellt. So entstehen keine Falten und der Überblick ist gewährleistet.

Tipp für Bügel

Breite, runde Acryl-, Kunststoff- oder Metallbügel, die zwar hübsch sind, aber platzintensiv und aufgrund des Materials geräuschvoll aneinander klimpern, sollten Sie meiden. Zu bevorzugen sind schmale, aber relativ lange Bügel oder solche mit Silikonbeschichtung, sodass vor allem Oberteile mit weitem Ausschnitt nicht ständig herunterrutschen. Und: Wenn alle Bügel in einer Farbe und Form sind, ergibt das eine einheitliche und harmonische Optik, da die Kleidung farbig genug ist.

Daneben – also neben Hosen – können Sie von mir aus Jacken oder Mäntel hängen, wenn kein eigenes, in sich geschlossenes, Schrankelement dafür da ist. Aber Mäntel, die ich draußen oder gar sitzend in S-Bahnen, Bussen, Zügen trage und die dann neben Oberteilen hängen, das passt meiner Meinung nach auch hygienisch überhaupt nicht! Ich würde auch nie auf die Idee kommen, mich mit meiner Hose, mit der ich in öffentlichen Verkehrsmitteln auf dem Sitz gesessen habe, zu

Hause auf meine Couch zu setzen, womöglich noch auf die Seite, wo ich abends den Kopf ankuschele ...

Tipp für Tücher und Schals

Wo liegt Ihre Leidenschaft beim Thema Klamotten? Kaufen Sie ständig Röcke? Hosen? Shirts? Oder sind Sie wie ich ein absoluter Fan von Tüchern und Schlauchschals? *Und wenn die dann noch ein bisschen funkeln und glitzern, dreh ich durch!* Spaß beiseite, auch dieses Faible kann zur Sucht und vor allem zum Platzproblem werden! Aber dafür habe ich jetzt einen, wie ich finde, supertollen Vorschlag. Auf die Idee bin ich gekommen, nachdem ich einen Wutanfall hatte, als ich in der Kiste nach dem einen ganz bestimmten Tuch gesucht habe und alle Tücher einmal in der Hand hatte, nur das, was ich suchte, nicht.

Wenn Sie keine frei verfügbare, etwas tiefere Schublade haben, bin ich an dem Punkt ausnahmsweise mal dafür, etwas Geld für ein Ordnungshilfsmittel auszugeben. Und zwar eignet sich dazu eine am besten *durchsichtige*, eckige (also nicht ovale oder stark abgerundete) Kunststoffkiste oder anderweitige Box ohne scharfe Kanten. Also *keinesfalls* ein Rattangeflecht oder eine Holzkiste. Damit machen Sie sich die Tücher kaputt. Die Höhe sollte mindestens sechzehn oder siebzehn Zentimeter betragen. Niedriger ist nicht so praktisch, da Sie die Tücher dann zu oft falten müssen und diese dann zu dick werden, sodass nicht viel reinpasst. Nun *falten* Sie die Tücher (jawohl, Sie haben richtig gehört!), – falls Sie diese bisher nur irgendwo reingeschmissen oder über so komische Tücherblumen gewürgt und sich Fäden gezogen haben.

Am Anfang müssen Sie die Kiste hochkant vor sich hinstellen und die Tücher zu jeweils ähnlichen Breiten (sie sind ja nicht alle gleich groß) zusammenlegen und dann übereinander in die Kiste schichten. Wenn die Kiste dann wieder richtig steht, sind die Tücher alle hübsch nebeneinander griffbereit einsortiert. Die Farbsortierung ist nicht so wichtig. Machen Sie es eher so, wie Sie das empfinden. Die gleiche Methode ist wunderbar mit Winterschals umzusetzen.

Die auf diese Weise gefüllte Box können Sie mit oder ohne Deckel (ohne ist besser, aber wenn, sollte der ebenfalls durchsichtig sein), unten in den Schrank stellen oder auch ein Fach dafür benutzen, wie das Ihr Schranksystem eben hergibt.

Das Gute an dieser Aufbewahrungsmethode für Tücher und Schals aller Art ist, dass Sie jedes Mal, wenn eins getragen wurde, dieses sofort wieder zusammengefaltet an die äußere Stelle schieben können. Aufgrund der Begrenzung durch die Kiste kann sich das Volumen nicht ausdehnen, eher können Sie so mehr hineinschieben, aber alles bleibt glatt. Und ich lüge nicht, wenn ich sage, dass dieser Ordnungszustand eine lange Zeit anhält. Wie lange, das hängt von Ihrer Konsequenz und Ihrem Hektisch-Tuch-Rauszerren ab. Das soll aber keine Einladung sein, wieder mehr zu kaufen! Nur das Vorhandene geordnet und gepflegt unterbringen, das ist die Devise!

Vielleicht haben Sie schon bemerkt, dass ich kein Verfechter vermeintlicher Ordnungshelfer bin. Eher finde ich, dass dieses ganze ach so nützliche Zeug nur Geld kostet, mehr Platz wegnimmt, als es schafft und zu noch mehr Anhäufung einlädt.

Sinn ist ja nicht, mehr Systeme und Voraussetzungen dafür zu schaffen, wie ich immer weitere Anschaffungen und Besitztümer unterbringen kann, sondern Ziel ist, Besitz zu reduzieren, Übersichtlichkeit herzustellen und nicht alles nur irgendwo verschwinden zu lassen, Hauptsache es ist aus den Augen. Mut zur Lücke ist wichtig in diesem Zusammenhang. Und das gilt auch und ganz besonders für den Kleiderschrank. Frau muss nicht zu jeder Farbe die passenden Schuhe oder gar Tasche haben. Zu viel macht die Entscheidung unnötig schwer. Wie viel für Sie das richtige Maß ist, können nur Sie selbst herausfinden. Wichtig ist am Ende, dass Sie das, was Sie behalten, auch wirklich anziehen und nicht ständig etwas nachkaufen.

Ich bin keine Frau, die es sich (zumindest derzeit noch nicht) zum Ziel gesetzt hat, das ganze Jahr nur mit drei Hosen, zwei Jacken und drei Winterpullis auszukommen. Dazu liebe ich einfach zu sehr die Freiheit, Abwechslung in meine Garderobe zu bringen. Ich richte mich nach Stimmung und Wetter, und da ist mir einfach nicht jeden Tag nach der gleichen Hose oder dem gleichen Pullover. Von daher habe ich, auch nachdem ich mich mit mir und meiner Persönlichkeit beschäftigt und so meinen einst riesigen Bestand kritisch reduziert habe, noch heute eine gewisse Auswahl. Sie gibt mir Gestaltungsspielraum und engt mich nicht ein. Ich stehe nicht mehr Stunden vorm Schrank, ich kenne jedes Teil, das ich habe und kann mich bereits abends vor dem Einschlafen gedanklich für den nächsten Tag einkleiden. Mit dem, was ich habe, bin ich zufrieden.

Harte Arbeit war für mich, den Stimmungskäufen zu widerstehen, Online-Versandhäuser nicht mehr »einfach nur so« oder nach einem Newsletter mit dem %-Zeichen aufzurufen. Das sind die Gefahren, die immer lauern werden, so sehr wir uns auch disziplinieren. Die Verführung zum Konsum ist überall präsent. Deshalb sind die anfangs genannten Sofortmaßnahmen wichtig. Allein mit Selbstbeherrschung wird es schwierig. Die Marketingindustrie ist da sehr findig, auch die Standhaftesten unter uns in die Geschäfte zu locken ... Schließlich werden Millionen von Euros investiert, um Wege zu erforschen, wie sie an unser Geld kommen!

Der Kram der lieben Mitbewohner

Was geht und was nicht?

Wichtig ist beim Entrümpeln, dass jeder nur seine eigenen Dinge entsorgen darf! Es ist absolut tabu, sich an den Gegenständen des Partners oder an den Spielsachen der Kinder (wenn sie größer sind und schon wissen, was ihre Sachen sind) zu vergreifen, diese Aufgabe muss jeder selbst erledigen. Am besten, Sie beziehen Ihre Kinder und Ihren Partner schon bei den Zimmern mit ein, wo der Krempel nicht allein nur auf Ihrem eigenen »Mist« gewachsen ist, sondern sich mit Dingen der anderen Mitbewohner verbündet hat. Vielleicht fördern Sie die Bereitschaft zum Mitanpacken, indem Sie mit netten Bestechungsangeboten locken: Kino, Kumpel-Fete für den Teenie oder einen Verwöhnabend für den Mann (für eine entmistete Wohnung können Sie sich ja mal in Ihr kleines Schwarzes werfen oder ihm ein fettes Steak überbraten – wenn Sie das wörtlich nehmen, sagen Sie nicht, dass die Idee von mir war!).

Man kann es nur *versuchen,* allen eine freiere Wohnumgebung als Ziel schmackhaft zu machen. Wenn der Partner jedoch partout kein Interesse am Aussortieren hat und überhaupt nicht versteht, worum es Ihnen dabei geht, wird es allerdings schwierig. Dann sollten Sie – jetzt ohne Bestechungen – Klartext reden,

ihm sagen, dass seine Unordnung oder Sammelleiden-
schaft Sie derart stört, dass Sie sich in Ihrem Wohlbefinden erheblich beeinträchtigt fühlen. Sie können ihm
versichern, dass Sie nichts von ihm wegwerfen werden, aber ihn bitten, nach dem Saubermachen wenigstens mal zu gucken, ob er nicht doch etwas findet, von
dem er sich trennen könnte. Oder so ähnlich.

Jedenfalls müssen Sie Ihren Mitbewohnern oder
Familienmitgliedern unmissverständlich klar machen,
was Sie wollen. Sie können zwar damit drohen, den
Krempel des Partners wegzuschmeißen und ihm ein
Ultimatum stellen, aber Seins bleibt seins. Und genau-
so umgekehrt!

Kampf dem Gerümpel mit Feng-Shui & Hokuspokus

Sucht man Literatur zum Thema Ausmisten und Ballast loswerden, führt kein Weg an Karen Kingston und ihrem Buch *Feng Shui gegen das Gerümpel des Alltags* vorbei. Seit mehr als zwanzig Jahren rangiert sie damit auf den oberen Rängen der Bestsellerlisten zu dem Thema. Das muss seine Gründe haben – na klar, ich habe das Buch auch, seit circa vierzehn Jahren. Und nicht nur das. Mein Bücherregal zieren weitere Exemplare zur Anwendung von Feng-Shui, zum Beispiel *Feng-Shui Total* von Lillian Too und Bücher zum Schaffen von Krafträumen.

Da ich ein durchweg offener und vielseitig interessierter Mensch bin, gehe ich erst einmal vorurteilsfrei an Ideen und andere Sichtweisen heran, auch spirituelle, die mich neugierig machen und den Eindruck erwecken, als könnten sie mir das Leben erleichtern oder zumindest erheblich verschönern.

Nun, da ich bereits Dutzende meiner Innenräume facettenreich umgestaltet und energetisch herumprobiert habe, möchte ich das Ganze einmal für Sie entmystifizieren.

Frau Kingston sagt sinngemäß, dass sie Energien im Raum hören, riechen, empfinden kann und dass sie diese Fähigkeiten in zwanzig Jahren entwickelt hätte. Jetzt frage ich mich: Geht es nur mir so oder gibt es da draußen vielleicht noch viel mehr, ja geradezu unzählige feinfühlige, empfindungssensible Menschen unter Ihnen, die sofort, wenn sie eine Wohnung oder ein Zimmer betreten, sehen, riechen und spüren können, ob man sich dort wohlfühlen könnte und was in dem Haushalt so energiemäßig abgeht oder nicht? Ganz ohne Bagua und Wünschelrute!

Um Energien im Raum wahrzunehmen, dazu muss man kein Feng-Shui-Experte sein, finde ich. Jeder, der sehen und spüren kann, hat sofort eine Meinung darüber, wie er das findet, was er da sieht und was ihm sein Gefühl und seine Sinnesorgane vermitteln. Und man nimmt unverzüglich Gerüche wahr, wenn man eine Wohnung betritt, ob man will oder nicht. Und man definiert schnell, ob es muffig, staubig, verqualmt stinkt, neutral riecht oder frisch und angenehm duftet. Man kann die Atmosphäre (er)spüren, ob sie gut oder schlecht ist, erdrückend oder einladend auf uns wirkt!

Ich weiß nicht, wie es Ihnen geht, aber mir fällt das bereits in dem Moment auf, wenn mir die Tür einer Wohnung, eines Ladens oder eines Büros geöffnet wird und ich den ersten Schritt hineingehe. Vielleicht irre ich mich auch und das ist wirklich eine besondere Gabe, die ich habe, aber ich denke eher, dass viele von Ihnen dazu ebenfalls in der Lage sind.

Und wenn man irgendwohin kommt, wo etliches Gerümpel herumliegt oder extreme Unordnung herrscht, möchte man nicht bleiben. Man fühlt sich unwohl. Ist doch nur logisch, dass das irgendwas mit der Energie im Raum macht und Einfluss auf das Wohlbefinden seiner Insassen hat! Dass in Gerümpel gebundene Energien für die Bewohner ungünstig sind, ist auch klar!

Da sich die inmitten von Chaos lebenden Menschen bereits daran gewöhnt oder einfach nur resigniert haben, nehmen sie es oft gar nicht mehr wahr, welches Ausmaß der Krempel angenommen hat. Es ist Ihnen nicht bewusst, was ihr Umfeld für schädliche Auswirkungen auf ihre Psyche hat. Oder, wenn sie es wissen, sind sie aufgrund der Masse einfach ohnmächtig, daran etwas zu ändern.

Unabhängig davon, welche Ursachen zugrunde liegen: Das grundsätzliche Verständnis und die Anlagen für ein natürliches Empfinden, *was wie* auf uns angenehm oder unangenehm wirkt, sind in jedem oder zumindest vielen von uns vorhanden. Wir haben nur verlernt, auf unsere inneren Signale zu hören oder wir ignorieren sie. Unsere Erziehung und wie wir aufwuchsen, hat ebenfalls seinen Teil dazu beigetragen, welchen Stellenwert oder besser, welche Funktion das heimische Nest für uns hat. Es soll uns als intimer Rückzugsraum im weit gefassten Sinne Energie und Kraft geben, wenn wir uns darin aufhalten. Jedoch saugt der Krempel unsere Akkus zusätzlich leer!

Wir machen aus unseren Höhlen oft einen Ort, an dem nur noch die Ladenöffnungszeiten an der Tür fehlen! Wir müssen uns nur mal wieder auf unsere Gefühle einlassen, in uns hineinspüren und umsetzen, was das Gefühl uns sagt, und unsere Umgebung dahingehend verändern, dass wir uns wieder (wohl-)fühlen.

Wir denken oft, die Chinesen haben mit Feng-Shui den Stein der Weisen gefunden. Mit viel Tamtam und geheimnisvollen Symbolen rückt man gemäß Bagua-Quadrat dem blockierten Chi in unseren Wohnungen zu Leibe, vertreibt mit Räucherwerk die negativen, abgestandenen Energien sämtlicher Vorfahren und nach gezieltem Möbelrücken und dem Aufhängen klimpernder Mobiles, die uns schon in Kürze auf den Keks gehen, fühlen wir uns zunächst wie neugeboren. Und wenn laut Bagua gerade die wichtige Wohlstandsecke fehlt, befürchten wir, dass uns droht, womöglich irgendwann am Hungertuch nagen zu müssen oder nie auf einen grünen Zweig zu kommen, weil sich die Energie auch mit Dutzenden Spiegeln oder Wohlstandsgöttern nicht durch die verwinkelte Wohnung ins Reichtumsquadrat leiten lässt. Im Schweiße unseres Angesichtes schieben wir asiatische Drachen und Phönixe millimetergenau in Stellung, damit ja kein positiv aufgeladener Lichtstrahl daneben geht, sondern alle Kraft aufgesogen und gleichmäßig wohltuend verteilt wird.

Dumm nur, wenn das Bett sich aus Platzmangel absolut nicht mit dem Kopfende in die astrologisch perfekte Himmelsrichtung verschieben lässt und auch mit dem Drapieren von Edelsteinen an den Bettfüßen erdstrahlentechnisch nichts zu *reißen* ist oder weil der Partner eben in der anderen Himmelsrichtung liegen muss, da ihm sonst Unglück drohen könnte. Tja, dann müssen wir wohl entgegengesetzt zueinander liegen oder getrennt schlafen oder den Partner rauswerfen oder erstmal umziehen ... Dann sollen noch am besten in der ganzen Wohnung verteilt Windspiele aufgehängt werden, aber idealerweise nicht mitten im Raum, nur an Wänden und nur einen Meter über dem Boden. Und sie dürfen niemanden körperlich beeinträchtigen und sollen jährlich umgehängt werden, in entsprechende Himmelsrichtungen. Alles klar?

Wenn Sie Feng-Shui schon ausprobiert haben, wie lange hielt die Euphorie an, wenn die Rundumerneuerung sich nur auf die Wohnung bezog? Haben Sie parallel zu dem Ausflug in die asiatische Lehre vom Wohnen und Leben auch Ihre Psyche mit einbezogen? Wenn ja, dann haben Sie eine gute Chance, dass sich die Arbeit gelohnt und sich nachhaltig etwas bei Ihnen geändert hat. Wenn Sie allerdings nur Ihre *vier Wände* einer Feng-Shui-Metamorphose unterzogen haben, dann glaube ich nicht, dass das große Auswirkungen auf Ihr gesamtes Leben hatte.

Dass wir uns richtig verstehen: Ich bin mit der Grundidee von Feng-Shui einverstanden und plädiere dafür, einige Aspekte mit einzubeziehen. Jedoch *ohne* es zu einem wabernden Fantasiegebilde hochzustilisieren. Und nicht ohne es zu hinterfragen und ohne das Konzept in seiner Gänze mit aller Macht in einer europäischen Wohnung umsetzen zu wollen.

Wenn mir zum Gelingen des Feng-Shui empfohlen wird, die Bude mit Symbolen vollzustellen, die ich vom Stil her überhaupt nicht mag, wenn ich, um »Reichtum anzuziehen«, eine Reichtumsvase kreieren und diese nicht nur weihen, sondern mit geheimen Zutaten – nicht Schokolade! – füllen soll und diese in keinem Fall in Richtung Tür aufstellen darf, dann wird es meinem Verstand sehr unbehaglich und ich bewundere die Fantasie derjenigen, denen sowas Pfiffiges eingefallen ist!

Wer nicht auf Fächer, Glockengirlanden, liebliches Gebimmel jeder Art, Buddhas, Schreine und Feuer speiende Drachen steht, befindet sich mental in einer Zwickmühle, wenn er doch möchte, dass Feng (Wind) und Shui (Wasser) sich bei ihm einfinden. Machen Sie einfach regelmäßig Stoßlüftungen und hängen ein hübsches Foto vom letzten Nordseeurlaub auf, dann haben Sie Wind und Wasser!

Im Ernst! Wie stellt man es an, ohne spirituell abzuheben und ohne wieder mehr Gerümpel anzuschaffen, nur weil einem noch die Schildkröte für die Nord-Ecke fehlt, die doch das ersehnte Glück bringen soll? Und wo bringe ich den Tiger unter? Etwa neben meinem Buddelschiff? Wie sieht das denn aus?! Ich mag auch keine Schlangenfiguren in meiner Wohnung haben – und wer, verdammt noch mal, vertreibt jetzt meine Dämonen?

Taugt Feng-Shui überhaupt was? Es kommt darauf an ... was Sie glauben und fühlen *wollen*.

Deshalb breche ich die Aussagen gern auf klar fassbare Fakten herunter, wobei dann erkennbar wird, dass viele Dinge absolut logisch sind und mit einer sachlichen Begründung jenseits von Feng-Shui für jeden nachvollziehbar ist, warum Gerümpel blockiert und warum gewisse Möbel- und Farbkonstellationen sowie die infrastrukturelle Lage der Behausung helfen, sich wohler zu fühlen als vielleicht bisher. Wenn man in einem Gebäude unterhalb oder nahe einer Hochspannungsleitung wohnt, dann *kann* das einfach nicht gut sein, bei ca. 220 bis 380 Kilovolt, die dort durchgejagt werden (100 Kilovolt = 100.000 Volt). Ebenso an mehrspurigen Hauptverkehrsstraßen, gegenüber von Friedhöfen oder neben Tankstellen. Oder in düsteren Wohnungen, wo man ohne Kunstlicht kaum auskommt, erst recht im Souterrain. Da ist dann auch völlig egal, an welcher Ecke man den Gesundheits- oder Reichtumsgott platziert oder ob die Wohnung baguatechnisch eigentlich optimal geschnitten ist, wenn sonst kein Lichtstrahl durchs Fenster kommt oder eben zu viel Strahlen durch Elektrosmog! Da brauche ich noch nicht einmal Gerümpel, um mich nicht wohlzufühlen, aber mit Gerümpel ist das Ganze ein *Worstcase!* Fehlt eigentlich nur noch Schimmel ...

Anstelle von oder, wenn man denn möchte, ergänzend zu einem wenig Feng-Shui kann man die Farbenlehre und deren Wirkung auf den Menschen hinzuziehen, ebenso wie eigene Präferenzen für bestimmte Himmelsrichtungen, die vor allem sensible Menschen haben, weil sie besonders empfänglich für die Atmosphäre um sie herum sind. Dagegen spricht nichts. Es *gibt* Energien, das ist Fakt und dass Sie irgendwie auf uns einwirken, ist auch sehr wahrscheinlich. Inwiefern und in welchem Ausmaß teils kitschige Symbole und Figürchen dabei helfen, positive Energien einzuladen und negative fernzuhalten, muss jeder selbst entscheiden. Aber beim Ausräuchern und Wohnung-Weihen, sorry, da hört es bei mir auf! Wenn das Ihnen hilft, nur zu! Mir reicht ausgiebiges Lüften und ich habe immer, wenn ich umgezogen bin, neu tapeziert oder gestrichen *und* mehrfach kräftig gelüftet.

Ich fand, das war genug. Gern können Sie jedoch zeremoniell böse Geister vertreiben und dabei sich auf die Brust schlagend Ihren Namen tanzen ... Oder bringe ich da etwas durcheinander? Nein, im Ernst, machen Sie *das*, womit Sie sich identifizieren können, aber erwarten Sie nicht, dass das einen Unterschied bewirkt, wenn Sie jetzt Bergamotte-Aromaduft herumnebeln, aber trotzdem Ihre alten Einkaufsgewohnheiten so weiterführen wie bisher.

Ich messe der ernsthaften Beschäftigung mit der eigenen Psyche und der Veränderung eingefahrener Verhaltensmuster wesentlich mehr Bedeutung bei, als dem Brimborium um irgendwelche Philosophien, egal ob Feng-Shui oder was auch immer! Es gilt: Komplett entrümpeln, innen und außen, vor allen anderen dekorativen Maßnahmen! Und dann, wer mag, Feng-Shui auf »den Rest« anwenden, da wird ein Schuh draus!

Das ist nur meine Empfehlung, Ihre Zeit sinnvoll und ergebnisorientiert einzusetzen und sich nicht ständig mit dem Herumwerkeln an äußeren Gegebenheiten abzumühen. Sobald Ihre Wohnung aufgeräumt und von Ballast befreit ist, kann man auch einfach mal genießen und sowas wie zufrieden sein und etwas anderes machen, außer stetig neue Baustellen zu suchen.

Es ist nicht nötig, sich und die Dinge immer so verbissen zu sehen, schon gar nicht, wenn es um das Drumherum unseres materiellen Besitzes geht. Gerade beim Ausmisten, wo zum Loslassen eben auch das Lockerlassen gehört, ist es hilfreich, entspannt zu bleiben.

Um Ihnen dennoch Anregungen für die praktische Anwendung und Integrierung von etwas Feng-Shui zu geben, hier ein paar Beispiele, gewissermaßen als Essenz:

- ✓ Wenn Sie auf *alte*, im Sinne von antike oder von anderen abgelegte Dinge stehen, seien Sie sich bewusst, dass sie mit den Energien der Vergangenheit aufgeladen sind (so die Lehre).
- ✓ Stehen Sie auf diese Gegenstände oder Möbel mit dem entsprechenden Charme, dann sollten sie komplett intakt und äußerlich in Ordnung sein.
- ✓ Kaputte oder defekte Dinge, auch angeschlagenes Lieblingsporzellan, sollte aus der Wohnung entfernt werden (kaputt = schlechte Energie).
- ✓ Bestimmte Dinge, wie zum Beispiel Altlasten, die bei Ihnen unschöne Erinnerungen wecken oder negative Gefühle hervorrufen, können ohne schlechtes Gewissen sofort entsorgt werden – nichts, was traurig macht, sollte Sie umgeben (gilt immer).
- ✓ Stellen Sie nur diejenigen Symbole auf bzw. verwenden Sie nur solche Hilfsmittel zum Einfangen und Verteilen von Energien, die Ihnen auch optisch gefallen.

Der nächste Punkt hat zwar nur indirekt mit Aufräumen zu tun, aber ich finde, er ist der wichtigste:

- ✓ Stellen Sie den Schreibtisch so auf, dass Sie nicht mit dem Rücken in den Raum oder zur Tür sitzen, sondern mit dem Rücken zur Wand oder zumindest seitlich und die Tür im Blick haben (auch im Kinderzimmer).

✓ Dasselbe gilt für das Bett: Stellen Sie es mit dem Kopfende an eine Wand, sodass Ihre Füße zwar in Richtung Tür zeigen, aber nicht so, dass Sie zur Tür *hinauszeigen,* sondern im Prinzip liegen Sie mit der längsgerichteten Bettseite parallel zur Tür.

✓ Ebenso die Wohnzimmercouch: Längste Seite an die Wand, nicht mit dem Rücken vor das Fenster und so, dass die Tür im Blick ist (man sollte in einer »geschützten Ecke« sitzen).

Generell gilt: Sie helfen dem Chi schon ein Riesenstück, indem Sie vieles von dem anwenden, was in dem Kapitel »Ordnung versus Unordnung« besprochen wurde, denn viel mehr steckt nicht in der Basisaussage. Alles, was jetzt noch an Objekten von Ihnen hinzugefügt wird, ist zierendes Beiwerk und trägt nicht zwingend dazu bei, dass Sie proportional zur finanziellen und zeitlichen Investition in das Thema Feng-Shui auch glücklicher werden!

So, und wenn jetzt alles von Gerümpel, Staub, Muff und Mief befreit ist, sollten Sie rundum happy sein und das Chi fließt wie jeck!

Auch beim Thema Feng-Shui liegt die Voraussetzung für den Erfolg in der Mitte: in der Balance zwischen verbissener Einhaltung von Regeln und spielerischer Integration des eigentlich Gemeinten. Im Grunde geht es doch um nichts anderes als das harmonische Zusammenspiel von räumlichen Gegebenheiten, gestalterischen Vorlieben (Farbe, Einrichtung, Symbole/Deko) und auch finanziellen Gesichtspunkten.

Das ist die Kunst dabei, sonst artet das Ganze in Stress aus.

Folgende Anekdote dazu möchte ich Ihnen nicht vorenthalten: Eine Freundin war – wie viele meiner Generation – in den Neunzigerjahren auf dem Weg zur Selbstfindung auf Feng-Shui gestoßen. Irgendwann telefonierte ich mit ihr und konnte sie aufgrund eines enormen Lärms kaum verstehen. Es klang, als wären Bauarbeiter dabei, die Straße vor dem Haus aufzustemmen. Ich rief laut – in den Hörer (den gab es damals noch) – was sie da mache, warum es so laut bei ihr sei. Ganz außer Atem schnaufte sie: »Ich hau grad mit 'nem Stein die Ecken vom Schreibtisch ab, weil nach Feng-Shui die Ecken böse Pfeile und schädliche Energien aussenden!«

»Aaah ja!«, sagte ich, »Tu dir nicht weh dabei!«, mehr nicht. Ich wollte ihren Eifer nicht bremsen. Und wie das Ergebnis aussah, habe ich mir irgendwann angesehen. Gesagt hab ich nichts – das hätte nur falsch sein können –, aber gedacht umso mehr. Denn rund waren die ehemaligen Ecken jetzt natürlich immer noch nicht, aber der Schreibtisch war optisch im Eimer! War ja *nur* Marmor. Aber meine Freundin schien zufrieden mit dem Ergebnis und der Wirkung.

Unnötig zu erwähnen, dass die Wohnung ansonsten aussah wie ein Gebrauchtwarenlager, ein Sammelsurium an alten Möbeln und einer gepflegten Grund-Unordnung! Hauptsache runde Ecken. Man muss nur daran glauben, dann hilft es womöglich auch. Der Gedanke versetzt Berge und Energien auch, nur Gerümpel macht er nicht unsichtbar. Leider.

Leichter und ohne Reue loslassen

Es ist immer einfacher, anderen Tipps fürs Loslassen zu geben und eine Parole aufs Wegwerfen zu singen als es bei dem eigenen Kram ist! Dinge, die einen selbst nicht betreffen, kann man ohne mit der Wimper zu zucken über den Jordan schicken. Aber beim eigenen Zeug macht man ewig herum, um zu einer Entscheidung zu gelangen, die hoffentlich ohne Reue bleibt. Natürlich wären Sie im Handumdrehen fertig mit der Entrümpelungsaktion, wenn Sie ruckzuck auswählten: Brauche ich, brauche ich nicht, passt noch, aber finde ich hässlich, kann weg ... ab in den Müllcontainer oder in die Spendenbox und innerhalb einer überschaubaren Zeitspanne ist der Ballast bis auf geliebte Erinnerungsstücke und dem, was bleiben durfte, weg!

Aber so easy ist es eben nicht!

Jedoch haben Sie es in der Hand, wie schnell und wie leicht es geht bzw. wie schwer Sie sich das selbst machen. Denn: Loszulassen ist nichts, was man passiv über sich ergehen lassen muss, sondern Sie können sich dafür *entscheiden*, loszulassen. Sie müssen *loslassen wollen*. Sie allein entscheiden, wie Sie sich *fühlen wollen*.

Wenn Sie bereits bis hierher die **QF-Methode** angewendet haben und das Fragenstellen in Fleisch und

Blut übergegangen ist, dann können Sie beim Loslassen-Üben mit den folgenden Fragen weitermachen:
– Welche Argumente sprechen dafür, das loszulassen?
– Was gewinne ich, wenn ich mich endlich davon löse?

Statt sich stets den Verlust des Gegenstandes vor Augen zu führen oder die Tatsache, dass es sich beim Aussortieren um einen Abschied handelt, müssen Sie ganz bewusst mit dem Verstand die Vorteile erkennen, die Sie hätten, wenn Sie das Ding freigeben oder eine lieb gewonnene Angewohnheit loslassen.

Mancher Tipp lautet, dass man mit dem Bauch entscheiden und in sich hineinhören soll. Dazu rate ich nicht, weil es genau das Gegenteil bewirkt, nämlich dass alte Gefühle hochkommen und sich Zweifel breitmachen. Wir wollen beim Loslassen aber lieber keine Emotionen haben, da sie uns beim Entscheiden nur in die Quere kommen und uns die Sache schwerer bis unmöglich machen.

Reue heißt, dass wir unsere Entscheidung bedauern, meist in einem Moment, in dem wir sowieso grad irgendwie unleidlich und unzufrieden sind. Geht es uns gut, bedauern wir das Weggeben des einst teuren Pullis oder anderer materieller Dinge nicht. Fühlen wir uns uneins mit uns und unserem Tun, meinen wir, einen Fehler gemacht zu haben, weil wir uns gegen dieses Stück oder gegen dieses *Vehikel der Erinnerung* – nicht gegen die Erinnerung selbst – entschieden haben. Wir werden unsicher und lassen zu, dass sich Selbstzweifel und Vorwürfe einschleichen oder uns gar die Brust vor selbst erzeugter Pein einengen, weil man sich einbildet, etwas Unrechtes getan zu haben. Wir beschäftigen uns ewig mit dem Gedanken, ob es richtig oder falsch war, das hochstilisierte Erbstück der Familie, das Geschenk der lieben Freundin oder das Küchengerät, für das man auf anderes verzichtet hat, wegzugeben. Aber wir wollten doch nur loslassen und eigentlich hat es sich im ersten Moment gut angefühlt, aber dann – kamen die Emotionen hoch.

Dem wirken wir entgegen, indem wir in positiver Stimmung sind, wenn wir entrümpeln wollen und *nicht* über den Verlust des Teiles nachdenken bzw. keinen Raum für die Gefühle lassen, die damit verbunden sind.

Versetzen Sie sich in positive Stimmung, wenn Sie loslassen wollen.

Also: Ganz nüchtern und mit dem Verstand prüfen, ob das jeweilige Teil irgendeine tiefere Bedeutung für Sie hat, und wenn ja, ob man es im Original, fotografiert oder als Scan aufheben könnte und dann entscheiden, was zu tun ist.

Hören Sie beim Loslassen auf Ihren klaren Verstand!

Bei ganz schwierigen Stücken, die Sie bereits seit Jahren versuchen loszulassen, klappt es vielleicht mit einer der folgenden Fragen.

- ✓ Welche Vorteile bringt es, wenn ich mich davon trenne?
- ✓ Macht es mich endlich freier, würde ich mich besser fühlen, wenn ich mich davon lösen könnte?
- ✓ Was gewinne ich? Platz für etwas Neues, Schöneres, Nützlicheres? Oder würde ich den gewonnenen Platz einfach als ersehnten Freiraum leer lassen?
- ✓ Könnte ich für das Teil vielleicht sogar etwas Geld bekommen oder einem anderen damit eine Freude machen, der es gebrauchen kann?
- ✓ Hält mich nur mein schlechtes Gewissen davon ab, es auszusortieren?
- ✓ Woher kommt das schlechte Gewissen? Sind das Sätze, die ich früher hörte, vielleicht von den Eltern?
- ✓ Wenn ich mir vorstelle, ich hätte das Teil nie gehabt, würde mir etwas fehlen?
- ✓ Nur im Falle, meine Wohnung wäre in Brand geraten und alles, was mir etwas bedeutet, konnte gerettet werden, nur dieses eine Teil wäre verloren. Würde ich es schmerzlich vermissen und es mir erneut kaufen? Oder wäre ich froh, dass mir die Entscheidung abgenommen wurde?
- ✓ Wenn ich mein Selbstbewusstsein dadurch stärken könnte, dass ich diese Entscheidung *selber* treffe und daran festhalte, dass meine Entscheidung richtig ist, und mir nicht erlaube, Zweifel daran aufkommen zu lassen, was würde ich dann damit machen?
- ✓ Wenn ich Millionärin wäre, würde ich das Teil behalten oder weggeben?

(Die drei letzten Fragen haben mir sehr beim Ausmisten geholfen, da wir vieles nur behalten, weil es eben unser sauer verdientes Geld gekostet hat!)

Auch wenn ich mich wiederhole, gilt hier wieder: *Machen Sie sich keinen Druck!* Es ist und bleibt ein Prozess, der dem einen leichter, dem anderen schwerer fällt und die Zeit dauert, die es eben dauert. Sie können es selbst beeinflussen, indem Sie daran arbeiten und sich bewusst dazu entscheiden, Ballast loszulassen. Was Sie ja wollen, sonst hätten Sie das Buch nicht gewählt ...

Etwas Schmerz ist immer dabei, ganz ohne wird es wohl kaum gehen, aber auch daran gewöhnt sich unser Gehirn. Machen Sie es ruhig so, wie Marie Kondo es vorschlägt: Verabschieden Sie sich bei jedem Ding bewusst, das kann helfen, sich nicht allzu gemein zu fühlen, wenn man ein nagelneues Teil in den Müll oder die Entsorgungstüte entlässt, weil man sich verkauft hat.

Es ist überhaupt nicht schlimm, ungetragene Teile wegzutun, das dürfen Sie!

Ungünstiger für Sie wäre es, das Teil nur aus schlechtem Gewissen wieder zurückzuräumen und es jedes Mal anzugucken und genau zu wissen, wo es hingehört hätte. Kämpfen Sie sich jetzt nach und nach gründlich durch alle Bereiche, und zwar soweit, wie es geht. Wenn es Ihnen noch nicht genug entrümpelt ist, dann machen Sie dasselbe nach etwas Abstand erneut. Bei der nächsten Charge geht wieder etwas mehr hinaus.

Noch einmal zusammengefasst:

- Die Entrümpelung hintereinander in einem absehbaren Zeitraum zu bewältigen, ist der Wunsch und erstrebenswert, aber Sie bestimmen immer noch Ihr Tempo selbst.
- Wenn Sie Schwierigkeiten beim Loslassen haben oder wenn es bei den Entsorgungswegen stagniert (Flohmarkt, Sperrmüll), stressen Sie sich nicht, aber setzen Sie sich Termine!
- Mehrere Durchforstungsstufen des Gerümpels sind normal und kein Grund, sich schlecht oder entscheidungsschwach zu fühlen.
- Trainieren Sie sich immer wieder darin, schneller und taffer zu entscheiden – es klappt zunehmend besser und kann richtig Spaß machen, sich von den Dingen zu trennen.
- Lassen Sie Ihr Gehirn lernen, *Nein* zum Kaufen und *Nein* zum Behalten zu akzeptieren. Genauso, wie es Belohnungsabhängigkeit kapiert hat, lernt es auch das (den Entscheidungsmuskel trainieren).

Wenn Sie sich das als Wettbewerb mit sich selbst vorstellen – »Wer gewinnt: der Krempel oder ich?« – bekommt der Entrümpelungsprozess schnell eine Eigendynamik, und Sie werden immer ehrgeiziger, den Pokal zu gewinnen. Vielleicht besteht die Belohnung in Form eines coolen Erlebnisses, welches Sie schon immer vorhatten? Das setzen Sie sich zum Ziel. Versuchen Sie das einmal, es motiviert.

Das liebe Geld

Ein Merkmal der **QF-Methode** ist, dass sie sagt: Bevor ich auch nur im geringsten Hand an die Dinge lege oder in blinden Aktionismus verfalle und wie wild in mich hineinhorche, um auch ja nur so viel wie möglich auszusortieren, ist es nötig, einen Schritt zurückzutreten und breitgefächert nach den Ursachen und den eigenen Motiven zu suchen. Und das von Anfang bis Ende, das heißt, unser Verhältnis zum Konsum aus sämtlichen Blickwinkeln unseres Lebens zu betrachten: vom Punkt des Geldausgebens, dem generellen Umgang mit Geld und den Dingen bis zu der Wertschätzung von Dingen und Geld.

Ich gehe sogar noch einen Schritt weiter und setze dort an, womit wir es uns überhaupt ermöglichen, Geld in die Beschaffung von materiellen, oft unnötigen Dingen zu stecken, die dann zum Ballast werden. Dazu müssen wir das Geld erst einmal verdienen, also erarbeiten, unsere körperliche Kraft, unsere Nerven, aber vor allem unsere Lebenszeit dafür einsetzen, damit wir etwas haben, das wir ausgeben können. Sich darüber einmal Gedanken zu machen, steht meiner Meinung nach vor allem anderen, vor der Aktivität, vor dem oberflächlichen Rundumschlag, um dann anschließend eben nicht so weiterzumachen wie bisher. Fragen Sie sich doch einmal: Wie viel Geld gebe ich im Durchschnitt für unnötige Dinge/Gegenstände aus, die ich nicht zum Lebenserhalt brauche? Wenn Sie es bisher

noch nicht gemacht haben, ist jetzt der richtige Zeitpunkt, entweder anhand vorhandener Quittungen oder
aus der Erinnerung zu überschlagen, was Sie im letzten
Quartal oder länger an Zeugs, wie Haushaltswundern,
Deko oder sonstigem Aktionskram, gekauft haben.
Listen Sie es auf. Wieviel ist es und was fühlen Sie
dabei? Vielleicht wünschen Sie, dass Sie einiges davon
lieber nicht gekauft hätten und stattdessen mit Ihren
Freunden oder Kindern ins Kino gegangen wären?

- Womit verdienen Sie Ihr Geld? Und wieviel ist es?
- Wieviel und was müssen Sie dafür tun? Ist es er-
  träglich?
- Macht es Ihnen Spaß, was Sie tun? (Das wird wohl
  leider eher die Ausnahme sein.)
- Bleibt am Monatsende etwas übrig, für freudvolle
  Erlebnisse, Unternehmungen?
- Sparen Sie regelmäßig einen Betrag für Ihre Alters-
  vorsorge? Oder für die Zukunft Ihrer Kinder?
- Wenn nicht, warum nicht? Woran liegt das?

Meine Erfahrung hat gezeigt, dass die Menschen oft
umso leichtfertiger mit Geld umgehen, je weniger sie
monatlich verdienen. Wenn man beobachtet, wer sich
bei »Aktionsangeboten« und seitens der Werbeindus-
trie angepriesenen, unverzichtbaren Dingen finanziell
verausgabt, dann sind es oft diejenigen, die ständig
jammern, dass sie zu wenig Geld haben, die lauthals
klagen, dass sie kaum über die Runden kommen, mit
dem, was sie verdienen. Oder die ihre Kinder nicht mit
zur Klassenfahrt schicken, weil sie den Elternbeitrag
dafür nicht bezahlen können (oder wollen), aber die

neueste Spielkonsole zu Weihnachten hat fast so viel gekostet, wie die Miete ... Wie bei allem gibt es auch hier Ausnahmen, aber das Beispiel ist sehr real!

Machen Sie sich die Mühe, bei Ihrem Konsumverhalten und Ihrem Umgang mit Geld und Dingen ganz weit vorn zu beginnen!

Drei Sätze, die alles sagen

Schon lange bevor mir mein eigener Kram auf die Nerven ging, interessierte ich mich für Themen aus dem Bereich der Persönlichkeitsentwicklung. Vor allem (Neuro-)Psychologie, Hirnforschung und Neuro-Marketing. Im Zusammenhang mit meinem Wunsch nach persönlicher Weiterentwicklung einerseits und meinem Interesse an der wissenschaftlichen Erforschung unseres Konsumverhaltens andererseits, wurde ich irgendwann auf den Hirnforscher und Neurobiologen Prof. Gerald Hüther aufmerksam. Hüther ist Vorstand der Akademie für Potentialentfaltung und setzt sich ein für die »Verbreitung und Umsetzung von Erkenntnissen aus der modernen Hirnforschung». Er versteht sich als »Brückenbauer zwischen wissenschaftlichen Erkenntnissen und gesellschaftlicher bzw. individueller Lebenspraxis. Ziel seiner Aktivitäten ist die Schaffung günstigerer Voraussetzungen für die Entfaltung menschlicher Potentiale« (www.gerald-huether.de/content/vita/vita/).

Nun, was hat das mit unserem Thema zu tun? Mehr als Sie ahnen, denn: In einem seiner Vorträge, die auf YouTube zu finden sind, hat Hüther unter zahlreichen interessanten anderen Sätzen *drei Sätze* gesagt, die – wenn man es reduzieren will – die Antwort darauf sind, warum es dazu kommt, dass wir im Überkonsum leben und immer mehr anhäufen ...

»Wer glücklich ist, kauft nicht!«

»Wenn man das, was man braucht, nicht kriegen kann, nimmt man sich das, was man haben kann.«

»Es kommt keiner von uns als Consumer zur Welt!«

Was meint Hüther damit? Es lohnt sich wirklich, sich nicht nur dieses Video (»Wer glücklich ist kauft nicht«, www.youtube.com) anzusehen, sondern auch andere seiner Videos. Ich versuche einmal, die Kernaussagen vereinfacht zusammenzufassen:

- Mit »dem, was man braucht« ist nichts Materielles gemeint.
- Wir alle haben eine persönliche Geschichte, mit den Erfahrungen, die wir von Anfang an gemacht haben, guten, wie schlechten, und diese Geschichte ist die Basis.
- Niemand ist von Geburt an egoistisch, wir sind zunächst auf Gemeinschaft orientiert.
- Zu Beginn unseres Lebens strotzen wir vor Neugierde und Begeisterung für *alles*. Wir wollen lernen, entdecken, erforschen, eigene Erfahrungen sammeln, wir können noch staunen, uns kaputtlachen über alles Mögliche ...
- Bereits frühe Einflüsse der Erziehung sind bedeutend, wie wir uns, in welche Richtung entwickeln.
- Uns aufoktroierte Regeln bremsen uns aus, wir werden bestraft, drangsaliert, durch unsere Bezugspersonen, den Staat, irgendwen, der meint, über uns entscheiden zu dürfen. Dann werden wir unsicher,

ziehen uns zurück, resignieren, trauen uns nichts mehr zu, glauben, dass wir es einfach nicht besser wissen und die anderen werden schon Recht haben, also laufen wir hinterher ... egal ob es uns unzufrieden macht.

- Wir haben Verhaltensweisen und Glaubensmuster von unseren Bezugspersonen und Mitmenschen und durch eigene Erfahrungen gelernt, die wir ungefragt übernahmen und oft lebenslang beibehalten, ganz gleich ob sie förderlich oder schädigend für uns waren und weiterhin sind.

- Wir identifizieren uns mit Denkmustern, die wir anwenden und ebenfalls an unsere Kinder weitergeben.

- Wir brauchen feste, verlässliche Bindungen zu anderen Menschen, die uns wertschätzend und liebevoll behandeln.

- Die Gemeinschaft mit anderen Menschen und ein Zugehörigkeitsgefühl ist wichtig, damit wir uns nicht einsam und ausgegrenzt fühlen.

- Wie wir diese Bindungen in der Vergangenheit erlebten und was das für Emotionen in uns hinterlassen hat, entscheidet über den Verlauf unseres Lebens.

- Diese Bindungen oder zumindest die guten Erlebnisse damit, fehlen vielen von uns bereits seit frühen Kindheitstagen oder enttäuschten uns öfter, als es uns guttat.

- Das Gefühl, glücklich, (jemandem) wichtig und *nützlich* zu sein ist für uns so wichtig wie die Luft zum Atmen.

- Von Bedeutung ist dabei, dass dieses Zufriedenheitsgefühl dadurch erlangt wird, dass wir aufgrund *eigener Begeisterung* für etwas (ein Thema, ein Herzensprojekt) und der Bestätigung (auch von außen), *motiviert und fähig dazu sind*, etwas für uns Wichtiges zu (er-)schaffen, etwas zu leisten.
- Erfolgserlebnisse sind ein elementarer Dünger für unser Glück.
- Sämtliche Faktoren unserer Vorgeschichte und Ursachen, die ausschließlich in unserem Inneren zu suchen sind, können zu einem Mangel an Vertrauen zu uns und anderen führen und uns den Mut nehmen, etwas zu wagen, Fehler zu machen, Motivation zu entwickeln, die Fähigkeit Begeisterung für etwas zu empfinden, die Neugierde, Neues auszuprobieren, die Lust am Lernen, den Sinn des eigenen Lebens zu finden.
- Wem das fehlt, der konsumiert, um sich zu betäuben und vom Inneren abzulenken!

Mit jedem eigenen positiven Ergebnis Ihrer Bemühungen und Beziehungen, die wertschätzend und bereichernd für beide Seiten sind, feuern Sie Ihr Belohnungssystem im Hirn immer mehr an.

Vielleicht regen Sie diese Gedanken dazu an, zusammen mit den Fragen, die ich Ihnen angeboten habe, zu Ihren persönlichen Antworten zu kommen, um so Konsumdrang und Ballast jeder Art entgegenwirken zu können.

Noch ein Wort zu unseren »Freunden«

Soziale Netzwerke – WhatsApp, Facebook, Twitter, Instagram und Co. sowie andere Messenger-Dienste – sind aus unserem Leben nicht mehr wegzudenken und manches davon scheint irgendwie nützlich, wenn man mal die Sache mit dem Datenschutz nicht so eng sieht, doch das würde hier zu weit führen.

Was ich aber in diesem Buchzusammenhang erwähnen möchte, ist Folgendes: Wenn einem das Thema Entrümpeln im Innen und Außen in seiner Gesamtheit am Herzen liegt, ist es ratsam, sämtliche seiner Beziehungen, vor allem die virtuellen, einer strengen Prüfung zu unterziehen. Fragen Sie sich, *wer Ihnen* wichtig ist und *wem Sie* wichtig sind.

Die Verwendung dieser Medien und die Intensität, mit der man Postings und Außendarstellung betreibt, richten sich in seinem Zweck und der Motivation natürlich danach, ob man ein Business voranbringen und dazu netzwerken muss, bei dem man also um die Nutzung nicht umhinkommt, oder ob man als Privatperson ... ja, was will man als Privatperson eigentlich auf Facebook? Da fällt mir gleich schon gar kein Grund mehr ein.

Um es mal so auszudrücken: Wenn wir unsere Freunde oder Bekannten oder sagen wir mal, Menschen, also *die*, die wir schon einmal *in Echt* gesehen haben und die nicht nur durch einen Klick in unser

Leben kamen; wenn wir diese Personen *nicht* gern noch einmal *in natura* sehen wollen, warum posten wir denen dann Fotos von unseren Kindern oder unserer Wohnung oder unserem Urlaub oder unserem intimen Moment mit dem Partner? Warum schreiben wir denen denn, dass wir überhaupt in den Urlaub fahren und dann auch noch wann und wohin? Was geht die das an?

Wir haben bis hierher ja gelernt, dass wirkliche, liebevolle Beziehungen ein essenzieller Baustein zu unserem Glück sind. Beziehungen, die einem wirklich etwas bedeuten, die das Herz erwärmen, mit denen man vis à vis Spaß hat, Erlebnisse im Moment des Erlebens teilt und nicht Fotos oder Smileys oder Daumenzeichen! Menschen, mit denen man Freude teilt, aber auch Traurigkeit und sich gegenseitig aufbauen kann; Menschen, die man berührt, umarmt, weil man sie gern mag, mit denen man Gedanken austauscht, sich gegeneinander gelehnt vor Lachen krümmt, weil man Blödsinn gemeinsam macht und nicht vor einem dusseligen Video sitzt und nur mal müde vor sich hin schmunzelt. Denn so witzig ist es irgendwann nicht mehr, weil man vielleicht zu Hause – mit seinem ganzen Ballast – allein rumsitzt, niemanden hat, einsam ist und nach dem Schmunzler über das bekloppte Video alles um einen rum wieder trist ist ... und man möchte am liebsten *aufräumen* ... Aber dann kann man ja eben bei Facebook checken und gucken, ob wieder einer 'ne Freundschaftsanfrage gestellt hat ...

Wenn Sie schöne Dinge mit *Freunden* teilen wollen, dann treffen Sie sich doch einfach mit ihnen! Besuchen Sie sie in der Stadt, in dem Land, wo sie wohnen und wenn Sie das *begeistert,* die gemeinsamen Erlebnisse Sie innerlich bewegen, dann hinterlässt das Eindrücke im Gehirn, von denen Sie noch lange zehren. Und die Begeisterung *mit und für den Freund* löst Botenstoffe aus, die Ihr Belohnungssystem anfeuert und Glücksgefühle ausschüttet. Und wenn Sie das oft genug machen, lernt Ihr Gehirn, dass Ihnen das gefällt. Mehr als jeder Gegenstand, virtueller Kontakt und Konsum allgemein!

Liebe Leute, ich meine es ernst! Wollen wir irgendwann einmal alle Fußgängerampeln mit Leuchtstreifen auf dem Boden und Straßenlaternen und Schilder mit Polstern ummantelt haben, um Unfälle zu vermeiden, weil jeder nur noch mit dem Kopf runter aufs Handy gerichtet, herumläuft? Schauen Sie sich doch jetzt schon einmal um, wenn Sie in öffentlichen Verkehrsmitteln sitzen. Wer liest da noch ein richtiges Buch? Wer schaut tagträumend aus dem Fenster? Wer hat seinen Spaß dabei, einfach nur entspannt in der Gegend herumzugucken? Wer lächelt Sie noch freundlich an, wenn er in den Bus einsteigt oder Ihre Blicke sich treffen? Aber jetzt, wo die Verkehrsbetriebe das auch noch forcieren und großflächig auf Bussen mit »kostenfrei WLAN an Bord« werben, wird es wohl nur noch schlimmer. Wann haben wir mehr Verkehrstote durch Handynutzung, weil die Leute mit Stöpseln in den Ohren überfahren werden?

Manchmal sieht es richtig roboterhaft aus, wenn alle mit ihren Kopfhörern und der steifen Einheitskörperhaltung auf dem Bahnsteig stehen und mit frustrierten, faden Gesichtern auf die Bahn warten, die sie in ihre fensterlosen Bürotürme karrt ...

Erinnern Sie sich noch? Damals, also früher, da rief man sich nur kurz an, um einen Termin für ein gemeinsames Erlebnis oder eine Unternehmung klarzumachen und dann legte man auf, weil man sich ja nachher eh traf und sich unterhalten konnte.

Oder man ging einfach ohne anzurufen bei der Freundin vorbei – wenn sie nicht da war, warf man einen Zettel ein und dann kam sie eben später zu uns. Ziel war, *sich zu sehen:* Man wollte zusammen klönen. Und nicht nur shoppen. Okay, mit WhatsApp spart man sich einen Gang, aber laufen war ja nicht schädlich. Und auf dem Weg zurück traf man noch einen guten Kumpel, der gerade dabei war, Besorgungen für die Fete heut Abend zu machen und der uns Mädels einlud und plötzlich nahm der Tag durch die persönliche Begegnung eine ganz andere Richtung, man hatte eine Verabredung. Und am Ende ein tolles Erlebnis, mit *echten* Freunden! Und es waren immer dieselben, weil man sich die *selbst* ausgesucht hatte, weil die Chemie stimmte, aufgrund von Gemeinsamkeiten, Interessen, Sympathie und weil man sich einander etwas zu geben hatte: Zeit, Wärme, Nähe, Zoff, Vertragen, Ideen, Helfen ... Beziehung eben! Man lernte voneinander, in *direkter* Konfrontation und Kommunikation, worauf es ankommt im Leben.

Wenn die Eltern anderes wollten als man selbst oder der Freund Schluss machte, konnte man sich sicher sein, dass da eine Freundin mit Haut und Haaren ist, bei der man sich noch am selben Tag in den Arm werfen und sich ausheulen konnte, der man sich anvertrauen konnte. Von der man wusste, die hält dicht! Und man musste keine Angst haben. Da man keine Nacktfotos und intimsten Dinge millionenfach in den Äther gepostet hatte, konnte auch niemand etwas gegen einen verwenden. Und es wusste auch keiner, außer dem engsten Freundeskreis, dass der Verflossene einen Leberfleck auf der Arschbacke hatte und eine Vorliebe für Artischocken, da das Essen damals noch etwas war, das man sich zu Hause in der Küche für sich selbst kochte und es auch kein Schwein interessiert hat, was man in sich hineinstopfte.

Und wenn jemand, den man nicht kannte, in unsere eingeschworene Gemeinschaft, in unseren Freundeskreis aufgenommen werden wollte, dann wurde der Neuling begutachtet, bevor auch nur das kleinste interne Detail unserer Pläne und Gedanken mit ihm geteilt wurde. Wir waren skeptisch und vorsichtig und hinterfragten: Wo kommt er plötzlich her? Wo war er vorher? Mochte man ihn dort, wo er war? Wenn nein, warum nicht? Ist er vertrauenswürdig? Man prüfte ihn auf Herz und Nieren, ob er verlässlich ist, loyal, wertschätzend mit uns umgeht oder ob er nicht hintenrum ein falsches Spiel spielt, uns ausnutzt oder gar verrät? Waren wir uns nicht sicher, dann blieb unser Kreis geschlossen, die Tür war zu, die Harmonie unter uns Freunden gewahrt und das war ein verdammt *stabiles Freundschaftssystem!*

Heute sind wir nur eine Millisekunde eines Klicks oder Fingerwisches davon entfernt, alles und beinahe jeden ungeprüft in unsere Privatsphäre zu lassen! Wir breiten die virtuellen Arme aus und *laden* wildfremde oder flüchtig bekannte Persönlichkeitsstrukturen *ein*, die wir zusammen mit unseren engsten Freunden in einen Topf schmeißen. Und wir *laden* uns damit etwas *auf,* nämlich weiteren Ballast, nur drückt er zunächst nicht so, da man ihn physisch nicht sieht. Aber er drückt!

Wie ich eingangs schrieb, sind unsere Kapazitäten und Kräfte zur Bewältigung aller Facetten unseres Lebens begrenzt und wenn dabei noch ein glückliches, belastungsarmes, zufriedenes Leben bei rumkommen soll, müssen wir gut abwägen, was dazu beiträgt, unterstützt, voranbringt und was nicht!

Wenn wir uns dauerhaft durch virtuelle *Beziehungen*, die keine sind oder nur Zeit kosten, ablenken, unsere limitierte Lebenszeit mit hohlen Tätigkeiten und Posts von Leuten verschwenden, die uns niemals helfen würden, wenn es uns richtig schlecht geht, die es in Wirklichkeit überhaupt nicht interessiert, wenn wir stolz auf uns sind, weil wir uns einen Lebenstraum erfüllt haben ... Nein, viele werden eher neidisch sein oder Zustimmung heucheln, weil sie uns das insgeheim nicht gönnen, sondern selbst gern glücklich wären ... Aber heutzutage ist ja alles so schwer zu erreichen – ja, wenn man seine Zeit damit verbringt, nur seinen Daumen zu trainieren!

Hinterfragen Sie Ihren Umgang mit den sozialen Medien und lernen Sie auch hier, Nein zu sagen, wegzuschmeißen, im Sinne von Löschen oder zumindest den Kopf einschalten, bevor man das nächste Foto vom Kind – das Internet vergisst nichts! – oder der

Wohnungseinrichtung hochlädt, worauf zu sehen ist, dass Sie eine antike Statue haben, die einiges auf dem Kunstmarkt bringen könnte ...!

Beobachten Sie sich und erkennen Sie Ihre Handlungsautomatismen, ob Sie jedes Mal, sobald Sie es sich auf der Couch zum Entspannen gemütlich gemacht haben, zum Handy greifen und wie oft Sie dies tun, obwohl andere Dinge Priorität hätten, zum Beispiel Gespräche mit Ihren Kindern oder Ihrem Partner, etwa über Ihre Lebensträume.

Wenn Sie auch in diesem Bereich umfangreich Ballast abgeworfen haben und die Zeit bewusst und zielgerichtet einsetzen, dann wird sich der Konjunktiv »hätte, würde, könnte ...« bald verwandeln, in »Ich habe mein Vorhaben xy in die Tat umgesetzt«, oder »Ich habe es geschafft, mein Zeug zu entrümpeln«, »Ich habe das Projekt verwirklicht«, und: »Ich habe endlich etwas gefunden, wofür ich mich mit Herzblut begeistere und was ich schon immer tun wollte«.

Sie bekommen das hin!

... So, wie ich es auch geschafft habe. Nein, besser: *Sie bekommen das mit Sicherheit hin!*

Sie werden riesengroße Fortschritte machen, wenn Sie sich selbst nicht mit Ihrem inneren Kritiker drangsalieren, sondern mit Spaß und Motivation an die Reduzierung der Dinge gehen, die für Sie selbst – für keinen sonst – Ballast darstellen. Und vorher sowie während des Prozesses beschäftigen Sie sich bewusst und intensiv mit den entsprechenden Fragen, was sowieso unweigerlich kommt, vor allem, wenn Sie sich dabei ertappen, dass Ihnen hier und da Loslassen und Ausrangieren schwerfällt.

Folgendes hilft, auf dem ballastfreien Weg zu bleiben:
- ✓ Sobald Sie merken, dass Sie sich nicht gut fühlen oder unzufrieden sind, gehen Sie gar nicht erst in die Stadt oder online auf ein verleitendes Shopping-Ziel zu.
- ✓ Suchen Sie sich sofort, wenn die »alte Lust« aufkommt, eine andere Tätigkeit, am besten körperlicher Art: Sport, Putzen, Tanzen, Sex ... fast alles ist besser als Kaufen!
- ✓ Wenn Sie bereits unterwegs in Ihr Verlangen sind, schinden Sie Zeit! Nehmen Sie sich aus der Situation heraus und warten Sie ab, bis Ihr Hirn wieder heruntergekommen ist und nicht mehr nach Dopamin-Nachschub lechzt.

✓ Wenn Sie mit Begleitung unterwegs sind, geben Sie Acht – das wohlige Gefühl während der Zweisamkeit kann das Verlangen Ihres Hirnes nach Belohnung aktivieren und Sie verleiten, sich etwas »gönnen« zu wollen und Ihr Schema abzuspulen ...

✓ Stoppen und unterbrechen Sie diesen Automatismus, setzen Sie sich stattdessen in ein Café oder trinken Sie ein Bierchen und genießen Sie den Augenblick, dann wird der Kauf hoffentlich überflüssig.

Suchen Sie sich etwas in Ihrem Leben, ein Thema, das Sie *mehr* fasziniert, eine Beschäftigung, die Sie *mehr* begeistert als zu konsumieren und als die Dinge, die Sie kaufen. Dann formulieren Sie daraus ein Herzensprojekt mit einem realistischen Ziel, damit Sie motiviert bleiben und wenn Sie das erreicht haben, ein neues.

Wenn Sie merken, dass Sie etwas erreichen können, was Sie aus eigenem Antrieb heraus erreichen wollen, dann gelingt es Ihnen spielend, Ballast abzuwerfen und Ihr Leben zu entrümpeln!

Genau auf dem in diesem Buch beschriebenen Weg, unter stetiger Anwendung der **QF-Methode**, habe auch ich es geschafft. Irgendwann hatte ich so starke Argumente *dafür* aufzuhören mit dem Wahnsinn, den ich betrieb, dass ich ihn fast mit einem Schlag stoppen konnte. Wie ein Raucher, der immer sagte: »... nach *der* Schachtel höre ich aber auf ...«, und es dann doch nicht tat, aber eines Tages abrupt die eben angefangene Packung entschlossen wegwirft und – zack – durchhält!

Ich habe lange intensiv und aktiv danach gesucht, was mich stärker begeistern kann, als Klamotten zu kaufen und an materiellem Gerümpel festzuhalten. Zudem hatte ich die Nase nach mehr als fünfzehn Umzügen in meinem Leben so gestrichen voll davon, den ganzen gepflegten Scheiß in hundert Kartons ein- und wieder auszupacken, dass ich wusste, es geht so nicht weiter. Die fleißigen Helfer, die jedes Mal die Tonnen von Kartons und Kisten schleppten, taten mir leid und ich schämte mich für diese Ballung an Kram. Aber vor allem hat mich der Blick in meinen Kleiderschrank irgendwann so dermaßen angewidert und ich war diesen ständigen Stress in der Umkleidekabine leid und hasste es, Schweißausbrüche zu bekommen, wenn ich mich *gegen* etwas entscheiden musste. Dann hinterher wieder umzutauschen, online Alternativen zu suchen, Pakete zu packen und wieder neu zu bestellen und zu versuchen, das Neue irgendwie noch in den Schrank zu drücken.

Und das Zugpferd war am Ende nicht das Geld! Jeder, der zu viel konsumiert oder von irgendwas abhängig oder süchtig ist, weiß, dass er zwar viel Geld sparen könnte, wenn er damit aufhören würde, aber letztendlich zieht das nicht. Auch keine Schreckensbilder oder imaginären Wünsche von Traumreisen oder Luxusvillen, die man gerne hätte. Nein.

Das Einzige, was zieht, ist, wenn Sie Ihre Begründungen dafür gefunden haben, warum es sich *für Sie* lohnt, in die andere Richtung zu laufen. Und diese Gründe finden Sie, wenn Sie sich ernsthaft die Zeit nehmen, sich mit den Fragen und Anregungen in dem Buch beschäftigen und Ihr WARUM finden. Und das liegt garantiert jenseits von Konsum!

Wenn gar nichts (weiter)geht, holen Sie sich bitte Hilfe beim Fachmann. Ich empfehle hier ausdrücklich nicht, so wie es oft zu lesen ist, Freunde oder Familie als Unterstützer fürs Entrümpeln zu bemühen, aus dem einfachen Grund: Angehörige haben ihre eigene Geschichte und eventuell hängt ja sogar Ihre Schwierigkeit des Trennen-Könnens mit der Vergangenheit in Ihrer Familie zusammen. Es ist meist kontraproduktiv, wenn Sie mit Menschen, die Ihnen nahestehen, versuchen, Ihr Gerümpelproblem in den Griff zu bekommen! Und einen ganz banalen Grund gibt es noch: Familienmitglieder bieten sich oft als bereitwillige Spendenempfänger Ihrer aussortierten, noch brauchbaren Gegenstände an.

Aber hüten Sie sich! Kein einziges Ihrer abgelegten Dinge sollte an die Familie gehen! Mitunter haben Sie dies irgendwann wieder in der Hand und müssen sich erneut damit beschäftigen, zum Beispiel, wenn die Mutter Ihr Porzellan oder auch Ihre Kleidung nimmt ... Denken Sie immer daran: Sie haben es eventuell nur unter Mühen geschafft, sich von etwas zu trennen, wollen damit abschließen und sich nicht weiter mit dem Ballast beschäftigen, deshalb sollten Sie die Entsorgungsvariante wählen, mit der Sie am schnellsten

Ruhe haben! Nur so schöpfen Sie wieder neue Kraft und machen den Weg frei für frische Energien und ein befreites Leben.

Dabei wünsche Ich Ihnen von ganzem Herzen Erfolg!

Danksagung

Bis jetzt, kurz vor der Veröffentlichung des Buches, dachte ich, Danksagungen sind altmodisch, der Autor fühlt sich irgendwie dazu verpflichtet und die Leserin überspringt dieses Kapitel sowieso.

Wie gesagt, bis jetzt dachte ich so! Heute sehe ich das ganz anders, denn während des Entstehungsprozesses dieses Buches habe ich gemerkt, wieviel Arbeit, Zeit, Schweiß, Nerven etc. es nicht nur den Autor kostet, solch ein Herzensprojekt umzusetzen und wie sehr es dabei auf die qualitativ, aber vor allem menschlich harmonierende Zusammenarbeit ankommt. Und währenddessen ist mir bewusst geworden, dass nichts von dem selbstverständlich ist und das Gelingen eines Buches auch immer damit steht und fällt, wie verlässlich und voranbringend die Bemühungen aller Beteiligten sind. Deshalb konnte ich es mit meinem tiefsten Inneren nicht vereinbaren, das Buch einfach ohne einen Dank abzuschließen und es ist mir ein riesengroßes Bedürfnis, dies jetzt zu tun:

Als Erstes möchte ich einmal mir selbst danken. Man möge es mir verzeihen, aber ich gebe einfach zu, dass ich stolz auf mich bin, dass ich es geschafft habe, auf der Liste meiner Herzensprojekte wieder eines mehr umgesetzt zu haben. Wir Frauen machen das viel zu selten, nicht nur insgeheim, sondern auch öffentlich stolz auf uns zu sein. Auch wenn ich das noch nirgendwo in einer Danksagung gelesen habe, ich mache das so! Denn: Zwei Jahre lang habe ich die Idee zu diesem Buch mit mir herumgetragen, einige Kapitel waren schon längst geschrieben und immer wieder fand ich etwas anderes wichtiger als mein Buch zu dem Thema voranzubringen. Dabei erlangt das Aufräumen und Entrümpeln gerade heutzutage immer mehr an Bedeutung und es gibt eine stetig wachsende Zahl an Interessierten, die sich damit beschäftigen.

Mit wie vielen Vorhaben macht frau das so? Wir wollen alles Mögliche gern tun, erschaffen, verwirklichen und legen es schließlich auf Eis, bis es für immer taut ... Dieses Buch aber war mir zu wichtig und ich habe genügend WARUMS gefunden, statt zu konsumieren, mich bis hierhin durchzubeißen und nicht nur *mir* mit dem Buch einen Wunsch zu erfüllen, sondern auch *Ihnen,* liebe Leserinnen, ein Werkzeug an die Hand zu geben, mit dem Sie hoffentlich auf Ihrem Weg zu einem ballastfreien Leben weiterkommen.

Ob es Zufälle gibt oder das Gesetz der Anziehung oder woran man auch immer glauben mag, ich weiß es nicht. Ich nenne es Glück! Mein Glück und mit ein starker Grund, warum ich mich für das Danke-Kapitel entschieden habe, ist die Tatsache, dass ich meine fantastische, inspirierende Lektorin Silja von Rauchhaupt gefunden habe und wir sofort auf einer Wellenlänge waren. Mit gleich großer Begeisterung bei der Sache und beiderseits umfangreichen ähnlichen, aber auch gänzlich anderen Erfahrungen mit dem Thema, was enorm dazu beigetragen hat, dass das Buch noch tiefgründiger und facettenreicher geworden ist. Ihr unglaublich engagiertes, geduldiges und empathisches

Wesen half mir dabei, dranzubleiben. Andererseits hat sie es mir durch ihre professionelle Arbeitsweise und ihr Können erleichtert, mich zielgerichtet durch den Prozess der einzelnen Phasen einer Buchentstehung hindurchzuführen, der einen manches Mal an seine Grenzen bringen kann. Ganz besonders erfrischend und humorvoll fand ich es, mit ihr zu telefonieren und Tränen zu lachen, wenn wir gemeinsam über unsere Entrümpelungserlebnisse oder den alltäglichen Wahn- und Blödsinn sprachen und dabei immer mehr Parallelen entdeckten. Silja von Rauchhaupt, tausend Dank für alles!

Der erste Eindruck ist der wichtigste! So sagt man und bezieht es darauf, wenn Menschen sich begegnen. Aber wenn unser Blick auf ein Buchcover trifft, gilt es ebenso: Dass diese anspruchsvolle Aufgabe hervorragend gelungen ist und das Cover den Inhalt einerseits frisch und humorvoll, andererseits sinnbildlich treffend darstellt, verdanke ich der talentierten Grafikerin Claudia Sperl. Vom ersten Entwurf an überraschte sie stets mit immer noch besseren Ideen und vermochte sämtliche Feinheiten punktgenau mit ihrem zeichnerischen Talent, viel Einfühlungsvermögen und ihrer warmherzigen Art so umzusetzen, dass das Ergebnis meine Erwartungen übertroffen hat. Claudia Sperl, herzlichen Dank dafür!

Aus tiefstem Herzen ein riesengroßes Danke an meinen liebevollen, aufmerksamen Mann! Du hast hingebungsvoll dafür gesorgt, dass ich während der Arbeit an dem Buch nicht vom Fleisch gefallen bin, hast mich bekocht, mir kulinarisch die Wünsche von den Augen abgelesen und meine so geliebte Ordnung in der Küche versucht, mit körperlichem Einsatz nach deiner Kochorgie beizubehalten. Aber nicht nur das! Du hast mich immer unterstützt, mich motiviert, angetrieben und mit Deinem Glauben an mich gezeigt, was es heißt, dem anderen etwas zuzutrauen und ihn zu bestärken, seinen Ehrgeiz und vorhandene Talente auch einzusetzen. Du zeigst mir stets, dass ich meine Ziele erreichen kann, wenn ich über meine Komfortzone hinausgehe, mich durchbeiße und nicht bei der kleinsten Hürde aufgebe. Ich danke Dir für Deine Grundeinstellung, dass es stets Wege und Lösungen gibt, so sehr sie auch zunächst unsichtbar erscheinen! Alles ist per se erstmal machbar und wenn man alles in seiner Kraft Liegende versucht hat und es ist dann doch nicht machbar, dann ist es eben so! Dem Anderen Erfolgserlebnisse zu gönnen und ihn darin zu unterstützen, auch das macht Dich zu einem Traumpartner! Ach, und Danke auch dafür, dass Du ein Auge zugedrückt hast, wenn ich, im Flow versunken, beinahe vergessen hätte, mit unserem vierbeinigen Mitbewohner Gassi zu gehen ... Danke mein Schatz, Du bist großartig, ich liebe Dich!

Meine liebe Freundin Ramona, Dir danke ich für die vielen persönlichen Gespräche, für die faszinierenden Einblicke in Deine Erfahrungen mit der Kauflust, mit dem Ballast und den Folgen, die vermeintlich kleine Auslöser für den Großteil des Lebens haben können. Die gemeinsamen Stunden, lustige aber auch nachdenkliche, und meine Erinnerungen an die frühere, gemeinsame Zeit, haben mir gezeigt, wie das Wesen eines Menschen verändert werden kann durch die Last, die ein Zuviel an Dingen und Verpflichtungen auf einen ausüben kann. Von daher bin ich unendlich froh und freue mich für Dich, dass Dir gelungen ist, daran etwas zu ändern, die Ursachen aufzuspüren und Dein Verhalten und damit auch Dein Leben umzukrempeln. Danke dafür, dass ich Deine Geschichte im Buch erzählen durfte. Es wärmt mir das Herz zu sehen, wie glücklich Du jetzt bist!

Und natürlich danke ich allen Leserinnen und Rezensentinnen. Ich bin gespannt auf Ihre Gedanken und Erfahrungen zum Thema Aufräumen und Entrümpeln, zu Ihrer Suche nach den Ursachen und den Folgen Ihrer Verhaltensweisen. Teilen Sie mir gern mit, was Sie auf Ihrem Weg erlebt haben und schreiben Sie mir eine E-Mail an: QF-Methode@web.de.

Wenn Ihnen das Buch gefallen hat, freue ich mich. Ich bin gespannt auf Ihr Feedback und auf Ihre E-Mails!

Alles Liebe,
Ihre
Jacqueline Jordan